Metamorphose unserer Gesellschaft durch KI-Agenten

Ulrich Karrenberg

Metamorphose unserer Gesellschaft durch KI-Agenten

Was bleibt vom Menschen, wenn Maschinen besser denken?

Ulrich Karrenberg
Düsseldorf, Deutschland

ISBN 978-3-662-72414-9   ISBN 978-3-662-72415-6 (eBook)
https://doi.org/10.1007/978-3-662-72415-6

Die Deutsche Nationalbibliothek verzeichnet diese Publikation in der Deutschen Nationalbibliografie; detaillierte bibliografische Daten sind im Internet über https://portal.dnb.de abrufbar.

© Der/die Herausgeber bzw. der/die Autor(en), exklusiv lizenziert an Springer-Verlag GmbH, DE, ein Teil von Springer Nature 2025

Das Werk einschließlich aller seiner Teile ist urheberrechtlich geschützt. Jede Verwertung, die nicht ausdrücklich vom Urheberrechtsgesetz zugelassen ist, bedarf der vorherigen Zustimmung des Verlags. Das gilt insbesondere für Vervielfältigungen, Bearbeitungen, Übersetzungen, Mikroverfilmungen und die Einspeicherung und Verarbeitung in elektronischen Systemen.
Die Wiedergabe von allgemein beschreibenden Bezeichnungen, Marken, Unternehmensnamen etc. in diesem Werk bedeutet nicht, dass diese frei durch jede Person benutzt werden dürfen. Die Berechtigung zur Benutzung unterliegt, auch ohne gesonderten Hinweis hierzu, den Regeln des Markenrechts. Die Rechte des/der jeweiligen Zeicheninhaber*in sind zu beachten.
Der Verlag, die Autor*innen und die Herausgeber*innen gehen davon aus, dass die Angaben und Informationen in diesem Werk zum Zeitpunkt der Veröffentlichung vollständig und korrekt sind. Weder der Verlag noch die Autor*innen oder die Herausgeber*innen übernehmen, ausdrücklich oder implizit, Gewähr für den Inhalt des Werkes, etwaige Fehler oder Äußerungen. Der Verlag bleibt im Hinblick auf geografische Zuordnungen und Gebietsbezeichnungen in veröffentlichten Karten und Institutionsadressen neutral.

Planung/Lektorat: Alexander Grün
Springer Vieweg ist ein Imprint der eingetragenen Gesellschaft Springer-Verlag GmbH, DE und ist ein Teil von Springer Nature.
Die Anschrift der Gesellschaft ist: Heidelberger Platz 3, 14197 Berlin, Germany

Wenn Sie dieses Produkt entsorgen, geben Sie das Papier bitte zum Recycling.

Vorwort

Dieses Buch ist keine ferne Zukunftsspekulation. Es ist eine Bestandsaufnahme der Gegenwart und ein dringender Appell. Die stillen Architekten unserer Zukunft sind bereits am Werk. Sie optimieren Lieferketten, beraten uns bei Finanzentscheidungen, steuern unsere Nachrichtenströme und werden bald unsere Städte verwalten und unsere Diagnosen stellen. Wir übergeben die Steuerung der Welt an Systeme, deren innere Logik wir oft selbst nicht mehr vollständig verstehen.

Die Frage ist nicht mehr, *ob* KI-Agenten unsere Gesellschaft verändern werden, sondern *wer* die Regeln für diese Veränderung schreibt. Wenn wir diesen Prozess nur passiv beobachten, riskieren wir, zu Objekten in einer von Algorithmen verwalteten Welt zu werden. Wenn wir ihn jedoch verstehen und aktiv gestalten, haben wir die einmalige Chance, einige der größten Herausforderungen der Menschheit zu lösen. Dieses Buch ist ein Versuch, Sie mit dem Wissen und den Fragen auszustatten, die für diese monumentale Gestaltungsaufgabe unerlässlich sind. Denn die Zukunft wartet nicht – sie wird in diesem Augenblick programmiert.

Dieses Buch wurde aus einem Gefühl der Dringlichkeit geboren. Die Debatte über KI wird oft in den Elfenbeintürmen der Technologiekonzerne und Forschungsinstitute geführt. Doch die Konsequenzen tragen wir alle. Sie betreffen die Zukunft der Arbeit Ihres Kindes, die Sicherheit Ihrer Ersparnisse, die Stabilität unserer Demokratien und die Essenz unserer zwischenmenschlichen Beziehungen.

Wir stehen vor einer radikalen Wahl. Entweder wir werden zu blinden Nutzern einer Technologie, deren Macht wir nicht verstehen, oder wir werden zu mündigen Bürgern einer KI-gestützten Welt, die wir bewusst und nach unseren Werten geformt haben. Ignoranz ist in diesem neuen Zeitalter keine Option mehr; sie ist eine Kapitulation. Dieses Buch ist daher mehr als eine Analyse – es ist ein Aufruf, aufzuwachen, die richtigen Fragen zu stellen und die Verantwortung für unsere digitale Zukunft zu übernehmen. Jetzt.

Die Lektüre dieses Buches mag beunruhigend sein, aber die Alternative – das Wegsehen – wäre verheerend. Es geht um nicht weniger als um die Verteidigung des menschlichen Handlungsraums in einer Welt, die wir gerade selbst neu erfinden.

Ulrich Karrenberg

Einleitung

Motivation und Relevanz

Die Menschheitsgeschichte ist geprägt von technologischen Revolutionen, die unsere Lebens- und Arbeitsweisen grundlegend verändert haben. Von der Erfindung des Rades über die industrielle Revolution bis hin zum digitalen Zeitalter – jede dieser Entwicklungen hat tiefgreifende gesellschaftliche Transformationen ausgelöst. Heute stehen wir an der Schwelle einer neuen Ära, in der künstliche Intelligenz und insbesondere KI-Agenten unsere Welt in einem beispiellosen Tempo umgestalten.

Der Hintergrund der aktuellen technologischen Entwicklungen ist geprägt von exponentiellen Fortschritten in den Bereichen Rechenleistung, Algorithmen und Datenverarbeitung. Die Konvergenz dieser Faktoren hat zur Entstehung von KI-Agenten geführt – autonomen, intelligenten Systemen, die in der Lage sind, komplexe Aufgaben selbstständig zu bewältigen, zu lernen und sich anzupassen. Diese Entwicklung markiert einen Wendepunkt in der Mensch-Maschine-Interaktion und eröffnet völlig neue Möglichkeiten für die Gestaltung unserer Zukunft.

Die Bedeutung von KI-Agenten in der gesellschaftlichen Transformation kann kaum überschätzt werden. Anders als frühere Technologien, die primär physische Arbeit automatisierten, dringen KI-Agenten in Bereiche vor, die bislang dem menschlichen Denken und Entscheiden vorbehalten waren. Sie analysieren riesige Datenmengen, erkennen Muster, treffen Vorhersagen und generieren kreative Inhalte – Fähigkeiten, die traditionell als genuin menschlich galten. Diese Entwicklung wirft fundamentale Fragen auf: Wie verändert sich unsere Gesellschaft, wenn Maschinen zunehmend kognitive Aufgaben übernehmen? Welche neuen Möglichkeiten entstehen, und welche Risiken gilt es zu beachten?

Die Zielsetzung dieses Buches liegt darin, ein umfassendes Verständnis der gesellschaftlichen Metamorphose durch KI-Agenten zu vermitteln. Es soll die vielschichtigen Auswirkungen dieser Technologie auf verschiedene Lebensbereiche beleuchten und dabei sowohl Chancen als auch Herausforderungen kritisch reflektieren. Dabei verfolgen wir einen interdisziplinären Ansatz, der technologische, gesellschaftliche, wirtschaftliche, ethische und rechtliche Perspektiven integriert.

Die zentralen Fragestellungen, die dieses Buch leiten, umfassen:

- Wie verändern KI-Agenten unsere Arbeitswelt, soziale Interaktionen und kulturelle Praktiken?
- Welche wirtschaftlichen Transformationen werden durch diese Technologie angestoßen?
- Welche ethischen Dilemmata entstehen durch den Einsatz autonomer intelligenter Systeme?

Darüber hinaus gilt es, die Frage nach der gesellschaftlichen Akzeptanz und den Bedingungen einer verantwortungsvollen Integration von KI-Agenten zu stellen. Wie kann eine Balance zwischen Innovationskraft und gesellschaftlicher Kontrolle gefunden werden? Welche Rolle spielen Bildung, Regulierung und internationale Zusammenarbeit bei der Gestaltung dieses Wandels? Die Antworten auf diese Fragen sind entscheidend, um die Weichen für eine Zukunft zu stellen, in der KI-Agenten nicht nur als Werkzeuge, sondern als integrative Bestandteile einer gerechten und nachhaltigen Gesellschaft wirken können.

Einleitung

Im Zentrum unserer Betrachtung steht dabei die Frage, wie tiefgreifend KI-Agenten in die Strukturen unseres Alltags vordringen und welche neuen Dynamiken sie in Arbeitswelt, Bildung, Politik und Kultur entfalten. KI-Agenten sind längst nicht mehr auf technische Spezialanwendungen beschränkt, sondern begegnen uns als digitale Begleiter*innen, Entscheidungshilfen und Kooperationspartner*innen in unterschiedlichsten Lebensbereichen. Von der individuellen Assistenz im Smart Home über automatisierte Diagnosen in der Medizin bis hin zur Steuerung globaler Lieferketten – die Einsatzgebiete wachsen rasant und fordern bestehende gesellschaftliche Rahmenbedingungen heraus.

Dabei geraten nicht nur traditionelle Berufsbilder und Wertschöpfungsketten unter Druck, sondern auch grundlegende Vorstellungen von Autonomie, Verantwortung und Teilhabe. KI-Agenten verschieben die Grenzen zwischen menschlicher Kontrolle und maschineller Autonomie, indem sie in Echtzeit eigenständig handeln, auf wechselnde Kontexte reagieren und selbst das Lernen stets weiterentwickeln. Es entsteht eine neue Qualität der Mensch-Maschine-Kooperation, die nicht mehr allein auf die Unterstützung durch Maschinen, sondern auf ein partnerschaftliches Zusammenwirken abzielt.

Dies verlangt nach innovativen Regulierungsansätzen und der Entwicklung ethischer Leitlinien, die den komplexen Wechselwirkungen zwischen technologischer Dynamik und gesellschaftlicher Ordnung gerecht werden. Nur wenn technischer Fortschritt und soziale

Innovation Hand in Hand gehen, lässt sich das volle Potenzial von KI-Agenten zum Wohl der gesamten Gesellschaft entfalten.

Motivation und Relevanz

Technologische Revolutionen haben die Entwicklung der Menschheit immer wieder nachhaltig beeinflusst.

Im Spannungsfeld zwischen technologischer Innovation und gesellschaftlicher Transformation stehen KI-Agenten somit nicht nur als Auslöser disruptiver Veränderungen im Fokus, sondern auch als Spiegel unserer kollektiven Werte und Erwartungen. Während die technischen Möglichkeiten stetig wachsen und die Grenzen des Machbaren verschieben, steht die Gesellschaft vor der Herausforderung, diese Entwicklungen kritisch zu begleiten und verantwortungsvoll zu gestalten. Die Gestaltung von Zugängen, Teilhabe und Mitbestimmung sowie der Schutz individueller Freiheitsrechte werden zu zentralen Aufgaben in einer Zeit, in der maschinelle Intelligenz zunehmend unser Zusammenleben prägt.

Zudem stellt sich die Frage, wie die demokratische Kontrolle und Transparenz im Umgang mit KI-Agenten gewährleistet werden kann. Nur durch eine offene Diskussion über Zielsetzungen, Risiken und Nutzen lassen sich die Weichen für eine inklusive Zukunft stellen. Die Integration von KI-Agenten verlangt nach neuen Formen der Mitgestaltung, von der Entwicklung gemeinsamer ethischer Standards über die partizipative Regulierung bis hin zur Förderung von Medienkompetenz und digitaler Bildung.

Gerade in diesem Kontext wird deutlich, dass die Technologie nicht losgelöst von sozialen, politischen und kulturellen Prozessen betrachtet werden darf. Vielmehr entsteht ein komplexes Wechselspiel, in dem sich technische Innovation und gesellschaftliche Entwicklung gegenseitig beeinflussen. Die Fragen nach Verantwortung und Gerechtigkeit, nach Transparenz und nachhaltiger Nutzung stehen deshalb im Zentrum eines Diskurses, der weit über das Funktionale hinausreicht und den Grundstein für eine zukunftsfähige Gesellschaft legt.

Von der Erfindung des Rades über die industrielle Revolution bis hin zum digitalen Zeitalter – jede dieser Entwicklungen hat tiefgreifende gesellschaftliche Transformationen ausgelöst.

Vor diesem Hintergrund lässt sich die Entwicklung von KI-Agenten nicht isoliert betrachten, sondern muss als Teil einer vielschichtigen gesellschaftlichen Transformation verstanden werden. Die rasante Zunahme ihrer Einsatzmöglichkeiten fordert sowohl das kollektive Verständnis als auch die institutionellen Rahmenbedingungen heraus und verlangt nach einer ständigen Reflexion über die Auswirkungen auf das alltägliche Leben. Während KI-Systeme neue Formen der Kooperation und Kommunikation ermöglichen, entstehen zugleich Unsicherheiten hinsichtlich der zukünftigen Rolle menschlicher Entscheidungsfreiheit und Selbstbestimmung.

Es zeigt sich, dass die Integration von KI-Agenten weitreichende Implikationen für das gesellschaftliche Gefüge hat, die von der Veränderung individueller Lebensentwürfe bis zur Umgestaltung ganzer Wirtschaftszweige reichen. Die Möglichkeit, maschinelle Intelligenz nicht nur als Werkzeug, sondern als Mitgestalter gesellschaftlicher Prozesse einzusetzen, eröffnet Chancen für Innovation und Teilhabe, erfordert aber ebenso Wachsamkeit gegenüber neuen Risiken und ethischen Herausforderungen.

Dementsprechend rückt die Frage nach der verantwortungsvollen Gestaltung dieses Wandels in den Mittelpunkt: Wie kann eine Gesellschaft sicherstellen, dass technologische Fortschritte nicht zu neuer Ungleichheit führen, sondern allen Menschen zugutekommen? Welche Mechanismen der Kontrolle, Transparenz und Mitbestimmung müssen entwickelt werden, um das Vertrauen in KI-Systeme zu stärken und ihre Akzeptanz zu fördern?

Die Betrachtung dieser Themen macht deutlich, wie sehr die menschliche Gestaltungskraft gefordert ist, um aus der technologischen Dynamik einen nachhaltigen gesellschaftlichen Mehrwert zu generieren. Die fortschreitende Konvergenz von Technologie und Gesellschaft stellt uns vor die Aufgabe, ethische Leitlinien und regulatorische Strukturen so auszurichten, dass sie Innovationen ermöglichen, aber zugleich die Würde und Rechte aller Menschen schützen. Erst dann kann die Integration von KI-Agenten zu einer wirklichen Bereicherung und Weiterentwicklung des gesellschaftlichen Miteinanders führen.

In diesem Spannungsfeld zwischen Fortschritt und Verantwortung zeigt sich, dass der gesellschaftliche Diskurs mehr denn je gefordert ist, eine Balance zwischen Innovation und Ethik zu finden. Die dynamische Verflechtung von technologischem Wandel und sozialen Prozessen verlangt nach einer kritischen Reflexion darüber, wie Werte, Normen und Regeln neu ausgehandelt werden müssen, um den Herausforderungen einer digitalisierten Gesellschaft gerecht zu werden. Dabei ist es essenziell, dass die verschiedenen gesellschaftlichen Gruppen – von politischen Akteur*innen über Unternehmen bis hin zu zivilgesellschaftlichen Organisationen – in diesen Dialog einbezogen werden, um gemeinsam tragfähige Zukunftsmodelle zu entwickeln.

Gleichzeitig eröffnen sich vielfältige neue Gestaltungsräume, in denen der Mensch aktiv mit KI-Agenten interagiert, kooperiert und sogar gemeinsame Ziele verfolgt. Nicht nur die Art und Weise, wie Entscheidungen getroffen und Verantwortlichkeiten verteilt werden, steht zur Debatte, sondern auch die Frage, wie soziale Gerechtigkeit und Teilhabe in einer von maschineller Intelligenz geprägten Welt sichergestellt werden können. Es braucht daher innovative Ansätze, die neben technischen Lösungen auch die Förderung von digitaler Bildung und das Bewusstsein für ethische Herausforderungen in den Mittelpunkt stellen.

Vor diesem Hintergrund wird klar: Die gesellschaftliche Transformation durch KI-Agenten ist kein linearer Prozess, sondern ein vielschichtiges Zusammenspiel von technologischer Entwicklung, sozialer Aushandlung und kultureller Anpassung. Die Fähigkeit, diese Komplexität zu erkennen und aktiv zu gestalten, wird maßgeblich darüber entscheiden, ob die Integration von KI-Agenten zu einer wirklichen Bereicherung für das gesellschaftliche Zusammenleben wird.

In diesem Zusammenhang lohnt es sich, die Dynamik technologischer Innovation nicht als isolierten Faktor, sondern als Motor tiefgreifender gesellschaftlicher Veränderungen zu betrachten. KI-Agenten stehen exemplarisch für den Paradigmenwechsel, den die fortschreitende Digitalisierung in nahezu allen Lebensbereichen auslöst. Während technologische Durchbrüche häufig im Licht von Effizienz und Automatisierung diskutiert werden, zeigt sich in der Wechselwirkung mit gesellschaftlichen Strukturen, dass ihre Bedeutung weit darüber hinausreicht.

Immer deutlicher wird, dass das Zusammenspiel von Mensch und Maschine neue Formen der Zusammenarbeit und Ko-Kreation hervorbringt. KI-Agenten sind nicht länger nur Werkzeuge, sondern werden zu Akteur*innen, die in Entscheidungsprozesse eingebunden sind und aktiv zur Gestaltung sozialer, ökonomischer und kultureller Entwicklungen beitragen. Die Fähigkeit zur Analyse riesiger Datenmengen, zur Ableitung von Handlungsempfehlungen und zur selbständigen Weiterentwicklung eröffnet Potenziale, die weitreichende Innovationen ermöglichen – zugleich aber auch neue Herausforderungen an Verantwortlichkeit und Kontrolle stellen.

Die daraus resultierende Transformation ist kein Selbstzweck, sondern ein vielschichtiger Prozess, der nach einer kontinuierlichen gesellschaftlichen Auseinandersetzung verlangt. Nur durch eine kritische Reflexion und einen offenen Diskurs können Rahmenbedingungen geschaffen werden, die sowohl den Schutz individueller Rechte als auch die Entfaltung kollektiver Chancen gewährleisten. So entsteht ein Spannungsfeld, in dem die technologische Entwicklung zur Triebfeder für einen umfassenden Wandel wird, der ethische, politische und soziale Fragen neu verhandelt und den Menschen in seiner Gestaltungsrolle ins Zentrum rückt.

Dabei ist zu beobachten, dass die Rolle von KI-Agenten sich stetig wandelt – von automatisierten Helfern hin zu komplexen Systemen, die selbständig lernen, agieren und in dynamischer Wechselwirkung mit ihrer Umgebung stehen. Ihre Fähigkeit, Muster in Daten zu erkennen, Prognosen zu erstellen und in Echtzeit auf Veränderungen zu reagieren, macht sie zu Mitgestalter*innen gesellschaftlicher Prozesse. Dies führt dazu, dass traditionelle Grenzen zwischen Mensch und Maschine zunehmend verschwimmen: Kooperation und Wettbewerb, Kontrolle und Autonomie werden neu definiert.

Gerade in diesem Spannungsfeld ist es entscheidend, technologische Entwicklungen nicht nur technisch, sondern auch sozial, politisch und kulturell zu begleiten. Die Debatte um die Integration von KI-Agenten sollte daher breit geführt werden – nicht nur im Expert*innenkreis, sondern unter aktiver Beteiligung der gesamten Gesellschaft. Bildung und Partizipation werden dabei zu Schlüsselfaktoren, um informierte Entscheidungen zu ermöglichen und einen gerechten Zugang zu den Chancen künstlicher Intelligenz sicherzustellen.

Vor diesem Panorama offener Fragen und Möglichkeiten ist es unabdingbar, die gesellschaftliche Entwicklung als einen fortlaufenden Aushandlungsprozess zu begreifen, in dem technologische, ethische und soziale Überlegungen eng miteinander verflochten sind. Die Rolle der Bildung als Katalysator für Mündigkeit und Teilhabe erhält dabei besonderes Gewicht: Nur wenn breite Bevölkerungsschichten befähigt werden, die Funktionsweise und Tragweite von KI-Systemen zu verstehen, kann ein verantwortungsvoller und inklusiver Umgang mit neuen Technologien gelingen. Es bedarf gezielter Initiativen, um digitale Kompetenzen, kritisches Denken und ein Bewusstsein für die Auswirkungen algorithmischer Entscheidungen zu fördern.

Gleichzeitig ist Transparenz ein zentrales Element, um das Vertrauen in KI-Agenten zu stärken. Offenlegung von Entscheidungswegen, Erklärbarkeit von Systemen und partizipative Strukturen zur Mitbestimmung schaffen die Grundlage für eine Akzeptanz, die über bloße Toleranz hinausgeht. Auch die Herausbildung neuer beruflicher Rollen und interdisziplinärer Kooperationen zwischen Technik, Sozialwissenschaften und Ethik ist entscheidend, um die Komplexität der Veränderungen zu bewältigen und zukunftsweisende Lösungen zu entwickeln.

Angesichts dieser Entwicklungen wird deutlich, dass die digitale Transformation nicht als Selbstzweck begriffen werden darf, sondern immer im Kontext gesellschaftlicher Werte, Ziele und Bedürfnisse steht. Die Integration von KI-Agenten fordert uns heraus, Bewährtes zu hinterfragen, neue Narrative des Miteinanders zu entwerfen und die Balance zwischen Innovation und gesellschaftlicher Verantwortung stets neu auszuloten.

Zugleich ist es notwendig, gesellschaftliche Lernprozesse zu fördern, die dazu befähigen, mit Unsicherheiten und Ambivalenzen umzugehen. Innovation darf nicht zum Selbstzweck werden, sondern muss sich im Dienst des Gemeinwohls bewähren. Nur durch eine kontinuierliche Reflexion und Anpassung von Werten, Normen und Regelwerken lässt sich gewährleisten, dass KI-Agenten zu einer Quelle gesellschaftlicher Resilienz und Innovationskraft avancieren – anstatt neue Formen von Abhängigkeit oder Ausschluss zu schaffen.

In diesem Spannungsfeld wird deutlich, dass gesellschaftliche und technologische Entwicklungen sich wechselseitig bedingen und nicht voneinander zu trennen sind. Die fortschreitende Digitalisierung verleiht KI-Agenten nicht nur eine zunehmende Autonomie, sondern verändert auch die Art und Weise, wie Individuen, Organisationen und Institutionen miteinander interagieren. Daraus ergeben sich neue Handlungsräume, die sowohl Chancen für soziale Innovation eröffnen als auch gesellschaftliche Strukturen herausfordern.

Die Integration von KI-Agenten verlangt daher nach flexiblen gesellschaftlichen Rahmenbedingungen, die auf Wandel reagieren können, ohne grundlegende Werte aus den Augen zu verlieren. Dies erfordert eine kontinuierliche Anpassung juristischer, ethischer und politischer Leitlinien, um sowohl die Innovationskraft zu fördern als auch Risiken zu minimieren. Die Frage, wie Verantwortung und Kontrolle in einer zunehmend algorithmisch gesteuerten Welt verteilt werden, rückt verstärkt in den Mittelpunkt des gesellschaftlichen Diskurses.

Die Gestaltung dieses Transformationsprozesses ist letztlich ein kollektives Projekt: Sie benötigt den Dialog zwischen unterschiedlichen Disziplinen und gesellschaftlichen Gruppen, um Perspektivenvielfalt und Gerechtigkeit zu gewährleisten. Gerade angesichts der Geschwindigkeit technologischer Veränderungen ist es essenziell, nicht nur auf technische Effizienz zu setzen, sondern die gesellschaftliche Reflexionsfähigkeit zu stärken. Nur so kann verhindert werden, dass der Mensch zum passiven Objekt einer technologisch dominierten Zukunft wird.

Zugleich offenbaren sich neue Formen der Mitgestaltung und Teilhabe: Die Möglichkeit, die Entwicklung und Anwendung von KI-Agenten aktiv mitzugestalten, setzt jedoch voraus, dass Wissen, Kompetenzen und Entscheidungsbefugnisse breit gestreut werden. Erst dadurch entsteht ein Fundament, auf dem gesellschaftlicher Fortschritt im Sinne des Gemeinwohls gelingen kann.

Im Zusammenspiel aus gesellschaftlicher Anpassung und technologischer Innovation entsteht ein dynamisches Feld, das nicht nur von der Geschwindigkeit des Wandels, sondern auch von der Tiefe sozialer Implikationen geprägt ist. Die rasante Entwicklung im Bereich künstlicher Intelligenz fordert, neben rein technischen Fragen, einen facettenreichen Diskurs über die Gestaltung unserer zukünftigen Lebenswelt. Dabei rückt der Mensch zunehmend in die Rolle einer Gestalter*in, deren Handlungen und Entscheidungen das Verhältnis zwischen Technologie und Gesellschaft aktiv prägen.

Die Interaktion zwischen KI-Agenten und Menschen ist längst über den Status einer bloßen Werkzeugnutzung hinausgewachsen: Sie bildet eine komplexe Synthese von Kooperation, Einfluss und gegenseitigem Lernen. In dieser neuen Konstellation ist die Fähigkeit, technologische Potenziale zu erkennen, mit sozialen Werten zu verknüpfen und daraus innovative Modelle des Zusammenlebens zu entwickeln, von zentraler Bedeutung. Es ist ein Prozess, der Offenheit verlangt – für neue Denkweisen, für interdisziplinäre Zusammenarbeit und für eine partizipative Gestaltung gesellschaftlicher Rahmenbedingungen.

Nur durch die konsequente Einbindung verschiedener Perspektiven – von der Wissenschaft über die Wirtschaft bis hin zur Zivilgesellschaft – kann sichergestellt werden, dass technologische Entwicklungen nicht zum Selbstzweck verkommen, sondern im Dienst des Gemeinwohls stehen. Die Herausforderung besteht darin, Räume zu schaffen, in denen kritische Reflexion und konstruktive Diskussion nebeneinander existieren können. So werden innovative Lösungen ebenso gefördert wie der verantwortungsvolle Umgang mit Unsicherheiten und Risiken, die mit dem Einsatz von KI-Agenten einhergehen.

Die Frage, wie diese Systeme in gesellschaftliche Prozesse integriert werden, bleibt damit nicht nur eine technische, sondern vor allem eine politische und ethische Aufgabe. Sie verlangt nach einem kontinuierlichen Dialog über Werte, Ziele und die Art der Teilhabe, die in einer digitalisierten Welt möglich und wünschenswert ist. Erst wenn dieser Dialog breit geführt wird, können die Potenziale von KI-Agenten im Sinne einer nachhaltigen, gerechten und inklusiven Gesellschaft ausgeschöpft werden.

Künstliche Intelligenz und insbesondere KI-Agenten nehmen zunehmend Einfluss auf verschiedene Lebensbereiche. Die aktuellen technologischen Entwicklungen zeichnen sich durch Fortschritte in Rechenleistung, Algorithmen und Datenverarbeitung aus, deren Zusammenwirken zur Entstehung autonomer, intelligenter Systeme geführt hat. Diese Systeme sind dazu fähig, komplexe Aufgaben selbstständig zu bearbeiten und sich neuen Anforderungen anzupassen. Ihr Einsatz stellt eine Veränderung in der Interaktion zwischen Mensch und Maschine dar und bietet neue Möglichkeiten für zukünftige Gestaltungsprozesse.

Die Integration von KI-Agenten betrifft nicht nur technische Rahmenbedingungen, sondern auch gesellschaftliche Strukturen. Es entstehen neue Formen der Zusammenarbeit und Entscheidungsfindung, die Fragen nach Normen, Verantwortlichkeiten und Gerechtigkeit aufwerfen. Der Umgang mit intelligenten Systemen erfordert eine Abwägung verschiedener Faktoren wie Effizienz, Teilhabe und ethischer Kontrolle.

Angesichts dieser Entwicklungen rückt die kritische Reflexion digitaler Technologien in den Fokus. Gesellschaftliche Akteure sind aufgefordert, nicht nur auf technologische Innovationen zu reagieren, sondern aktiv Konzepte zu entwickeln, die eine verantwortungsvolle Gestaltung ermöglichen. Die Veränderungen durch KI-Agenten verlaufen dabei nicht linear, sondern in einem dynamischen Zusammenspiel zwischen technischen Möglichkeiten und sozialen Anforderungen. Es ist notwendig, Bedingungen für Innovation und Mitbestimmung zu schaffen und potenzielle Risiken einer ausschließlich technikorientierten Entwicklung zu berücksichtigen.

Ein gesellschaftliches Umfeld, das Chancen und Grenzen intelligenter Systeme prüft, entsteht durch die Verbindung von Wissen, Praxis und normativen Leitbildern. Räume für Diskurs, Reflexion und Mitgestaltung fördern eine pluralistische und gerechte Entwicklung. Die Einführung und Nutzung von KI-Agenten stellt einen Prüfstein für die Fähigkeit dar, neue Formen des Zusammenlebens und Arbeitens zu konzipieren.

Im Zusammenhang mit diesen Veränderungen wird diskutiert, wie Institutionen und Einzelpersonen mit den Herausforderungen und Möglichkeiten einer KI-basierten Zukunft umgehen können. Die Auswirkungen auf soziale Strukturen, Arbeitsmodelle und Werte verlangen eine Anpassung bestehender Paradigmen. Dies setzt sowohl technisches Verständnis als auch die Reflexion gesellschaftlicher Prioritäten voraus.

Die Fähigkeit, digitale Entwicklungen proaktiv zu gestalten, gilt als bedeutende Kompetenz im 21. Jahrhundert. Organisationen und Einzelpersonen sind gefordert, neue Wege der Zusammenarbeit und Entscheidungsfindung zu erkunden. Dabei steht nicht nur technische Expertise im Vordergrund, sondern auch die Entwicklung eines Orientierungsrahmens für Innovation, Fairness und Teilhabe.

Der Zugang zu Bildung und digitaler Souveränität ermöglicht es verschiedenen Bevölkerungsschichten, Potenziale und Risiken von KI-Agenten einzuschätzen. Eine breite gesellschaftliche Beteiligung ist Voraussetzung für eine nachhaltige Implementierung dieser Technologien. Ein inklusiver Diskurs über ihre Auswirkungen fördert das gemeinsame Verständnis und die Mitgestaltung der Zukunft.

Die interdisziplinäre Zusammenarbeit zwischen Technik, Sozialwissenschaften, Wirtschaft, Recht und Ethik bildet die Grundlage für einen differenzierten Umgang mit KI-Systemen. Sie ermöglicht, sowohl Chancen für Fortschritt und Innovation als auch Herausforderungen hinsichtlich sozialer Gerechtigkeit und individueller Freiheit zu berücksichtigen.

KI-Agenten automatisieren zunehmend Tätigkeiten, die bisher dem menschlichen Denken und Entscheiden vorbehalten waren. Die Analyse großer Datenmengen, Mustererkennung, Vorhersagen und Generierung von Inhalten eröffnen neue Möglichkeiten und werfen gleichzeitig grundlegende Fragen auf: Wie verändern sich Gesellschaft, Arbeitswelt, soziale Interaktionen und kulturelle Praktiken? Welche wirtschaftlichen Entwicklungen sind zu erwarten? Welche ethischen und rechtlichen Aspekte müssen berücksichtigt werden?

Die Integration von KI-Agenten erfordert einen breiten gesellschaftlichen Dialog, um die technologischen Innovationen sinnvoll umzusetzen. Neue Formen der Zusammenarbeit zwischen Mensch und Maschine, veränderte Kommunikationsprozesse und ein Wandel kultureller Werte sind einige der Auswirkungen, die durch KI-gestützte Systeme auftreten können. Gleichzeitig ergeben sich Fragestellungen hinsichtlich Machtstrukturen, Verantwortlichkeiten und Chancengleichheit. Auch die Rolle von Entwicklern, Unternehmen und politischen Akteuren beim Umgang mit Risiken sowie die gerechte Verteilung der Vorteile von KI-Agenten sind Thema dieser Diskussion.

In diesem Kontext gewinnen Fragen zu ethischen Dilemmata, gesetzlichen und politischen Rahmenbedingungen sowie zu Zukunftsvisionen einer KI-gestützten Gesellschaft an Bedeutung. Transparenz und Nachvollziehbarkeit sind wichtige Voraussetzungen für Akzeptanz und Vertrauen in KI-basierte Systeme.

Die Zusammenarbeit verschiedener Interessengruppen – von Wissenschaft, Wirtschaft und Politik bis hin zu zivilgesellschaftlichen Organisationen – ist entscheidend, um Richtlinien und Standards zu entwickeln, die Chancen und Risiken angemessen berücksichtigen. Die gezielte Nutzung technologischer Potenziale zum Gemeinwohl und die Vermeidung negativer Folgen stehen im Zentrum der aktuellen gesellschaftlichen Auseinandersetzung.

Die folgenden Kapitel gehen detailliert auf technologische Grundlagen und konkrete gesellschaftliche Veränderungen durch KI-Agenten ein. Ziel der Darstellung ist es, ein umfassendes Verständnis für die komplexen Zusammenhänge und Herausforderungen bei der Gestaltung einer technologiegeprägten Zukunft zu vermitteln.

Technologische Grundlagen von KI-Agenten

KI-Agenten repräsentieren die Spitze der aktuellen KI-Entwicklung und unterscheiden sich fundamental von früheren Automatisierungstechnologien. Im Kern sind sie Softwaresysteme, die mit einem gewissen Grad an Autonomie ausgestattet sind und in der Lage sind, ihre Umgebung wahrzunehmen, zu analysieren und entsprechend zu handeln. Die technologische Basis dieser Systeme bilden verschiedene Formen des maschinellen Lernens, insbesondere Deep Learning und neuronale Netzwerke, die es ermöglichen, aus Daten zu lernen und Muster zu erkennen.

Die Entwicklung von KI-Agenten wurde durch mehrere technologische Durchbrüche ermöglicht. Zum einen hat die exponentiell gestiegene Rechenleistung moderner Computer die Verarbeitung enormer Datenmengen in Echtzeit möglich gemacht. Zum anderen haben Fortschritte in der Algorithmenentwicklung, insbesondere im Bereich der *Transformer-Modelle* und des *Reinforcement Learning*, die Fähigkeiten von KI-Systemen dramatisch erweitert. Schließlich hat die Verfügbarkeit riesiger Datenmengen aus dem Internet und vernetzten Geräten das Training immer leistungsfähigerer Modelle ermöglicht.

Die Architektur moderner KI-Agenten ist typischerweise modular aufgebaut und umfasst Komponenten für Wahrnehmung (Sensoren, Datenerfassung), Verarbeitung (Analyse, Entscheidungsfindung) und Aktion (Ausgabe, Steuerung). Diese Komponenten werden durch komplexe Algorithmen gesteuert, die es dem System ermöglichen, aus Erfahrungen zu lernen und sein Verhalten anzupassen. Besonders bemerkenswert ist die Fähigkeit fortschrittlicher KI-Agenten, natürliche Sprache zu verstehen und zu generieren, visuelle Informationen zu interpretieren und kontextbezogene Entscheidungen zu treffen.

Die Einsatzgebiete von KI-Agenten sind vielfältig und expandieren kontinuierlich. Sie reichen von virtuellen Assistenten und Chatbots über autonome Fahrzeuge und Roboter bis hin zu komplexen Entscheidungsunterstützungssystemen in Bereichen wie Medizin, Finanzen und Logistik. Dabei lassen sich verschiedene Typen von KI-Agenten unterscheiden, etwa nach ihrem Autonomiegrad, ihrer Lernfähigkeit oder ihrem Anwendungsbereich.

Die technologische Evolution von KI-Agenten schreitet mit bemerkenswerter Geschwindigkeit voran. Aktuelle Forschungsschwerpunkte umfassen die Verbesserung der Generalisierungsfähigkeit (Transfer Learning), die Entwicklung multimodaler Systeme, die verschiedene Datentypen integrieren können, sowie die Steigerung der Effizienz und Erklärbarkeit von KI-Modellen. Zudem gewinnt das Konzept des „Embodied AI" an Bedeutung, bei dem KI-Systeme in physische Körper integriert werden und mit der realen Welt interagieren können.

Die technologischen Grenzen und Herausforderungen sind trotz aller Fortschritte noch erheblich. Aktuelle KI-Agenten stoßen bei komplexen Kausalitätsverständnissen, kreativer Problemlösung und ethischem Urteilsvermögen an ihre Grenzen. Zudem bleiben

Fragen der Robustheit, Sicherheit und des Energieverbrauchs von KI-Systemen zentrale Herausforderungen für die Forschung.

Gesellschaftliche Transformation durch KI-Agenten

Die Integration von KI-Agenten in unseren Alltag vollzieht sich in einem beispiellosen Tempo und verändert grundlegende Aspekte unseres gesellschaftlichen Zusammenlebens. Diese Transformation manifestiert sich in verschiedenen Dimensionen und wirft fundamentale Fragen zur Neugestaltung sozialer Strukturen auf.

Im Bereich der Arbeitswelt erleben wir eine tiefgreifende Umwälzung durch KI-Agenten. Einerseits automatisieren diese Systeme zunehmend nicht nur manuelle, sondern auch kognitive Tätigkeiten, was zu Verschiebungen in der Beschäftigungsstruktur führt. Berufsbilder wandeln sich oder verschwinden, während gleichzeitig neue Tätigkeitsfelder entstehen, die spezifische Kompetenzen im Umgang mit KI erfordern. Die Zusammenarbeit zwischen Mensch und Maschine wird neu definiert, wobei KI-Agenten sowohl als Werkzeuge als auch als Kollegen fungieren können. Diese Entwicklung erfordert eine Neuausrichtung von Bildungs- und Qualifizierungssystemen, um Menschen auf die veränderten Anforderungen vorzubereiten.

Auch unsere sozialen Interaktionen werden durch KI-Agenten fundamental verändert. Virtuelle Assistenten, Chatbots und soziale Roboter werden zu alltäglichen Interaktionspartnern, was neue Formen der Kommunikation und Beziehungsgestaltung hervorbringt. Die Grenzen zwischen menschlicher und maschineller Interaktion verschwimmen zunehmend, insbesondere wenn KI-Agenten menschenähnliche Eigenschaften simulieren. Dies wirft Fragen nach der Authentizität sozialer Beziehungen und der psychologischen Auswirkung dieser neuen Interaktionsformen auf.

Im Bildungsbereich revolutionieren KI-Agenten die Art und Weise, wie Wissen vermittelt und erworben wird. Personalisierte Lernassistenten passen Inhalte und Methoden an individuelle Bedürfnisse an, während intelligente Tutorsysteme kontinuierliches Feedback geben können. Gleichzeitig verändern sich die Bildungsziele selbst, da kritisches Denken, Kreativität und soziale Intelligenz – Fähigkeiten, die KI (noch) nicht replizieren kann – an Bedeutung gewinnen.

Im Gesundheitswesen ermöglichen KI-Agenten präzisere Diagnosen, personalisierte Behandlungsansätze und effizientere Versorgungsprozesse. Sie unterstützen medizinisches Personal bei Entscheidungen, überwachen Patienten und ermöglichen neue Formen der Telemedizin. Diese Entwicklung verspricht eine verbesserte Gesundheitsversorgung, wirft aber auch Fragen nach dem Verhältnis von technologischer und menschlicher Zuwendung auf.

Die kulturelle Dimension der gesellschaftlichen Transformation zeigt sich in der Veränderung kreativer Praktiken durch KI-generierte Kunst, Musik und Literatur. KI-Agenten werden zu Co-Kreatoren, die neue ästhetische Ausdrucksformen ermöglichen, aber auch traditionelle Vorstellungen von Autorschaft und künstlerischer Authentizität infrage stellen.

Nicht zuletzt beeinflussen KI-Agenten demokratische Prozesse und öffentliche Diskurse.

Diese Entwicklungen werfen essenzielle Fragen zur ethischen und rechtlichen Regulierung von KI-Agenten auf. Die Gesellschaft steht vor der Aufgabe, Normen und Werte neu zu definieren, um sicherzustellen, dass technologische Innovationen mit den Prinzipien von Fairness, Transparenz und Verantwortlichkeit vereinbar sind. Datenschutz, algorithmische Diskriminierung und die Kontrolle über digitale Identitäten werden zu zentralen Diskussionspunkten, da KI-Agenten zunehmend Entscheidungen in sensiblen Bereichen treffen. Gleichzeitig müssen Mechanismen für die gesellschaftliche Teilhabe entwickelt werden, sodass Menschen an der Gestaltung und Steuerung dieser Technologien mitwirken können.

Die politische Dimension dieser Transformation ist nicht zu unterschätzen: Regierungen und internationale Institutionen sind gefordert, geeignete Rahmenbedingungen für einen verantwortungsvollen Einsatz von KI-Agenten zu schaffen. Dies umfasst nicht nur die Anpassung bestehender Gesetze an neue technologische Realitäten, sondern auch die Förderung von Forschung, Innovation und öffentlicher Debatte. Nur durch einen breit angelegten gesellschaftlichen Diskurs und eine inklusive Regulierung kann gewährleistet werden, dass KI-Agenten zum kollektiven Wohl beitragen und die Risiken für Individuen und Gruppen minimiert werden.

Vor diesem Hintergrund wird deutlich, dass die gesellschaftliche Transformation durch KI-Agenten keineswegs linear verläuft, sondern von komplexen Wechselwirkungen zwischen technologischen Innovationen, sozialen Dynamiken und politischen Entscheidungen geprägt ist. Die Rolle von KI-Agenten als Mitgestalter kollektiver Werte und individueller Lebensrealitäten verlangt nach einem kontinuierlichen, kritischen Diskurs, der verschiedene Perspektiven einbezieht und die Auswirkungen auf unterschiedliche Bevölkerungsgruppen reflektiert. Es entsteht ein neues Selbstverständnis von Teilhabe, Verantwortung und Steuerung, das weit über die bloße Nutzung digitaler Werkzeuge hinausgeht.

Die fortschreitende Digitalisierung und Automatisierung werfen zudem die Frage auf, wie sich Machtverhältnisse und Abhängigkeitsstrukturen innerhalb der Gesellschaft verschieben. Wer kontrolliert die Algorithmen, wer entscheidet über deren Einsatz und Werthorizonte – und wie kann verhindert werden, dass technologische Fortschritte bestehende Ungleichheiten verstärken? Um diese Herausforderungen zu bewältigen, ist eine breite gesellschaftliche Diskussion erforderlich, die nicht nur Expert*innen, sondern alle Bürger*innen einbezieht und zur Mitgestaltung einer inklusiven KI-Zukunft beiträgt.

Diese vielschichtigen Transformationsprozesse verdeutlichen, dass KI-Agenten gents nicht nur Werkzeuge sind, sondern aktive Gestalter unserer gesellschaftlichen Wirklichkeit.

Besonders im Kontext der demokratischen Meinungsbildung eröffnen KI-Agenten neue Möglichkeiten und werfen zugleich erhebliche Herausforderungen auf. Algorithmisch gesteuerte Informationssysteme, wie sie in sozialen Netzwerken und Nachrichtenplattformen eingesetzt werden, beeinflussen Wahrnehmung und Entscheidungsprozesse im öffentlichen Diskurs. Die Fähigkeit von KI-Agenten, Inhalte gezielt zu filtern, zu priorisieren oder sogar zu erzeugen, verändert die Dynamik der Informationsverbreitung und die Art, wie gesellschaftliche Debatten geführt werden. Gleichzeitig entstehen neue Risiken: Die Bildung von Filterblasen, die Verbreitung von Desinformation und die gezielte Manipulation von Meinungen stellen die Integrität demokratischer Prozesse auf die Probe. Es bedarf daher transdisziplinärer Anstrengungen, um sowohl technologische Lösungen als auch gesellschaftliche und medienpädagogische Maßnahmen zu entwickeln, die Transparenz, Pluralität und kritisches Bewusstsein im digitalen öffentlichen Raum fördern.

Die Frage nach der Kontrolle über algorithmische Entscheidungssysteme rückt damit ins Zentrum gesellschaftlicher und politischer Auseinandersetzungen. Eine verantwortungsvolle Gestaltung des digitalen Raums erfordert, dass Akteur*innen aus Politik, Wirtschaft, Zivilgesellschaft und Wissenschaft gemeinsam Leitplanken für den Umgang mit KI-Agenten erarbeiten und implementieren. Nur so kann ein Gleichgewicht zwischen Innovationspotenzial und Schutz demokratischer Werte gewährleistet werden.

Die Art und Weise, wie wir diese Technologie entwickeln, einsetzen und regulieren, wird maßgeblich darüber entscheiden, welche gesellschaftliche Zukunft wir schaffen.

Sie können einerseits zu mehr Transparenz und Partizipation beitragen, andererseits aber auch durch Filterblasen, Desinformation und Manipulation demokratische Grundprinzipien gefährden. Die Frage, wie wir den öffentlichen Raum im Zeitalter algorithmischer Entscheidungssysteme gestalten, wird zu einer zentralen gesellschaftspolitischen Herausforderung.

Diese vielschichtigen Transformationsprozesse verdeutlichen, dass KI-Agenten nicht nur Werkzeuge sind, sondern aktive Gestalter unserer gesellschaftlichen Wirklichkeit. Die Art und Weise, wie wir diese Technologie entwickeln, einsetzen und regulieren, wird maßgeblich darüber entscheiden, welche gesellschaftliche Zukunft wir schaffen.

Wirtschaftliche Implikationen

Im Zentrum dieser Dynamik steht die Frage, wie sich die Rolle von KI-Agenten als treibende Kräfte der wirtschaftlichen Entwicklung gestaltet. Denn jenseits politischer und sozialer Implikationen entfalten KI-basierte Systeme zunehmend Einfluss auf globale Märkte, Wertschöpfung und die Arbeitswelt. Unternehmen, die frühzeitig in die Entwicklung und Integration von KI-Technologien investieren, verschaffen sich Wettbewerbsvorteile und gestalten die Spielregeln ganzer Branchen neu. Dabei werden klassische Geschäftsmodelle herausgefordert und Innovationszyklen beschleunigt.

Die Vernetzung und Automatisierung durch KI-Agenten führen zu einer tiefgreifenden Transformation wirtschaftlicher Prozesse: Entscheidungen können datenbasiert und in Echtzeit getroffen werden, Produktions- und Logistikketten werden flexibler und resilienter, und die Grenzen zwischen physischen und digitalen Angeboten verschwimmen immer mehr. In diesem Spannungsfeld entstehen nicht nur neue Märkte, sondern auch Herausforderungen bezüglich der Fairness, Transparenz und Nachhaltigkeit von ökonomischen Strukturen.

Angesichts dieser Entwicklungen wird deutlich, dass die wirtschaftlichen Chancen von KI-Agenten untrennbar mit Risiken und offenen Fragen verbunden sind. Es ist daher unerlässlich, die ökonomischen Rahmenbedingungen kontinuierlich zu überprüfen und aktiv zu gestalten, sodass Innovation und gesellschaftlicher Fortschritt in Einklang gebracht werden können.

Die Integration von KI-Agenten in wirtschaftliche Prozesse löst eine fundamentale Transformation aus, die weit über inkrementelle Effizienzsteigerungen hinausgeht. Wir erleben die Entstehung neuer Geschäftsmodelle, Märkte und Wertschöpfungsketten, die das Potenzial haben, bestehende wirtschaftliche Strukturen grundlegend zu verändern.

Im Bereich der Produktivität und Effizienz ermöglichen KI-Agenten signifikante Fortschritte durch Automatisierung komplexer Prozesse, Optimierung von Ressourcenallokationen und Reduktion von Fehlerquoten. Intelligente Systeme können riesige Datenmengen analysieren, Muster erkennen und Vorhersagen treffen, die menschliche Fähigkeiten übertreffen. Dies führt zu Kosteneinsparungen und Leistungssteigerungen in nahezu allen Wirtschaftssektoren, von der Fertigung über Logistik bis hin zu Finanzdienstleistungen.

Gleichzeitig entstehen völlig neue Geschäftsmodelle, die auf den Fähigkeiten von KI-Agenten basieren. Dazu gehören personalisierte Dienstleistungen, die individuelle Präferenzen und Verhaltensweisen berücksichtigen, prädiktive Wartungssysteme, die Ausfälle vorhersagen und verhindern, sowie KI-gestützte Beratungs- und Entscheidungsunterstützungsdienste. Die Plattformökonomie wird durch intelligente Vermittlungssysteme weiter gestärkt, während gleichzeitig neue Märkte für KI-generierte Inhalte und Erfahrungen entstehen.

Die Auswirkungen auf den Arbeitsmarkt sind vielschichtig und teilweise widersprüchlich. Einerseits führt die Automatisierung durch KI-Agenten zur Substitution bestimmter Tätigkeiten und Berufsbilder, was Arbeitsplatzverluste in betroffenen Sektoren zur Folge haben kann. Andererseits entstehen neue Beschäftigungsmöglichkeiten in Bereichen wie KI-Entwicklung, -Implementierung und -Wartung sowie in Tätigkeitsfeldern, die komplementär zu KI-Systemen sind. Die Nettobilanz dieser Verschiebungen ist umstritten und hängt stark von gesellschaftlichen und politischen Rahmenbedingungen ab.

Besonders bemerkenswert ist die Veränderung von Wertschöpfungsketten und Marktstrukturen durch KI-Agenten. Traditionelle Branchengrenzen verschwimmen, während datengetriebene Geschäftsmodelle an Bedeutung gewinnen. Dies führt zu Machtverschiebungen zugunsten von Unternehmen, die über fortschrittliche KI-Kapazitäten und große Datenmengen verfügen. Die Tendenz zur Marktkonzentration wird durch Netzwerkeffekte und Skalenvorteile in der KI-Entwicklung verstärkt, was wettbewerbspolitische Fragen aufwirft.

Die globale Dimension dieser wirtschaftlichen Transformation manifestiert sich in einem intensiven technologischen Wettbewerb zwischen Nationen und Wirtschaftsräumen. Die Führerschaft im Bereich der KI wird zunehmend als entscheidender Faktor für wirtschaftliche Wettbewerbsfähigkeit und geopolitischen Einfluss betrachtet. Dies führt zu strategischen Investitionen, nationalen KI-Strategien und teilweise protektionistischen Maßnahmen, die den globalen Technologietransfer beeinflussen können.

Nicht zuletzt stellt sich die Frage nach der Verteilungsgerechtigkeit in einer durch KI-Agenten transformierten Wirtschaft. Die Produktivitätsgewinne und neuen Wertschöpfungspotenziale könnten zu größerem gesellschaftlichen Wohlstand führen, bergen aber auch die Gefahr zunehmender Ungleichheit, wenn die Vorteile primär den Besitzern von Kapital und Technologie zugutekommen. Dies unterstreicht die Notwendigkeit, wirtschaftspolitische Instrumente zu entwickeln, die eine breite Teilhabe an den Chancen der KI-Revolution ermöglichen.

Die wirtschaftlichen Implikationen von KI-Agenten verdeutlichen, dass wir nicht nur technologische, sondern auch ökonomische Weichenstellungen vornehmen müssen, um eine nachhaltige und inklusive Entwicklung zu gewährleisten.

Ethische Dimensionen und Dilemmata

Die Entwicklung und der Einsatz von KI-Agenten werfen fundamentale ethische Fragen auf, die weit über technische Aspekte hinausreichen und grundlegende Werte unserer Gesellschaft berühren. Diese ethischen Dimensionen zu reflektieren ist entscheidend, um eine verantwortungsvolle Integration dieser Technologie in unser Leben zu gewährleisten.

Ein zentrales ethisches Dilemma betrifft die Autonomie und Entscheidungshoheit von KI-Agenten. In welchem Maße sollten wir Maschinen erlauben, eigenständige Entscheidungen zu treffen, insbesondere wenn diese Entscheidungen menschliches Leben, Wohlbefinden oder grundlegende Rechte betreffen? Die Frage, wer die Verantwortung trägt, wenn autonome Systeme Schaden verursachen – sei es durch Fehlfunktionen, unvorhergesehene Konsequenzen oder inhärente Designmängel – bleibt eine der drängendsten ethischen Herausforderungen.

Eng damit verbunden sind Fragen der Transparenz und Erklärbarkeit. Viele fortschrittliche KI-Agenten, insbesondere solche, die auf komplexen neuronalen Netzwerken basieren, funktionieren als „Black Boxes", deren Entscheidungsprozesse selbst für ihre Entwickler schwer nachvollziehbar sind. Dies steht im Widerspruch zu ethischen Prinzipien der Nachvollziehbarkeit und informierten Einwilligung und erschwert die Zuschreibung von Verantwortung.

Im Bereich der Privatsphäre und Datenethik entstehen neue Dilemmata durch die Fähigkeit von KI-Agenten, riesige Mengen personenbezogener Daten zu sammeln, zu analysieren und zu nutzen. Die Grenze zwischen nützlicher Personalisierung und problematischer Überwachung verschwimmt zunehmend. Zudem stellt sich die Frage, inwieweit Menschen ein Recht auf Nichtwissen haben sollten, etwa wenn KI-Systeme gesundheitliche Risiken vorhersagen können, bevor Symptome auftreten.

Besonders kritisch sind Fragen der Fairness und Nichtdiskriminierung. KI-Agenten lernen aus historischen Daten, die gesellschaftliche Vorurteile und Diskriminierungsmuster widerspiegeln können. Ohne bewusste Gegenmaßnahmen besteht die Gefahr, dass diese Systeme bestehende Ungerechtigkeiten reproduzieren oder sogar verstärken. Die Definition und Operationalisierung von Fairness in algorithmischen Systemen erweist sich dabei als komplexe Herausforderung, da verschiedene Fairness-Konzepte miteinander in Konflikt stehen können.

Die Mensch-Maschine-Beziehung wird durch KI-Agenten grundlegend neu definiert. Wenn Maschinen zunehmend menschenähnliche Eigenschaften simulieren, entstehen neue ethische Fragen bezüglich der Authentizität von Interaktionen, der emotionalen Bindung zu künstlichen Systemen und der potenziellen Instrumentalisierung menschlicher Gefühle. Gleichzeitig stellt sich die Frage, ob und in welchem Maße wir künstlichen Systemen selbst moralischen Status zuschreiben sollten.

Im Kontext globaler Gerechtigkeit werfen KI-Agenten Fragen nach dem gleichberechtigten Zugang zu Technologie und ihren Vorteilen auf. Die Konzentration von KI-Expertise und -Ressourcen in wenigen Ländern und Unternehmen birgt die Gefahr, bestehende globale Ungleichheiten zu vertiefen. Zudem können kulturelle Unterschiede in ethischen Wertvorstellungen zu Konflikten bei der Entwicklung globaler Standards führen.

Nicht zuletzt stellen sich existenzielle Fragen nach der langfristigen Zukunft der Menschheit im Zeitalter zunehmend leistungsfähiger KI-Systeme. Die Möglichkeit einer „Superintelligenz", die menschliche Fähigkeiten in allen Bereichen übertrifft, wirft Fragen nach Kontrolle, Alignment (Wertausrichtung) und letztlich dem Platz des Menschen in einer von KI geprägten Welt auf.

Diese ethischen Dilemmata verdeutlichen, dass die Entwicklung von KI-Agenten nicht nur eine technologische, sondern vor allem eine *normative* Herausforderung darstellt. Sie erfordert einen kontinuierlichen gesellschaftlichen Dialog, der verschiedene Perspektiven einbezieht und ethische Prinzipien in konkrete Gestaltungsrichtlinien übersetzt.

Rechtliche und politische Rahmenbedingungen

Die transformative Kraft von KI-Agenten erfordert adäquate rechtliche und politische Rahmenbedingungen, um ihre Potenziale zu nutzen und gleichzeitig Risiken zu minimieren. Die Entwicklung solcher Rahmenbedingungen stellt eine komplexe Herausforderung dar, da sie mit der rasanten technologischen Entwicklung Schritt halten und gleichzeitig grundlegende Rechte und gesellschaftliche Werte schützen muss.

Im Bereich der Regulierung von KI haben verschiedene Jurisdiktionen unterschiedliche Ansätze entwickelt. Die Europäische Union verfolgt mit dem *AI Act* einen umfassenden, risikobasierten Regulierungsansatz, der KI-Anwendungen je nach Gefährdungspotenzial in verschiedene Kategorien einteilt und entsprechende Anforderungen definiert. Die USA setzen stärker auf sektorspezifische Regulierung und freiwillige Selbstverpflichtungen, während China einen Ansatz verfolgt, der staatliche Kontrolle mit der Förderung technologischer Innovation verbindet. Diese unterschiedlichen Regulierungsphilosophien spiegeln verschiedene kulturelle, wirtschaftliche und politische Prioritäten wider und können zu regulatorischer Fragmentierung führen.

Zentrale rechtliche Herausforderungen betreffen Fragen der Haftung und Verantwortlichkeit. Traditionelle Haftungskonzepte, die auf menschlichem Verschulden basieren, stoßen an ihre Grenzen, wenn autonome Systeme unvorhersehbare Entscheidungen treffen. Neue Haftungsmodelle, wie etwa eine Gefährdungshaftung für KI-Systeme oder spezifische Versicherungslösungen, werden diskutiert, um angemessene Kompensation für Geschädigte zu gewährleisten, ohne Innovation zu hemmen.

Im Bereich des Datenschutzrechts stellen KI-Agenten besondere Herausforderungen dar, da sie oft auf der Verarbeitung großer Datenmengen basieren und zu neuen Formen der Datennutzung führen können. Prinzipien wie Zweckbindung, Datenminimierung und informierte Einwilligung müssen neu interpretiert werden, um den Realitäten moderner KI-Systeme gerecht zu werden. Gleichzeitig gewinnen Konzepte wie „Privacy by Design" und „Privacy by Default" an Bedeutung.

Auch das Urheberrecht und geistige Eigentumsrecht werden durch KI-Agenten herausgefordert. Die Fähigkeit von KI-Systemen, kreative Inhalte zu generieren, wirft Fragen nach der Urheberschaft und dem Schutz KI-generierter Werke auf. Zudem entstehen Konflikte bezüglich der Nutzung urheberrechtlich geschützter Werke zum Training von KI-Modellen.

Im Bereich der Wettbewerbspolitik stellt sich die Frage, wie Marktmacht im KI-Bereich zu bewerten ist und welche Maßnahmen geeignet sind, um Innovationsdynamik und fairen Wettbewerb zu gewährleisten. Die Kontrolle über große Datenmengen und fortschrittliche KI-Kapazitäten kann zu neuen Formen von Marktdominanz führen, die traditionelle wettbewerbsrechtliche Instrumente vor Herausforderungen stellen.

Auf politischer Ebene erfordert die Governance von KI-Agenten neue institutionelle Strukturen und Prozesse. Verschiedene Modelle werden diskutiert, von spezialisierten Regulierungsbehörden über Multi-Stakeholder-Gremien bis hin zu internationalen Koordinationsmechanismen. Die Einbindung verschiedener gesellschaftlicher Akteure – einschließlich Zivilgesellschaft, Wissenschaft und betroffener Gruppen – in Governance-Prozesse wird zunehmend als essentiell angesehen.

Die internationale Dimension der KI-Governance gewinnt an Bedeutung, da KI-Agenten grenzüberschreitend wirken und ihre Entwicklung im Kontext geopolitischer Rivalitäten stattfindet. Bemühungen um internationale Standards und Kooperationsmechanismen stehen in einem Spannungsverhältnis zu nationalen Souveränitätsansprüchen und strategischen Interessen.

Nicht zuletzt erfordert die Governance von KI-Agenten neue Formen der technischen Regulierung, die rechtliche Anforderungen direkt in die Architektur technischer Systeme übersetzen. Konzepte wie „Regulation by Design" und „Technical Enforcement" gewinnen an Bedeutung, werfen aber auch Fragen nach demokratischer Kontrolle und Flexibilität auf.

Die Entwicklung angemessener rechtlicher und politischer Rahmenbedingungen für KI-Agenten bleibt eine kontinuierliche Aufgabe, die adaptive Governance-Ansätze erfordert, um mit der technologischen Entwicklung Schritt zu halten und gleichzeitig grundlegende Werte und Rechte zu schützen.

Zukunftsperspektiven und Handlungsempfehlungen

Die Metamorphose unserer Gesellschaft durch KI-Agenten wird sich in den kommenden Jahren und Jahrzehnten weiter beschleunigen und vertiefen. Um diese Transformation aktiv zu gestalten und ihre Potenziale zum Wohle aller zu nutzen, bedarf es vorausschauender Überlegungen und konkreter Handlungsansätze.

Mögliche Entwicklungspfade der KI-Technologie deuten auf eine zunehmende Integration von KI-Agenten in alle Lebensbereiche hin. Fortschritte in Bereichen wie multimodaler KI, die verschiedene Sinnesmodalitäten integriert, verkörperter KI in Robotern und autonomen Systemen sowie selbstlernenden Systemen, die mit minimaler menschlicher Supervision operieren können, werden die Fähigkeiten und Einsatzmöglichkeiten von KI-Agenten weiter erweitern. Gleichzeitig zeichnen sich Entwicklungen in Richtung erklärbarerer, robusterer und ressourceneffizienterer KI-Systeme ab.

Szenarien für eine KI-gestützte Gesellschaft reichen von techno-optimistischen Visionen, in denen KI-Agenten zentrale gesellschaftliche Probleme wie Klimawandel, Krankheiten und Ressourcenknappheit lösen helfen, bis hin zu dystopischen Szenarien, die Massenarbeitslosigkeit, umfassende Überwachung und den Verlust menschlicher Autonomie befürchten. Wahrscheinlicher als diese Extremszenarien sind differenzierte Entwicklungen, die sowohl positive als auch problematische Aspekte umfassen und je nach gesellschaftlichem Kontext und politischer Gestaltung unterschiedlich ausfallen werden.

Für eine menschenzentrierte KI-Entwicklung, die technologischen Fortschritt mit gesellschaftlichem Wohlbefinden verbindet, lassen sich folgende Handlungsempfehlungen ableiten:

1. **Bildung und Kompetenzentwicklung:** Investitionen in digitale Bildung auf allen Ebenen sind essentiell, um Menschen zu befähigen, mit KI-Agenten kompetent umzugehen und die sich wandelnden Anforderungen der Arbeitswelt zu bewältigen. Dabei sollten sowohl technische Fähigkeiten als auch kritisches Denken, Kreativität und soziale Kompetenzen gefördert werden.

2. **Forschung und Innovation:** Die Förderung interdisziplinärer Forschung zu KI, die technologische, ethische, soziale und rechtliche Aspekte integriert, ist entscheidend für eine verantwortungsvolle Weiterentwicklung von KI-Agenten. Besonderes Augenmerk sollte auf Bereichen wie erklärbarer KI, Fairness, Robustheit und Ressourceneffizienz liegen.
3. **Regulatorische Rahmenbedingungen:** Die Entwicklung adaptiver, risikobasierter Regulierungsansätze, die Innovation ermöglichen und gleichzeitig grundlegende Rechte schützen, ist eine zentrale Aufgabe. Dabei sollten internationale Koordination und die Einbindung verschiedener Stakeholder angestrebt werden.
4. **Wirtschafts- und Sozialpolitik:** Angesichts der transformativen Auswirkungen von KI-Agenten auf Arbeitsmärkte und Wirtschaftsstrukturen bedarf es vorausschauender wirtschafts- und sozialpolitischer Maßnahmen, die eine breite Teilhabe an den Vorteilen der KI-Revolution sicherstellen und negative Verteilungseffekte abfedern.
5. **Partizipative Technologiegestaltung:** Die aktive Einbindung verschiedener gesellschaftlicher Gruppen in die Entwicklung und Implementierung von KI-Agenten kann dazu beitragen, dass diese Technologien vielfältige Bedürfnisse und Perspektiven berücksichtigen und gesellschaftlich akzeptiert werden.
6. **Internationale Zusammenarbeit:** Angesichts der globalen Dimension der KI-Entwicklung ist eine verstärkte internationale Kooperation erforderlich, um gemeinsame Standards zu entwickeln, einen fairen Zugang zu KI-Technologien zu fördern und potenzielle Risiken kollektiv zu adressieren.
7. **Ethische Reflexion und gesellschaftlicher Dialog:** Ein kontinuierlicher, inklusiver Dialog über die ethischen Implikationen von KI-Agenten ist notwendig, um normative Orientierung für ihre Entwicklung und Nutzung zu bieten und gesellschaftlichen Konsens über wünschenswerte Zukunftsvisionen zu fördern.

Die Metamorphose unserer Gesellschaft durch KI-Agenten stellt uns vor beispiellose Herausforderungen, eröffnet aber auch einzigartige Chancen zur Gestaltung einer besseren Zukunft. Indem wir diese Technologie bewusst und verantwortungsvoll entwickeln und einsetzen, können wir dazu beitragen, dass sie menschliche Fähigkeiten erweitert, statt sie zu ersetzen, und gesellschaftlichen Fortschritt im Einklang mit unseren grundlegenden Werten fördert.

Fazit

Die Metamorphose unserer Gesellschaft durch KI-Agenten markiert einen historischen Wendepunkt, vergleichbar mit den großen technologischen Revolutionen der Vergangenheit, jedoch mit potenziell weitreichenderen Implikationen. Diese Transformation vollzieht sich nicht deterministisch, sondern wird maßgeblich durch unsere kollektiven Entscheidungen und Handlungen geprägt.

Die in diesem Buch dargestellten technologischen, gesellschaftlichen, wirtschaftlichen, ethischen und rechtlichen Dimensionen verdeutlichen die Vielschichtigkeit dieser Entwicklung. KI-Agenten sind nicht nur Werkzeuge, sondern werden zunehmend zu aktiven Teilnehmern in sozialen, wirtschaftlichen und kulturellen Prozessen. Sie verändern unsere Arbeitswelt, soziale Interaktionen, Bildungssysteme und kulturelle Praktiken in grundlegender Weise.

Die zentrale Herausforderung besteht darin, diese Technologie so zu gestalten und zu nutzen, dass sie menschliche Fähigkeiten erweitert, statt sie zu ersetzen, und gesellschaftlichen Fortschritt im Einklang mit unseren grundlegenden Werten fördert. Dies erfordert einen interdisziplinären Ansatz, der technologische Expertise mit ethischer Reflexion, rechtlicher Rahmensetzung und demokratischer Deliberation verbindet.

Die Zukunft mit KI-Agenten wird weder utopisch noch dystopisch sein, sondern eine komplexe Mischung aus Chancen und Herausforderungen darstellen. Durch vorausschauendes Handeln, kontinuierliches Lernen und gesellschaftlichen Dialog können wir diese Zukunft aktiv mitgestalten und dazu beitragen, dass die transformative Kraft von KI-Agenten zum Wohle aller genutzt wird.

In diesem Sinne ist dieses Buch nicht nur eine Analyse der gegenwärtigen Entwicklungen, sondern auch ein Aufruf zum verantwortungsvollen Handeln in einer Zeit des technologischen Umbruchs. Die Metamorphose unserer Gesellschaft durch KI-Agenten hat gerade erst begonnen, und es liegt an uns allen, ihren Verlauf und ihre Ergebnisse zu gestalten.

Inhaltsverzeichnis

Tei I Grundlagen und Einführung

1 Einführung 3
   1.1 Definition und Bedeutung von KI-Agenten 3
   1.2 Historische Entwicklung der künstlichen Intelligenz 4
      1.2.1 1950: Der Turing-Test 4
      1.2.2 1951: SNARC – Der erste Neurocomputer 5
      1.2.3 1956: Die Geburtsstunde der künstlichen Intelligenz 5
      1.2.4 1966: ELIZA – Der erste Chatbot 5
      1.2.5 1997: Deep Blue besiegt den Schachweltmeister 5
      1.2.6 2011: Sprachassistent Siri erobert die Welt 6
      1.2.7 2016: AlphaGo schlägt den Go-Meister 6
      1.2.8 Jüngste Entwicklungen: Generative KI und multimodale Systeme 6
   1.3 Warum KI-Agenten unsere Gesellschaft transformieren 7
      1.3.1 Autonomie und Entscheidungsfähigkeit 7
      1.3.2 Vielseitigkeit und Anpassungsfähigkeit 7
      1.3.3 Potenzial zur Lösung komplexer Probleme 8
      1.3.4 Transformation der Arbeitswelt 8
      1.3.5 Ethische und gesellschaftliche Implikationen 8
   1.4 Ziel und Schwerpunkt der Analyse 9
   1.5 Verwendete Literatur mit Bewerung 10

2 Der technologische Aufstieg der KI-Agenten 13
   2.1 Was sind KI-Agenten? 13
   2.2 Grundlegende Technologien hinter KI-Agenten (Maschinelles Lernen, Neuronale Netze, Natural Language Processing) 14
      2.2.1 Neuronale Netze 14
      2.2.2 Maschinelles Lernen 14
      2.2.3 Natural Language Processing (NLP) 15

	2.3	Beispiele für den Einsatz von KI-Agenten in verschiedenen Branchen	16
		2.3.1 E-Commerce und Einzelhandel	16
		2.3.2 Vertrieb und Marketing	16
		2.3.3 Gesundheitswesen	17
		2.3.4 Finanzwesen	17
		2.3.5 Tourismus und Gastgewerbe	17
		2.3.6 Logistik und Lieferkettenmanagement	18
		2.3.7 Autonome Fahrzeuge	18
	2.4	Autonomie und Entscheidungsfähigkeit: Von Werkzeugen zu Partnern	18
		2.4.1 Stufen der Autonomie	19
		2.4.2 Von der Automatisierung zur Zusammenarbeit	19
		2.4.3 Entscheidungsfindung und Problemlösung	20
		2.4.4 Ethische und praktische Implikationen	20
	2.5	Fazit	21
	2.6	Verwendete Literaturquellen mit Bewertung	22

Teil II Gesellschaftliche und wirtschaftliche Auswirkungen

3	Auswirkungen auf die Arbeitswelt		27
	3.1	Transformation der Arbeitswelt durch KI-Agenten	27
		3.1.1 Die neue Arbeitsteilung zwischen Mensch und Maschine	27
		3.1.2 Geschwindigkeit und Umfang der Veränderung	28
		3.1.3 Paradigmenwechsel in der Arbeitsorganisation	28
	3.2	Automatisierung und Arbeitsplatzverluste	28
		3.2.1 Betroffene Branchen und Tätigkeiten	29
	3.3	Ausmaß und Zeitrahmen der Arbeitsplatzverluste	29
	3.4	Unterschiedliche Auswirkungen auf verschiedene Bevölkerungsgruppen	30
	3.5	Entstehung neuer Berufsfelder und Arbeitsmodelle	31
	3.6	Neue Berufsfelder im direkten Zusammenhang mit KI-Agenten	31
		3.6.1 Indirekt entstehende Berufsfelder und Tätigkeiten	32
		3.6.2 Neue Arbeitsmodelle und -strukturen	32
	3.7	Veränderung von Kompetenzanforderungen und Bildungsbedarf	33
		3.7.1 Neue Kompetenzanforderungen in der KI-Ära	33
		3.7.2 Herausforderungen für Bildungssysteme	34
		3.7.3 Lebenslanges Lernen und Umschulung	35
	3.8	Wirtschaftliche und soziale Implikationen	36
		3.8.1 Produktivitätssteigerung und wirtschaftliches Wachstum	36
		3.8.2 Verteilungsfragen und Ungleichheit	37

	3.9	Herausforderungen für soziale Sicherungssysteme	38
		3.9.1 Gesellschaftliche Akzeptanz und ethische Fragen	38
	3.10	Strategien für den Umgang mit der Transformation	39
		3.10.1 Individuelle Strategien für Arbeitnehmer	39
		3.10.2 Unternehmensstrategien	40
		3.10.3 Politische Strategien und Regulierung	41
		3.10.4 Gesellschaftlicher Dialog und Partizipation	42
	3.11	Fazit	43
	3.12	Verwendete Literaturquellen mit Bewertung	44
4	**Gesellschaftliche und soziale Veränderungen**		**47**
	4.1	Transformation sozialer Interaktionen durch KI-Agenten	47
		4.1.1 Veränderung zwischenmenschlicher Kommunikation	47
		4.1.2 Neue Formen sozialer Gemeinschaften	48
		4.1.3 Kulturelle Auswirkungen und Identitätsbildung	48
	4.2	Auswirkungen auf Bildung und Wissensverbreitung	49
	4.3	Personalisierung des Lernens	49
	4.4	Demokratisierung von Bildung	49
		4.4.1 Veränderung der Rolle von Lehrenden	50
		4.4.2 Transformation des Wissenszugangs und der Wissensvalidierung	50
	4.5	Einfluss auf Gesundheitswesen und Wohlbefinden	51
		4.5.1 Verbesserung der medizinischen Diagnostik und Behandlung	51
		4.5.2 Zugang zu Gesundheitsversorgung und gesundheitliche Chancengleichheit	52
		4.5.3 Psychische Gesundheit und soziales Wohlbefinden	52
		4.5.4 Ethische Fragen und gesellschaftliche Implikationen	53
	4.6	Auswirkungen auf Demokratie und öffentlichen Diskurs	54
		4.6.1 Informationsökosystem und Meinungsbildung	54
		4.6.2 Partizipation und politische Prozesse	54
		4.6.3 Chancengleichheit und Vielfalt im demokratischen Diskurs	55
		4.6.4 Regulierung und demokratische Kontrolle von KI	55
	4.7	Veränderungen in Freizeit, Kultur und Unterhaltung	56
		4.7.1 Personalisierung von Unterhaltung und Medienkonsum	56
		4.7.2 KI-generierte Kunst und Kreativität	57
		4.7.3 Immersive Erlebnisse und neue Unterhaltungsformen	57
		4.7.4 Kulturelles Erbe und kollektives Gedächtnis	57
		4.7.5 Soziale Aspekte von Freizeit und Unterhaltung	58

	4.8	Gesellschaftliche Anpassungsprozesse und Zukunftsperspektiven	59
		4.8.1 Gesellschaftliche Akzeptanz und Adaptionsprozesse	59
		4.8.2 Soziale Kohäsion und neue Gemeinschaftsformen	59
		4.8.3 Neuverhandlung gesellschaftlicher Werte und Normen	60
		4.8.4 Zukunftsperspektiven und langfristige gesellschaftliche Entwicklungen	60
	4.9	Fazit	61
	4.10	Verwendete Literaturquellen mit Bewerung	62
5	**Ethische Herausforderungen und Dilemmata**		**65**
	5.1	Grundlegende ethische Fragen der künstlichen Intelligenz	65
		5.1.1 Das Fehlen eines moralischen Kompasses	65
	5.2	Implementierung ethischer Prinzipien	66
		5.2.1 Verantwortung und Rechenschaftspflicht	66
		5.2.2 Menschliche Autonomie und Kontrolle	66
	5.3	Moralische Dilemmata und Entscheidungsfindung	67
		5.3.1 Das Trolley-Problem und seine Varianten	67
		5.3.2 Utilitaristische vs. deontologische Ansätze	68
		5.3.3 Kulturelle Unterschiede in moralischen Urteilen	68
		5.3.4 Transparenz und Erklärbarkeit ethischer Entscheidungen	69
		5.3.5 Ethische Entscheidungsfindung in der Praxis	69
	5.4	Datenschutz, Privatsphäre und Überwachung	70
		5.4.1 Datenschutz als Grundrecht im KI-Zeitalter	70
		5.4.2 Herausforderungen beim Datenschutz in KI-Systemen	70
		5.4.3 Überwachungspotenzial von KI-Technologien	71
		5.4.4 Prinzipien für datenschutzfreundliche KI	71
	5.5	Bias, Fairness und Diskriminierung	72
		5.5.1 Ursprünge und Arten von Bias in KI-Systemen	72
		5.5.2 Konsequenzen von Bias in verschiedenen Anwendungsbereichen	73
		5.5.3 Ansätze zur Förderung von Fairness in KI-Systemen	74
		5.5.4 Herausforderungen bei der Definition und Umsetzung von Fairness	74
	5.6	Transparenz, Erklärbarkeit und Vertrauen	75
		5.6.1 Das Problem der „Black Box" KI	75
		5.6.2 Explainable AI (XAI) und ihre Bedeutung	76
		5.6.3 Transparenz in verschiedenen Dimensionen	77
		5.6.4 Vertrauen als Grundlage für verantwortungsvolle KI	77
		5.6.5 Herausforderungen und Trade-offs	78
	5.7	Regulatorische und Governance-Ansätze	78
		5.7.1 Internationale Regulierungslandschaft	79
		5.7.2 Selbstregulierung und freiwillige Standards	79

		5.7.3	Haftung und Verantwortlichkeit	80

	5.7.3	Haftung und Verantwortlichkeit	80
	5.7.4	Internationale Zusammenarbeit und Harmonisierung	80
	5.7.5	Zukunft der KI-Governance	81
5.8	Fazit		82
5.9	Verwendeten Literaturquellen mit Bewerung		83

Teill III Ethische, rechtliche und philosophische Dimensionen

6 Philosophische und kulturelle Implikationen 89

6.1	Philosophische Grundfragen im Zeitalter der KI		89
	6.1.1	Die Natur des Bewusstseins	89
	6.1.2	Freier Wille und Determinismus	90
	6.1.3	Die Natur der Intelligenz	90
	6.1.4	Identität und Selbst im digitalen Zeitalter	91
	6.1.5	Ethische Implikationen für die Philosophie	91
6.2	KI und die Transformation kultureller Praktiken		92
	6.2.1	KI in der bildenden Kunst	92
	6.2.2	KI in Literatur und Sprache	93
	6.2.3	KI in Musik und darstellender Kunst	93
	6.2.4	KI und kulturelles Erbe	94
	6.2.5	Kulturelle Aneignung und Verzerrung durch KI	94
	6.2.6	Transformation des kulturellen Konsums	95
6.3	KI und die Neugestaltung menschlicher Beziehungen		96
	6.3.1	Mensch-Maschine-Beziehungen	96
	6.3.2	Transformation zwischenmenschlicher Kommunikation	96
	6.3.3	Intimität und KI	97
	6.3.4	Soziale Normen und Werte im KI-Zeitalter	97
	6.3.5	Kulturelle Unterschiede in der KI-Rezeption	98
6.4	KI und die Transformation des Wissens		98
	6.4.1	Neue Formen der Wissenserzeugung	98
	6.4.2	Demokratisierung und Zugänglichkeit von Wissen	99
	6.4.3	Vertrauen und Autorität im Wissensökosystem	99
	6.4.4	Epistemologische Implikationen	100
	6.4.5	Kulturelle und sprachliche Vielfalt im Wissensökosystem	100
6.5	KI und die Zukunft der menschlichen Identität		101
	6.5.1	Neudefinition menschlicher Einzigartigkeit	101
	6.5.2	Posthumanismus und Transhumanismus	101
	6.5.3	Kulturelle und religiöse Perspektiven	102
	6.5.4	Ethische und politische Implikationen	102
6.6	Fazit		103
6.7	Verwendeten Literaturquellen mit Bewerung		103

7 Visionen einer KI-gestützten Gesellschaft ... 107
7.1 Die intelligente Stadt der Zukunft: Smart Cities als Lebensraum ... 108
7.1.1 Von vernetzten Infrastrukturen zu lebenden Organismen ... 108
7.1.2 Der Mensch im Mittelpunkt: Lebensqualität in der intelligenten Stadt ... 108
7.1.3 Nachhaltigkeit und Resilienz: Die klimaintelligente Stadt ... 109
7.2 Wirtschaft und Arbeit in einer KI-gestützten Gesellschaft ... 109
7.2.1 Die Transformation der Arbeitswelt: Neue Berufsbilder und Arbeitsmodelle ... 109
7.2.2 Industrie 5.0: Mensch und Maschine in Symbiose ... 110
7.2.3 Neue Wirtschaftsmodelle: Von der Plattformökonomie zur KI-gestützten Kreislaufwirtschaft ... 110
7.3 Bildung und Wissen in der KI-Ära ... 111
7.3.1 Personalisiertes Lernen: Bildung für eine KI-gestützte Gesellschaft ... 111
7.3.2 Lebenslanges Lernen: Kontinuierliche Weiterbildung in einer sich wandelnden Welt ... 111
7.3.3 Demokratisierung des Wissens: Zugang zu Bildung für alle ... 111
7.4 Gesundheit und Wohlbefinden in einer KI-gestützten Gesellschaft ... 112
7.4.1 Präzisionsmedizin: Personalisierte Gesundheitsversorgung durch KI ... 112
7.4.2 Gesundheitsmonitoring: Kontinuierliche Überwachung und Prävention ... 112
7.4.3 Mentale Gesundheit: KI als Unterstützung für psychisches Wohlbefinden ... 113
7.5 Soziale Beziehungen und Gemeinschaft in einer KI-gestützten Welt ... 113
7.5.1 Neue Formen der Kommunikation und Interaktion ... 113
7.5.2 Gemeinschaftsbildung und soziale Kohäsion ... 114
7.5.3 Inklusion und Diversität in einer KI-gestützten Gesellschaft ... 114
7.6 Herausforderungen und Gestaltungsprinzipien für eine KI-gestützte Gesellschaft ... 114
7.6.1 Ethische Grundsätze und menschenzentrierte KI ... 114
7.6.2 Governance und Regulierung in einer KI-gestützten Gesellschaft ... 115
7.6.3 Resilienz und Anpassungsfähigkeit ... 115
7.7 Fazit: Eine gemeinsame Vision gestalten ... 116
7.8 Verwendeten Literaturquellen mit Bewerung ... 116

8   Politische und rechtliche Aspekte 119
    8.1   Regulierungsansätze für KI-Agenten: Ein globaler Überblick 120
           8.1.1   Der europäische Weg: Der EU AI Act als Pioniergesetz 120
    8.2   Der amerikanische Ansatz: Fragmentierte Regulierung und Selbstverpflichtung 121
    8.3   Der chinesische Weg: Gezielte Regulierung und staatliche Kontrolle 121
    8.4   Internationale Unterschiede und Gemeinsamkeiten 122
    8.5   Zentrale rechtliche Herausforderungen bei KI-Agenten 123
           8.5.1   Datenschutz und Privatsphäre 123
           8.5.2   Urheberrecht und geistiges Eigentum 123
           8.5.3   Haftung und Verantwortung 124
    8.6   Diskriminierung und Fairness 125
           8.6.1   Transparenz und Erklärbarkeit 125
           8.6.2   Machtverschiebungen und geopolitische Implikationen 126
           8.6.3   Demokratische Kontrolle und Governance 126
           8.6.4   Wirtschaftliche und soziale Auswirkungen 127
    8.7   Ausblick: Zukünftige Entwicklungen und Herausforderungen 128
           8.7.1   Internationale Harmonisierung und Kooperation 128
           8.7.2   Technologische Entwicklung und regulatorische Anpassung 128
           8.7.3   Ethische Grundlagen und gesellschaftlicher Dialog 129
    8.8   Fazit: Politische und rechtliche Gestaltung als gesellschaftliche Aufgabe 130
    8.9   Verwendeten Literaturquellen mit Bewertung 130

Teil IV Ausblick und Handlungsempfehlungen

9   Fallstudien und Praxisbeispiele 135
    9.1   Kundenservice und Support: Die neue Dimension der Kundenkommunikation 136
           9.1.1   Fallstudie 1: Chatsimple's Verkaufsagent 136
           9.1.2   Fallstudie 2: PayPal's KI-gestützter Kundenassistent 136
    9.2   Gesundheitswesen: Präzision und Effizienz durch KI-Agenten 137
           9.2.1   Fallstudie 3: Ada Health's Symptomanalyse-Agent 137
           9.2.2   Fallstudie 4: Beam AI's Patientenresponse-System 138
    9.3   Fertigung und Logistik: Optimierung durch intelligente Agenten 139
           9.3.1   Fallstudie 5: Glide's Bestandsmanagement-Agent 139
           9.3.2   Fallstudie 6: Delivers.ai's autonome Lieferfahrzeuge 140

9.4		E-Commerce und Retail: Personalisierung durch KI-Agenten	140
	9.4.1	Fallstudie 7: Amazon's KI-Einkaufsassistent Rufus	140
	9.4.2	Fallstudie 8: Personalisierte Marketing-Kampagnen mit KI-Agenten	141
9.5		Softwareentwicklung und IT: Effizienzsteigerung durch Code-Agenten	142
	9.5.1	Fallstudie 9: Google's KI-Coding-Agent	142
	9.5.2	Fallstudie 10: Sicherheits-Agenten für Cyberabwehr	143
9.6		Kreative Industrien: KI-Agenten als kreative Partner	143
	9.6.1	Fallstudie 11: KI-Agenten in der Contentproduktion	143
	9.6.2	Fallstudie 12: KI-Agenten in der Musikproduktion	144
9.7		Bildung und Wissensmanagement: Personalisiertes Lernen durch KI-Agenten	145
	9.7.1	Fallstudie 13: Adaptive Lernplattform mit KI-Tutoren	145
	9.7.2	Fallstudie 14: Unternehmensinterner Wissensmanagement-Agent	146
9.8		Landwirtschaft und Umwelt: Nachhaltige Lösungen durch KI-Agenten	146
	9.8.1	Fallstudie 15: Präzisionslandwirtschaft mit KI-Agenten	146
	9.8.2	Fallstudie 16: Umweltüberwachung und Katastrophenmanagement	147
9.9		Schlussfolgerungen und Lehren aus den Fallstudien	148
	9.9.1	Erfolgsfaktoren für die Implementierung von KI-Agenten	148
	9.9.2	Gemeinsame Herausforderungen und Lösungsansätze	148
	9.9.3	Zukunftsperspektiven basierend auf aktuellen Implementierungen	149
9.10		Fazit: Von der Theorie zur Praxis	149
9.11		Verwendeten Literaturquellen mit Bewertung	150
10		**Zukunftsausblick und Schlussbetrachtungen**	**153**
10.1		Technologische Entwicklungen und gesellschaftliche Transformation	153
10.2		Zukunftsszenarien: Utopische Möglichkeiten vs. dystopische Risiken	154
10.3		Globale Wettbewerbsdynamik und internationale Kooperation	155
10.4		Ethische Reflexion und gesellschaftlicher Lernprozess	155
10.5		Schlussfolgerungen und Ausblick (Zusammenführung der Kernerkenntnisse)	156

11	**Handlungsempfehlungen (Maßnahmen für den Umgang mit KI)**		157
	11.1	Förderung von Bildung und Umschulung für eine KI-kompetente Gesellschaft	157
	11.2	Entwicklung ethischer Richtlinien für den Einsatz von KI-Agenten	158
	11.3	Aufbau eines geeigneten rechtlichen Rahmens für KI-Technologien	158
	11.4	Förderung von Transparenz und Nachvollziehbarkeit in KI-Systemen (Explainable AI)	159
	11.5	Stärkung internationaler Kooperationen bei globalen KI-Fragen	159
		11.5.1 Schlussgedanke zu Kapitel 11	159
12	**Technik als stiller Machtmultiplikator – die Rolle der KI-Agenten**		161
	12.1	Das Sozialkreditsystem – Punktestand für Loyalität	162
	12.2	Gesichtserkennung, Verhaltensanalyse, Prognosemodelle	162
	12.3	Digitale Plattformen als verlängerte Werkbank der Kontrolle	162
	12.4	Von der Kontrolle zur Lenkung – Predictive Governance	163
	12.5	Die psychologische Wirkung – Selbstzensur 2.0	163
	12.6	Der Export des Modells – Technologie als Soft Power	164
	12.7	Zwischen Dystopie und Alltäglichkeit	164
13	**Fazit**		165
	13.1	Zusammenfassung der wichtigsten Erkenntnisse	165
	13.2	Chancen und Risiken der gesellschaftlichen Metamorphose durch AI Agents	166
	13.3	Zukunftsperspektiven: Auf dem Weg zu einer ethischen und nachhaltigen KI-Gesellschaft	167
	13.4	Rolle von Politik, Wirtschaft und Individuen bei der Gestaltung der Transformation	167
		13.4.1 Schlussgedanken	168
	13.5	Letzter Aufruf!	168
		13.5.1 Wirtschaftlicher Kollaps durch ungesteuerte Automatisierung	169
		13.5.2 Sozialer und Politischer Zerfall	169
		13.5.3 Kontrollverlust über die Technologie selbst	170
		13.5.4 Psychologische und Kulturelle Erosion	170

Stichwortverzeichnis: Metamorphose unserer Gesellschaft durch KI-Agenten 173

Teil I
Grundlagen und Einführung

Einführung 1

1.1 Definition und Bedeutung von KI-Agenten

Künstliche Intelligenz (KI) hat in den letzten Jahren eine rasante Entwicklung erfahren und ist zunehmend zu einem integralen Bestandteil unseres täglichen Lebens geworden. Eine der bedeutendsten Innovationen in diesem Bereich ist die Entstehung von sogenannten KI-Agenten (KI-Agenten). Doch was genau versteht man unter diesem Begriff?

KI-Agenten, auch als KI-Agenten oder intelligente Agenten bezeichnet, sind Software- oder Hardware-Entitäten, die autonom Aufgaben erledigen, Daten verarbeiten, Entscheidungen treffen und mit ihrer Umgebung oder anderen Agenten interagieren können. Diese Agenten basieren auf fortschrittlichen Algorithmen und maschinellem Lernen, die es ihnen ermöglichen, sich an veränderte Bedingungen anzupassen und kontinuierlich dazuzulernen.

Im Gegensatz zu einfachen Large-Language-Modellen (LLMs) wie GPT sind KI-Agenten in der Lage, Aufgaben gezielt zu erledigen und sich selbstständig Folgeaufgaben zu stellen.

Ein Agent mit künstlicher Intelligenz ist ein Softwareprogramm, das mit seiner Umgebung interagieren, Daten sammeln und diese Daten verwenden kann, um selbstständig Entscheidungen zu treffen, die auf die Erreichung eines bestimmten Ziels ausgerichtet sind. Die Besonderheit von KI-Agenten liegt in ihrer Autonomie und ihrer Fähigkeit, komplexe Probleme zu lösen, ohne dass jeder Schritt explizit programmiert werden muss.

Die Bedeutung von KI-Agenten in unserer heutigen Gesellschaft kann kaum überschätzt werden. Sie revolutionieren zahlreiche Bereiche unseres Lebens, von der Arbeitswelt über das Gesundheitswesen bis hin zu unserem täglichen Umgang mit Technologie.

KI-Agenten können repetitive Aufgaben übernehmen, komplexe Datenanalysen durchführen, bei der Entscheidungsfindung unterstützen und sogar kreative Prozesse begleiten.

Ein wesentliches Merkmal von KI-Agenten ist ihre Fähigkeit, verschiedene Werkzeuge zu nutzen. Vereinfacht lässt sich dies wie folgt erklären: Wenn man einem Menschen die Aufgabe gibt, ein Haus zu bauen, wäre es mit bloßen Händen schwierig und nicht zufriedenstellend. Ein Mensch ist jedoch intelligent genug zu lernen, wie man Werkzeuge für den Hausbau nutzt. Ähnlich verhält es sich mit KI-Agenten: Wenn man einem einfachen LLM den Auftrag gibt, etwas Komplexes auszurechnen, wird das Ergebnis möglicherweise nicht zufriedenstellend sein, da es nicht rechnen kann. Ein AI Agent hingegen ist intelligent genug, einen Taschenrechner als Werkzeug zu nutzen, wenn er entsprechend trainiert wurde. Die Fähigkeit, für die richtigen Werkzeuge zu entscheiden und diese anzuwenden, ist das, was einen AI Agent ausmacht.

1.2 Historische Entwicklung der künstlichen Intelligenz

Die Geschichte der künstlichen Intelligenz ist geprägt von bedeutenden Meilensteinen, die den Weg für die heutigen KI-Agenten geebnet haben. Um die gegenwärtige Bedeutung und das Potenzial von KI-Agenten vollständig zu verstehen, ist ein Blick auf diese historische Entwicklung unerlässlich.

1.2.1 1950: Der Turing-Test

Der britische Mathematiker und Informatiker Alan Turing (1912–1954) legte mit seinem berühmten Turing-Test einen Grundstein für die Entwicklung der künstlichen Intelligenz. Der Test basiert auf einer einfachen Frage: Kann eine Maschine menschliches Denken nachahmen? Das Prinzip des Tests ist folgendes: Eine Versuchsperson führt über eine Tastatur und einen Bildschirm Gespräche mit zwei unbekannten Gesprächspartnern – einer davon ist ein Mensch, der andere eine Maschine. Wenn die Versuchsperson nach der Befragung nicht herausfinden kann, welcher der beiden die Maschine ist, hat die Maschine den Test bestanden und ihr wird ein dem Menschen ebenbürtiges Denkvermögen unterstellt.

Der Turing-Test wird bis heute eingesetzt und einige KI-Modelle haben ihn bereits bestanden, wobei Forschende über die Aussagekraft des Tests diskutieren. Turings visionäre Arbeit war so bedeutend, dass er sogar auf einer britischen Banknote verewigt wurde.

1.2.2 1951: SNARC – Der erste Neurocomputer

Ein Jahr nach Turings wegweisender Arbeit konstruierte der amerikanische Mathematiker Marvin Minsky die erste Maschine mit einem künstlichen neuronalen Netz – einen sogenannten „Neurocomputer". SNARC (Stochastic Neural Analog Reinforcement Computer) simulierte das Verhalten von Laborratten und konnte den schnellsten Weg aus einem Labyrinth finden. Damit verfügte er über gewisse Lernfähigkeiten. Die Maschine bestand aus lediglich 40 Neuronen – ein bescheidener Anfang im Vergleich zu heutigen Chatbots wie GPT-4, die auf mehr als 100 Mrd. solcher Knotenpunkte zurückgreifen können.

1.2.3 1956: Die Geburtsstunde der künstlichen Intelligenz

Als offizieller Beginn der KI als Forschungsfeld gilt eine Wissenschaftskonferenz am Dartmouth College in New Hampshire. Hier prägte der Informatiker John McCarthy erstmals den Begriff *„artificial intelligence"* (künstliche Intelligenz). Gleichzeitig wurde der Grundstein für künstliche Intelligenz als eigenständiger Fachbereich gelegt. Diese Konferenz markierte den Beginn einer systematischen Erforschung der Möglichkeiten, menschliche Intelligenz durch Maschinen nachzubilden.

1.2.4 1966: ELIZA – Der erste Chatbot

Zehn Jahre nach der Geburtsstunde der künstlichen Intelligenz sorgte der erste Chatbot für Aufsehen. ELIZA, entwickelt vom deutsch-amerikanischen Informatiker Joseph Weizenbaum, reagierte auf Schlüsselworte und antwortete mit Fragen oder allgemeinen Phrasen. ELIZA gehörte zu den ersten Programmen, die den Turing-Test durchliefen, wurde allerdings leicht als Maschine erkannt. Dennoch war dieser frühe Chatbot ein wichtiger Schritt in der Entwicklung von Systemen, die menschliche Sprache verarbeiten und darauf reagieren konnten.

1.2.5 1997: Deep Blue besiegt den Schachweltmeister

Ein Meilenstein in der Geschichte der KI war der Sieg des Computers Deep Blue über den damaligen amtierenden Schachweltmeister Garri Kasparow. Dieses Ereignis demonstrierte eindrucksvoll die Fortschritte in der Rechenleistung und den Algorithmen der künstlichen Intelligenz. Ein Jahr zuvor hatte Kasparow das Duell noch für sich entscheiden können, doch IBM hatte in der Zwischenzeit seinen Computer mit besserer Hardware ausgerüstet und leistungsstärker gemacht. Dieser Sieg markierte einen Wendepunkt in der öffentlichen Wahrnehmung von KI und zeigte, dass Computer in bestimmten Bereichen bereits menschliche Fähigkeiten übertreffen konnten.

1.2.6 2011: Sprachassistent Siri erobert die Welt

Mit der Einführung von Siri durch Apple begann die Ära der digitalen Sprachassistenten. Siri gilt als Mutter der digitalen Sprachassistenten – ähnliche Systeme wie Alexa, Cortana und andere erkennen natürliche menschliche Sprache und antworten auf Fragen. Diese Technologie hat sich rasch verbreitet und ist heute in zahlreichen Geräten integriert, von Smartphones über Fernseher und Kühlschränke bis hin zu verschiedenen Smart-Home-Geräten. Sprachassistenten können E-Mails schreiben, Termine einrichten, die Stereoanlage einschalten, die Heizung regulieren und vieles mehr. Sie haben die Art und Weise, wie wir mit Technologie interagieren, grundlegend verändert.

1.2.7 2016: AlphaGo schlägt den Go-Meister

Das asiatische Brettspiel Go gilt aufgrund seiner nahezu unendlichen Vielfalt an möglichen Spielzügen als deutlich komplexer als Schach. Im Jahr 2016 gelang es dem Computerprogramm AlphaGo von Google DeepMind, den südkoreanischen Ausnahmespieler Lee Sedol zu besiegen. Die Software verwendete neuronale Netzwerke und war lernfähig – sie kannte nicht nur alte Spielzüge, sondern fand während des Duells immer neue Lösungen. Dieser Erfolg demonstrierte die Fortschritte im Bereich des maschinellen Lernens und der neuronalen Netzwerke und zeigte, dass KI-Systeme auch in hochkomplexen Umgebungen erfolgreich sein können.

1.2.8 Jüngste Entwicklungen: Generative KI und multimodale Systeme

In den letzten Jahren haben wir eine explosionsartige Entwicklung im Bereich der generativen KI erlebt. Systeme wie GPT (Generative Pre-trained Transformer) von OpenAI, DALL-E, Midjourney und andere haben gezeigt, dass KI in der Lage ist, menschenähnliche Texte zu verfassen, beeindruckende Bilder zu generieren und sogar Musik zu komponieren. Die Einführung von ChatGPT im November 2022 markierte einen weiteren Meilenstein, der die öffentliche Wahrnehmung und Nutzung von KI-Systemen revolutionierte.

Parallel dazu entwickelten sich multimodale Systeme, die verschiedene Arten von Eingaben (Text, Bild, Audio) verarbeiten und integrieren können. Diese Systeme bilden die Grundlage für die heutigen KI-Agenten, die in der Lage sind, komplexe Aufgaben zu verstehen, zu planen und auszuführen, indem sie verschiedene Werkzeuge und Informationsquellen nutzen.

1.3 Warum KI-Agenten unsere Gesellschaft transformieren

Die Entwicklung von KI-Agenten stellt einen Paradigmenwechsel in der Art und Weise dar, wie wir mit Technologie interagieren und wie Technologie unsere Gesellschaft beeinflusst. Es gibt mehrere Gründe, warum KI-Agenten das Potenzial haben, unsere Gesellschaft grundlegend zu transformieren:

1.3.1 Autonomie und Entscheidungsfähigkeit

Im Gegensatz zu herkömmlichen Softwareprogrammen, die strikt nach vorprogrammierten Regeln arbeiten, verfügen KI-Agenten über ein gewisses Maß an Autonomie und Entscheidungsfähigkeit. Sie können selbstständig Informationen sammeln, analysieren und auf dieser Grundlage Entscheidungen treffen. Diese Fähigkeit ermöglicht es ihnen, komplexe Probleme zu lösen, ohne dass jeder Schritt explizit programmiert werden muss.

Die Autonomie von KI-Agenten reicht von einfachen Reflexagenten, die nach vordefinierten Regeln handeln, bis hin zu lernenden Agenten, die aus Erfahrungen lernen und ihr Verhalten entsprechend anpassen. Diese Bandbreite an Fähigkeiten macht KI-Agenten zu vielseitigen Werkzeugen, die in verschiedensten Bereichen eingesetzt werden können.

1.3.2 Vielseitigkeit und Anpassungsfähigkeit

KI-Agenten können in nahezu allen Bereichen unseres Lebens eingesetzt werden, von der Gesundheitsversorgung über die Bildung bis hin zur Industrie und Unterhaltung. Ihre Fähigkeit, sich an neue Situationen anzupassen und aus Erfahrungen zu lernen, macht sie besonders wertvoll in dynamischen Umgebungen, in denen sich Anforderungen und Bedingungen ständig ändern.

In der Gesundheitsversorgung können KI-Agenten bei der Diagnose von Krankheiten helfen, personalisierte Behandlungspläne erstellen und die Effizienz des Gesundheitssystems verbessern. Im Bildungsbereich können sie personalisierte Lernpfade für Schülerinnen und Schüler entwickeln und Lehrkräfte bei der Gestaltung effektiver Unterrichtsmaterialien unterstützen. In der Industrie können sie Produktionsprozesse optimieren, Wartungsarbeiten vorhersagen und die Ressourceneffizienz steigern.

1.3.3 Potenzial zur Lösung komplexer Probleme

Viele der Herausforderungen, mit denen unsere Gesellschaft konfrontiert ist – vom Klimawandel über die Bekämpfung von Krankheiten bis hin zur Optimierung von Verkehrssystemen – sind hochkomplex und erfordern die Analyse enormer Datenmengen und die Berücksichtigung zahlreicher Faktoren. KI-Agenten mit ihrer Fähigkeit zur Datenanalyse, Mustererkennung und Entscheidungsfindung können wertvolle Werkzeuge zur Bewältigung dieser Herausforderungen sein.

Beispielsweise können KI-Agenten helfen, Klimamodelle zu verbessern, erneuerbare Energiequellen effizienter zu nutzen und nachhaltige Lösungen für Umweltprobleme zu entwickeln. Im Gesundheitsbereich können sie bei der Entwicklung neuer Medikamente, der Früherkennung von Krankheiten und der Optimierung von Behandlungsmethoden unterstützen.

1.3.4 Transformation der Arbeitswelt

KI-Agenten verändern die Art und Weise, wie wir arbeiten, grundlegend. Sie können repetitive und zeitaufwendige Aufgaben übernehmen, was Menschen die Möglichkeit gibt, sich auf kreativere und strategischere Tätigkeiten zu konzentrieren. Gleichzeitig entstehen neue Berufsfelder rund um die Entwicklung, Implementierung und Überwachung von KI-Agenten.

Diese Transformation bringt sowohl Chancen als auch Herausforderungen mit sich. Einerseits können KI-Agenten die Produktivität steigern, die Arbeitsbedingungen verbessern und neue Möglichkeiten für Innovation und Wachstum schaffen. Andererseits werfen sie Fragen bezüglich der Zukunft der Arbeit, der notwendigen Qualifikationen und der sozialen Sicherheit auf.

1.3.5 Ethische und gesellschaftliche Implikationen

Die zunehmende Integration von KI-Agenten in unsere Gesellschaft wirft wichtige ethische und gesellschaftliche Fragen auf. Wer trägt die Verantwortung für Entscheidungen, die von KI-Agenten getroffen werden? Wie können wir sicherstellen, dass diese Systeme fair und diskriminierungsfrei agieren? Wie schützen wir die Privatsphäre und Daten der Nutzer?

Die Beantwortung dieser Fragen erfordert einen breiten gesellschaftlichen Dialog und die Entwicklung geeigneter rechtlicher und ethischer Rahmenbedingungen. Die Art und Weise, wie wir mit diesen Herausforderungen umgehen, wird maßgeblich beeinflussen, wie KI-Agenten unsere Gesellschaft in Zukunft prägen werden.

1.4 Ziel und Schwerpunkt der Analyse

Die vorliegende Analyse zielt darauf ab, ein umfassendes Verständnis der Metamorphose unserer Gesellschaft durch KI-Agenten zu vermitteln. Sie beleuchtet die technologischen Grundlagen, die gesellschaftlichen Auswirkungen und die ethischen Herausforderungen, die mit dem Einsatz von KI-Agenten verbunden sind.

Der Schwerpunkt liegt dabei auf einer ausgewogenen Betrachtung der Chancen und Risiken, die KI-Agenten mit sich bringen. Einerseits haben diese Systeme das Potenzial, zahlreiche Bereiche unseres Lebens zu verbessern und zur Lösung drängender gesellschaftlicher Probleme beizutragen. Andererseits werfen sie komplexe Fragen bezüglich Ethik, Privatsphäre, Sicherheit und sozialer Gerechtigkeit auf.

Die Analyse gliedert sich in mehrere Kapitel, die verschiedene Aspekte der Thematik beleuchten:

- Der technologische Aufstieg der KI-Agenten: Dieses Kapitel erläutert die grundlegenden Technologien hinter KI-Agenten und zeigt anhand von Beispielen, wie sie in verschiedenen Branchen eingesetzt werden.
- Auswirkungen auf die Arbeitswelt: Hier werden die Veränderungen in der Arbeitsorganisation, die Entstehung neuer Berufsfelder und die Herausforderungen durch Automatisierung diskutiert.
- Gesellschaftliche und soziale Veränderungen: Dieses Kapitel untersucht, wie KI-Agenten das Bildungswesen, soziale Interaktionen und die gesellschaftliche Struktur beeinflussen.
- Ethische Herausforderungen und Dilemmata: Hier werden Fragen der Verantwortung, Diskriminierung, Privatsphäre und Kontrolle von KI-Agenten erörtert.
- Philosophische und kulturelle Implikationen: Dieses Kapitel befasst sich mit den Auswirkungen von KI-Agenten auf unser Verständnis von Kreativität, Identität und menschlichen Werten.
- Visionen einer KI-gestützten Gesellschaft: Hier werden Szenarien für eine Zukunft mit KI-Agenten entwickelt und diskutiert.
- Politische und rechtliche Aspekte: Dieses Kapitel behandelt Fragen der Regulierung, internationalen Zusammenarbeit und rechtlichen Rahmenbedingungen für KI-Agenten.
- Fallstudien und Praxisbeispiele: Hier werden konkrete Anwendungsfälle von KI-Agenten in verschiedenen Bereichen vorgestellt und analysiert.
- Risiken und Herausforderungen: Dieses Kapitel beleuchtet potenzielle Gefahren und Probleme im Zusammenhang mit KI-Agenten.
- Handlungsempfehlungen: Hier werden konkrete Vorschläge für den verantwortungsvollen Umgang mit KI-Agenten entwickelt.

Ziel dieser umfassenden Analyse ist es, ein differenziertes Bild der Metamorphose unserer Gesellschaft durch KI-Agenten zu zeichnen und Orientierung in einer Zeit des raschen technologischen Wandels zu bieten. Sie richtet sich an Entscheidungsträger in Politik und Wirtschaft, Fachleute aus verschiedenen Bereichen sowie an die interessierte Öffentlichkeit.

Die Analyse verfolgt dabei einen interdisziplinären Ansatz, der technologische, soziale, ethische, philosophische und politische Perspektiven integriert. Nur durch eine solche ganzheitliche Betrachtung können wir die komplexen Auswirkungen von KI-Agenten auf unsere Gesellschaft verstehen und gestalten.

In den folgenden Kapiteln werden wir uns eingehend mit den verschiedenen Aspekten der Metamorphose unserer Gesellschaft durch KI-Agenten befassen und sowohl die Chancen als auch die Herausforderungen dieser Entwicklung beleuchten. Dabei werden wir stets bemüht sein, eine ausgewogene und fundierte Darstellung zu bieten, die sowohl technologische Expertise als auch gesellschaftliche Reflexion umfasst.

1.5 Verwendete Literatur mit Bewerung

1. **Kalaidos Fachhochschule Schweiz. (2024).** *Was sind KI-Agenten und wie funktionieren sie?*
Dieser Blogbeitrag der Kalaidos Fachhochschule bietet eine zugängliche und grundlegende Einführung in das Thema der KI-Agenten. Der Artikel ist klar strukturiert und eignet sich hervorragend für Leser ohne tiefgreifende technische Vorkenntnisse, um ein erstes Verständnis für die Definition, die Funktionsweise und die Anwendungsbereiche von KI-Agenten zu entwickeln. Als Hochschulpublikation besitzt die Quelle eine gewisse didaktische Autorität, auch wenn sie nicht den Tiefgang einer wissenschaftlichen Forschungsarbeit hat. Die Stärke liegt in der verständlichen Aufbereitung komplexer Zusammenhänge, was sie zu einem idealen Ausgangspunkt für die Einarbeitung in die Thematik macht. Für eine akademische Auseinandersetzung ist der Beitrag jedoch nicht ausreichend, da er an der Oberfläche bleibt und keine neuen Forschungserkenntnisse liefert. Insgesamt ist die Quelle als einführender Überblick für Studierende oder die breite Öffentlichkeit sehr gut geeignet.
2. **AWS. (2025).** *Was sind KI-Agenten? – Agenten im Bereich der künstlichen Intelligenz erklärt.*
Die Veröffentlichung von Amazon Web Services (AWS) beleuchtet KI-Agenten aus einer stark praxis- und produktorientierten Perspektive. Der Text erklärt die Konzepte verständlich, zielt aber klar darauf ab, die Relevanz und Anwendung im Kontext der von AWS angebotenen Cloud-Dienste und Technologien darzustellen. Dies verleiht dem Artikel eine hohe Aktualität und praktische Relevanz, insbesondere für Entwickler und Unternehmen, die den Einsatz von KI-Agenten planen. Die Darstellung ist naturgemäß durch kommerzielle Interessen geprägt, was bei der Bewertung der Neutralität berücksichtigt werden muss. Die Stärke der Quelle liegt in der Verknüpfung von theoretischem Wissen mit konkreten, marktführenden technologischen Lösungen.

1.5 Verwendete Literatur mit Bewerung

Für eine kritische wissenschaftliche Arbeit ist die Quelle nützlich, um die industrielle Perspektive zu verstehen, sollte aber durch neutralere, akademische Quellen ergänzt werden.

3. **IBM. (2024).** *Was sind KI-Agenten?*
Ähnlich wie der AWS-Artikel bietet die Publikation von IBM eine unternehmenszentrierte, aber dennoch informative Einführung in KI-Agenten. IBM, als ein Urgestein der KI-Forschung, untermauert die Erklärung mit seiner langen Expertise und stellt die Technologie in den Kontext von Geschäfts- und Automatisierungsprozessen. Der Artikel ist professionell aufbereitet und zielt auf Entscheidungsträger in Unternehmen ab, die das Potenzial von KI für ihre Organisation bewerten möchten. Die Erklärungen sind auf einem hohen Niveau, bleiben aber zugänglich, ohne in technischen Jargon zu verfallen. Die kommerzielle Ausrichtung ist offensichtlich, mindert jedoch nicht den informativen Wert der grundlegenden Ausführungen. Diese Quelle ist wertvoll, um die strategische Bedeutung von KI-Agenten aus der Sicht eines führenden Technologiekonzerns zu erfassen.

4. **National Geographic. (2023).** *Neun Meilensteine der künstlichen Intelligenz.*
Dieser Artikel von National Geographic bietet eine wichtige historische Kontextualisierung, indem er die Entwicklung der künstlichen Intelligenz anhand zentraler Meilensteine nachzeichnet. Er ist nicht direkt auf KI-Agenten fokussiert, liefert aber das notwendige Hintergrundwissen, um die Entstehung und Bedeutung heutiger Technologien zu verstehen. Die Stärke der Quelle liegt in ihrer journalistischen Qualität, der visuellen Aufbereitung und der Fähigkeit, komplexe technische Entwicklungen für ein breites Publikum verständlich zu erzählen. Für eine wissenschaftliche Arbeit ist der Artikel vor allem für die Einleitung oder zur Illustration der historischen Dimension des Themas wertvoll. Er begründet, warum KI-Agenten als logischer nächster Schritt in einer langen Reihe von Innovationen gesehen werden können und liefert somit eine narrative Einbettung.

5. **Russell, S. J., & Norvig, P. (2021).** *Artificial Intelligence: A Modern Approach.*
Dieses Werk gilt weithin als das Standardlehrbuch und die „Bibel" der künstlichen Intelligenz. Es bietet eine umfassende, theoretisch fundierte und mathematisch präzise Darstellung des gesamten Fachgebiets. Kapitel, die sich mit Agenten, maschinellem Lernen, Wissensrepräsentation und Planung befassen, sind direkt für das tiefgehende Verständnis von KI-Agenten unerlässlich. Die Stärke des Buches liegt in seiner wissenschaftlichen Rigorosität, seinem enzyklopädischen Umfang und seiner „Modern Approach"-Philosophie, die Agenten als zentrales Konzept der KI etabliert. Für jede ernsthafte akademische Auseinandersetzung mit KI ist diese Quelle unverzichtbar und stellt den Goldstandard dar. Die Ausführungen sind anspruchsvoll, aber fundamental für das Verständnis der theoretischen Grundlagen, auf denen KI-Agenten aufbauen.

6. **Davenport, T. & Kalakota, R. (2019).** *The potential for artificial intelligence in healthcare.*
Dieser Fachartikel aus dem *Future Healthcare Journal* ist eine exzellente Beispielquelle für die Anwendung von KI in einem spezifischen Sektor. Er diskutiert nicht ausschließlich KI-Agenten, sondern das breitere Spektrum von KI-Technologien im Gesundheitswesen, von der Diagnoseunterstützung bis zur Prozessautomatisierung. Die Stärke der Quelle liegt in der detaillierten Analyse der Chancen und Herausforderungen in einem hochrelevanten und regulierten Anwendungsfeld. Der Artikel zeigt auf, wie KI-Systeme – von denen viele als Agenten konzipiert werden können – reale Probleme lösen und welche ethischen und praktischen Hürden dabei bestehen. Für eine thematische Vertiefung, die über die reine Technologie hinausgeht und die gesellschaftliche Implementierung beleuchtet, ist dieser Artikel von hohem Wert.
7. **De Witt, C., Rampelt, F., & Pinkwart, N. (2020).** *Künstliche Intelligenz in der Hochschulbildung. KI-Campus Whitepaper.*
Dieses Whitepaper liefert eine fokussierte Analyse des Potenzials von KI im Bildungssektor, speziell im Hochschulbereich und mit Bezug zum deutschen Kontext. Die Autoren untersuchen, wie KI-Technologien, einschließlich intelligenter tutorieller Systeme (die eine Form von KI-Agenten sind), das Lehren und Lernen verändern können. Die Stärke der Publikation liegt in der Verbindung von technologischer Möglichkeit, didaktischer Reflexion und bildungspolitischen Empfehlungen. Sie ist besonders wertvoll, um die Anwendung von KI-Agenten im Bereich personalisierten Lernens und der Bildungsverwaltung zu verstehen. Die Quelle ist ideal, um eine spezifische Anwendungsdomäne detailliert zu beleuchten und dabei auch die gesellschaftlichen und institutionellen Rahmenbedingungen in Deutschland zu berücksichtigen.

Der technologische Aufstieg der KI-Agenten   2

2.1 Was sind KI-Agenten?

KI-Agenten, oder KI-Agenten, repräsentieren eine fortschrittliche Form der künstlichen Intelligenz, die über die Fähigkeiten herkömmlicher KI-Systeme hinausgeht. Im Kern sind KI-Agenten IT-Systeme, die autonom Aufgaben erledigen können, indem sie ihre Umgebung kennen, Entscheidungen treffen und darauf basierend handeln. Sie sind somit in der Lage, komplexe Aufgaben zu bewältigen, die normalerweise menschliche Intelligenz erfordern würden.

Das besondere an KI-Agenten ist, dass sie eigenständig Folgehandlungen auslösen können. Beispielsweise kann ein AI Agent auf die Frage „Was soll ich meinem Nachbarn zum Geburtstag schenken?" nicht nur Ideen liefern, sondern anschließend auch direkt die Bestellung auslösen. Diese Fähigkeit zur autonomen Handlung unterscheidet KI-Agenten grundlegend von einfachen Automatisierungssystemen oder regelbasierten Programmen.

KI-Agenten bieten eine höhere Intelligenz, Flexibilität und Anpassungsfähigkeit im Vergleich zu normalen Automatisierungssystemen. Sie können sich an veränderte Umgebungen anpassen, aus Erfahrungen lernen und ihre Aktionen basierend auf Feedback verfeinern. Dies macht sie besonders wertvoll in dynamischen, vielschichtigen Umgebungen, in denen Flexibilität und menschenähnliche Entscheidungsfindung erforderlich sind.

Es ist wichtig, zwischen verschiedenen Begriffen zu unterscheiden: Während „AI Agent" und „KI-Agent" gleichbedeutend verwendet werden, gibt es Unterschiede zwischen „Agentic AI" und „KI-Agenten". Unter Agentic AI versteht man eine autonome KI, die eigenständig Entscheidungen trifft, Aktionen ausführt und lernt, um spezifische Ziele zu erreichen. Sie verfügt über ein hohes Maß an Autonomie und kann komplexe Aufgaben bewältigen. Ein selbstfahrendes Auto ist ein Beispiel für Agentic AI.

KI-Agenten hingegen werden oft für definierte Aufgaben entwickelt, wie das Beantworten von Fragen oder das Verwalten von E-Mails. Sie automatisieren spezifische, oft repetitive Aufgaben. In komplexeren Systemen kann eine Agentic AI aus mehreren spezialisierten KI-Agenten bestehen, die je nach Bedarf eingesetzt werden.

2.2 Grundlegende Technologien hinter KI-Agenten (Maschinelles Lernen, Neuronale Netze, Natural Language Processing)

Die Funktionsweise von KI-Agenten mag auf den ersten Blick wie Magie erscheinen, doch in Wirklichkeit basiert sie auf fundierten technologischen Grundlagen. Diese Technologien ermöglichen es KI-Agenten, menschenähnliche Fähigkeiten zu entwickeln und komplexe Aufgaben autonom zu bewältigen.

2.2.1 Neuronale Netze

Neuronale Netze bilden das Fundament vieler moderner KI-Agenten. Diese Netzwerke sind inspiriert von der Funktionsweise des menschlichen Gehirns und ermöglichen es KI-Agenten, komplexe Aufgaben zu bewältigen. Sie bestehen aus miteinander verbundenen Knoten (Neuronen), die in Schichten angeordnet sind und Informationen verarbeiten.

Die Stärke neuronaler Netze liegt in ihrer Fähigkeit, Muster in Daten zu erkennen und zu lernen, ohne explizit programmiert zu werden. Durch die Verarbeitung großer Datenmengen können sie Zusammenhänge erkennen, die für Menschen möglicherweise nicht offensichtlich sind. Diese Fähigkeit macht sie besonders wertvoll für Aufgaben wie Bilderkennung, Sprachverarbeitung und Entscheidungsfindung.

Moderne KI-Agenten nutzen oft tiefe neuronale Netze (Deep Neural Networks), die aus vielen Schichten bestehen und besonders komplexe Muster erkennen können. Diese Deep-Learning-Architekturen haben in den letzten Jahren zu bahnbrechenden Fortschritten in der KI-Forschung geführt.

2.2.2 Maschinelles Lernen

Maschinelles Lernen ist ein zentraler Bestandteil moderner KI-Agenten. Es ermöglicht ihnen, aus Erfahrungen zu lernen und ihre Leistung im Laufe der Zeit zu verbessern, ohne explizit programmiert zu werden. Das neuronale Netz, auch als Large Language Model (LLM) bezeichnet, ist durch Maschinelles Lernen entstanden.

Es gibt verschiedene Ansätze des Maschinellen Lernens:

- Überwachtes Lernen: Hier werden dem AI Agent Beispieldaten mit den korrekten Antworten (Labels) präsentiert, sodass er Muster erkennen und auf neue Daten anwenden kann.
- Unüberwachtes Lernen: Der Agent findet selbstständig Muster und Strukturen in Daten, ohne vorgegebene Antworten.
- Bestärkendes Lernen (Reinforcement Learning): Der Agent lernt durch Versuch und Irrtum, wobei erwünschtes Verhalten belohnt und unerwünschtes bestraft wird.

Trotz dieser Lernfähigkeit basieren KI-Agenten weiterhin auf sogenannten GPTs (Generative Pretrained Transformers), die das Fundament für ihre Funktionalität bilden. Diese vortrainierten Modelle werden mit enormen Datenmengen trainiert und können dann für spezifische Aufgaben feinabgestimmt werden.

2.2.3 Natural Language Processing (NLP)

Natural Language Processing ist eine Schlüsseltechnologie, die es KI-Agenten ermöglicht, menschliche Sprache zu verstehen und darauf zu reagieren. NLP umfasst eine Reihe von Techniken und Algorithmen, die es Computern erlauben, Text und gesprochene Sprache zu analysieren, zu verstehen und zu generieren.

Zu den wichtigsten Komponenten von NLP gehören:

- Textanalyse: Das Aufbrechen von Text in handhabbare Teile für die Analyse.
- Tokenisierung: Die Aufteilung von Text in Wörter, Phrasen oder andere bedeutungsvolle Elemente.
- Part-of-Speech-Tagging: Die Identifizierung der grammatikalischen Wortarten in einem Satz.
- Named Entity Recognition: Das Erkennen und Klassifizieren von Schlüsselentitäten im Text, wie Namen, Daten und Orte.
- Sentiment-Analyse: Die Bestimmung des emotionalen Tons hinter einer Reihe von Wörtern.

NLP ermöglicht es KI-Agenten, natürliche Gespräche zu führen, Texte zu verstehen und zu generieren sowie Informationen aus unstrukturierten Daten zu extrahieren. Diese Fähigkeit ist besonders wichtig für Anwendungen wie Chatbots, virtuelle Assistenten und Sprachsteuerungssysteme.

Die Kombination dieser Technologien – neuronale Netze, maschinelles Lernen und NLP – bildet das technologische Rückgrat moderner KI-Agenten. Sie ermöglichen es diesen Systemen, komplexe Aufgaben zu bewältigen, aus Erfahrungen zu lernen und auf natürliche Weise mit Menschen zu interagieren.

2.3 Beispiele für den Einsatz von KI-Agenten in verschiedenen Branchen

KI-Agenten revolutionieren zahlreiche Branchen durch ihre Fähigkeit, komplexe Aufgaben autonom zu bewältigen. Im Folgenden werden einige der wichtigsten Anwendungsbereiche und Beispiele vorgestellt.

2.3.1 E-Commerce und Einzelhandel

Im E-Commerce werden KI-Agenten für eine Vielzahl von Aufgaben eingesetzt:

- Bestellungen aufgeben und den Versand verfolgen
- Bildbasierte Suche erleichtern
- Produktbewertungen von früheren Kunden bereitstellen
- Personalisierte Produktvorschläge unterbreiten

Diese KI-Agenten verbessern nicht nur das Kundenerlebnis, sondern steigern auch die Effizienz der Verkaufsprozesse und erhöhen die Konversionsraten.

2.3.2 Vertrieb und Marketing

Im Vertrieb und Marketing werden KI-Agenten zunehmend für folgende Aufgaben eingesetzt:

- Lead-Listen erstellen und qualifizieren
- Personalisierte Mitteilungen versenden
- Marketingkampagnen strategisch planen und unterstützen
- Wettbewerbsanalysen durchführen

Unternehmen, die KI-Agenten im Kundenservice einsetzen, berichten von einer Reduzierung der Support-Tickets um bis zu 65 %, was die Effizienz dieser Technologie unterstreicht.

2.3.3 Gesundheitswesen

Im Gesundheitssektor unterstützen KI-Agenten bei:

- Diagnose von Krankheiten durch Analyse medizinischer Daten
- Entwicklung personalisierter Behandlungspläne
- Überwachung von Patienten und Erkennung von Anomalien
- Verwaltung von Gesundheitsdaten und Terminplanung

Diese Anwendungen verbessern nicht nur die Effizienz des Gesundheitssystems, sondern können auch die Genauigkeit von Diagnosen erhöhen und die Patientenversorgung verbessern.

2.3.4 Finanzwesen

Im Finanzsektor werden KI-Agenten für folgende Aufgaben eingesetzt:

- Automatisierter Handel auf Aktien- und Kryptowährungsmärkten
- Betrugserkennung und Risikobewertung
- Personalisierte Finanzberatung
- Kreditwürdigkeitsprüfung

Nutzenbasierte Agenten eignen sich besonders gut für Finanzmärkte, da sie auf der Grundlage von Algorithmen kaufen oder verkaufen können, die darauf abzielen, finanzielle Erträge zu maximieren oder Verluste zu minimieren.

2.3.5 Tourismus und Gastgewerbe

Hotels und andere Unternehmen des Gastgewerbes setzen KI-Agenten ein für:

- Mehrsprachigen, rund um die Uhr verfügbaren Kundenservice
- Optimierung des Zimmerservice
- Vorschläge für Annehmlichkeiten in der Nähe
- Koordination von Gästebedürfnissen

Ein Beispiel für einen komplexen AI Agent im Tourismusbereich ist ein „Travel Assistant", der basierend auf den Präferenzen des Nutzers (Budget, Reiseziel, Hotelkategorie) ein individuelles Angebot zusammenstellt, Flüge und Unterkünfte bucht, Mietwagen organisiert und Ausflugstipps gibt.

2.3.6 Logistik und Lieferkettenmanagement

Im Bereich Logistik und Lieferketten optimieren KI-Agenten:

- Routenplanung und Transportlogistik
- Bestandsmanagement und Lagerhaltung
- Nachfrageprognosen
- Lieferkettenüberwachung

Diese Anwendungen tragen zur Effizienzsteigerung bei und können Kosten senken sowie die Zuverlässigkeit von Lieferketten verbessern.

2.3.7 Autonome Fahrzeuge

Bei selbstfahrenden Autos kommen verschiedene Arten von KI-Agenten zum Einsatz:

- Nutzenbasierte Agenten für Entscheidungsfindung
- Zielbasierte Agenten für Navigation
- Modellbasierte Reflexagenten für Reaktionen auf Verkehrssituationen
- Lernende Agenten für kontinuierliche Verbesserung

Diese Kombination verschiedener Agent-Typen verdeutlicht, wie komplexe KI-Systeme oft aus mehreren spezialisierten Agenten bestehen, die zusammenarbeiten, um anspruchsvolle Aufgaben zu bewältigen.

Die Vielfalt dieser Beispiele zeigt, dass KI-Agenten bereits heute in zahlreichen Branchen wertvolle Dienste leisten und das Potenzial haben, Geschäftsprozesse grundlegend zu transformieren. Mit fortschreitender Technologie werden diese Anwendungsbereiche weiter zunehmen und die Fähigkeiten der Agenten sich kontinuierlich verbessern.

2.4 Autonomie und Entscheidungsfähigkeit: Von Werkzeugen zu Partnern

Die Entwicklung von KI-Agenten markiert einen bedeutenden Wandel in der Mensch-Maschine-Interaktion. Während traditionelle Softwaresysteme als passive Werkzeuge fungieren, die auf explizite Anweisungen warten, entwickeln sich KI-Agenten zunehmend zu aktiven Partnern, die eigenständig handeln und Entscheidungen treffen können. Diese Transformation von Werkzeugen zu Partnern stellt einen Paradigmenwechsel dar, der durch zunehmende Autonomie und verbesserte Entscheidungsfähigkeit gekennzeichnet ist.

2.4 Autonomie und Entscheidungsfähigkeit: Von Werkzeugen zu Partnern

2.4.1 Stufen der Autonomie

Die Autonomie von KI-Agenten lässt sich in verschiedene Stufen einteilen, die den Grad ihrer Unabhängigkeit und Entscheidungsfähigkeit widerspiegeln:

1. Einfache Reflexagenten: Diese reagieren strikt nach vordefinierten Regeln auf unmittelbare Daten. Sie können nicht auf Situationen reagieren, die über eine bestimmte Aktionsregel für Ereignisbedingungen hinausgehen. Ein Beispiel wäre ein einfacher Chatbot, der Passwörter zurücksetzt, indem er bestimmte Schlüsselwörter in der Konversation eines Benutzers erkennt.
2. Modellgestützte Reflexagenten: Diese verfügen über einen fortgeschritteneren Entscheidungsmechanismus. Anstatt nur einer bestimmten Regel zu folgen, bewerten sie wahrscheinliche Ergebnisse und Konsequenzen, bevor sie eine Entscheidung treffen. Sie erstellen ein internes Modell der Welt, die sie wahrnehmen, und verwenden es zur Unterstützung ihrer Entscheidungen.
3. Zielgestützte Agenten: Diese KI-Agenten verfügen über robustere Argumentationsfähigkeiten. Neben der Auswertung der Umweltdaten vergleichen sie verschiedene Ansätze, um das gewünschte Ergebnis zu erzielen. Sie wählen immer den effizientesten Weg und eignen sich für komplexe Aufgaben wie die natürliche Sprachverarbeitung und Robotikanwendungen.
4. Nutzengestützte Agenten: Diese verwenden einen komplexen Argumentationsalgorithmus, um Benutzern zu helfen, das gewünschte Ergebnis zu maximieren. Der Agent vergleicht verschiedene Szenarien und ihre jeweiligen Nutzwerte oder Vorteile. Dann wählt er eines aus, das den Benutzern die meisten Belohnungen bietet.
5. Lernende Agenten: Diese lernen kontinuierlich aus früheren Erfahrungen, um ihre Ergebnisse zu verbessern. Mithilfe sensorischer Input- und Feedback-Mechanismen passen sie ihr Verhalten im Laufe der Zeit an. Darüber hinaus verwenden sie einen Problemgenerator, um neue Aufgaben zu entwerfen, um sich anhand gesammelter Daten und früherer Ergebnisse selbst zu trainieren.

Mit jeder Stufe steigt die Autonomie und Entscheidungsfähigkeit des Agenten, was ihn von einem passiven Werkzeug zu einem aktiven Partner transformiert.

2.4.2 Von der Automatisierung zur Zusammenarbeit

Der Übergang von Werkzeugen zu Partnern spiegelt sich auch in der Art der Interaktion zwischen Mensch und AI Agent wider:

- Traditionelle Automatisierung: Hier führt die Software vorprogrammierte Aufgaben aus, ohne eigene Entscheidungen zu treffen. Der Mensch gibt klare Anweisungen, und die Software führt diese genau aus.

- Assistierte Automatisierung: Die Software bietet Vorschläge und Unterstützung, aber der Mensch trifft die endgültigen Entscheidungen. Die Interaktion ist kooperativer, aber der Mensch behält die Kontrolle.
- Kollaborative Partnerschaft: Hier arbeiten Mensch und AI Agent als Team zusammen, wobei jeder seine Stärken einbringt. Der Agent kann eigenständig Entscheidungen treffen, aber der Mensch behält die Aufsicht und kann eingreifen, wenn nötig.
- Autonome Handlung: In dieser fortgeschrittensten Form kann der AI Agent vollständig unabhängig handeln, Entscheidungen treffen und Aufgaben ausführen, ohne menschliches Eingreifen zu erfordern.

Diese Entwicklung von der Automatisierung zur Zusammenarbeit markiert einen fundamentalen Wandel in der Rolle von KI-Systemen – von passiven Werkzeugen zu aktiven Partnern, die eigenständig denken, lernen und handeln können.

2.4.3 Entscheidungsfindung und Problemlösung

Die Fähigkeit zur eigenständigen Entscheidungsfindung und Problemlösung ist ein zentrales Merkmal moderner KI-Agenten. Diese Fähigkeiten umfassen:

- Datenanalyse und -interpretation: KI-Agenten können große Datenmengen analysieren und Muster erkennen, die für Menschen schwer zu erkennen wären. Dies ist besonders nützlich in Bereichen wie Finanzanalyse, Gesundheitswesen und Marketing.
- Automatisierung von Routineaufgaben: KI-Agenten können repetitive und zeitaufwendige Aufgaben automatisieren, wie z. B. das Beantworten von E-Mails, das Verwalten von Terminen oder das Durchführen von Bestandskontrollen.
- Sprachbeherrschung: KI-Agenten können Sprache verstehen, kreativ antworten, spezialisierte Werkzeuge nutzen und aus Informationen lernen.
- Entscheidungsfindung: KI-Agenten können komplexe Entscheidungen treffen, indem sie verschiedene Faktoren und mögliche Ergebnisse abwägen. Dies ist besonders nützlich in Bereichen wie Logistik, Personalmanagement und strategischer Planung.

Diese Fähigkeiten ermöglichen es KI-Agenten, von einfachen Werkzeugen zu wertvollen Partnern zu werden, die aktiv zur Problemlösung und Entscheidungsfindung beitragen können.

2.4.4 Ethische und praktische Implikationen

Der Übergang von Werkzeugen zu Partnern bringt sowohl Chancen als auch Herausforderungen mit sich:

- Verantwortung und Haftung: Mit zunehmender Autonomie stellt sich die Frage, wer für die Entscheidungen und Handlungen eines KI-Agenten verantwortlich ist.
- Transparenz und Erklärbarkeit: Je komplexer die Entscheidungsprozesse eines KI-Agenten werden, desto schwieriger kann es sein, seine Entscheidungen nachzuvollziehen und zu erklären.
- Vertrauen und Akzeptanz: Damit Menschen KI-Agenten als Partner akzeptieren, müssen sie Vertrauen in deren Fähigkeiten und Entscheidungen entwickeln.
- Kontrolle und Aufsicht: Trotz zunehmender Autonomie bleibt die Frage, wie viel Kontrolle und Aufsicht durch Menschen notwendig und wünschenswert ist.

Die Entwicklung von KI-Agenten von Werkzeugen zu Partnern repräsentiert einen bedeutenden Fortschritt in der KI-Technologie. Diese Transformation eröffnet neue Möglichkeiten für die Zusammenarbeit zwischen Mensch und Maschine, bringt aber auch wichtige ethische und praktische Fragen mit sich, die adressiert werden müssen, um das volle Potenzial dieser Technologie zu realisieren.

2.5 Fazit

Der technologische Aufstieg der KI-Agenten markiert einen Wendepunkt in der Entwicklung künstlicher Intelligenz. Von einfachen regelbasierten Systemen haben sie sich zu komplexen, autonomen Entitäten entwickelt, die in der Lage sind, eigenständig zu handeln, zu lernen und Entscheidungen zu treffen. Diese Entwicklung wird durch fortschrittliche Technologien wie neuronale Netze, maschinelles Lernen und Natural Language Processing angetrieben.

Die Vielfalt der Anwendungsbereiche – vom E-Commerce über das Gesundheitswesen bis hin zu autonomen Fahrzeugen – zeigt das enorme Potenzial von KI-Agenten, verschiedene Branchen zu transformieren und neue Möglichkeiten zu eröffnen. Dabei vollzieht sich ein Paradigmenwechsel: KI-Agenten entwickeln sich von passiven Werkzeugen zu aktiven Partnern, die mit Menschen zusammenarbeiten und sie bei komplexen Aufgaben unterstützen können.

Diese Transformation bringt sowohl Chancen als auch Herausforderungen mit sich. Einerseits können KI-Agenten die Effizienz steigern, Prozesse optimieren und Menschen von repetitiven Aufgaben entlasten. Andererseits werfen sie wichtige Fragen bezüglich Verantwortung, Transparenz, Vertrauen und Kontrolle auf.

Der technologische Aufstieg der KI-Agenten ist nicht nur eine technische Entwicklung, sondern hat weitreichende Implikationen für die Gesellschaft, die Wirtschaft und die Art und Weise, wie wir mit Technologie interagieren. In den kommenden Jahren werden wir wahrscheinlich eine weitere Beschleunigung dieser Entwicklung erleben, mit immer leistungsfähigeren und autonomeren KI-Agenten, die in immer mehr Bereichen unseres Lebens eine Rolle spielen werden.

2.6 Verwendete Literaturquellen mit Bewertung

1. **Botpress. (2024).** *36 Beispiele aus der realen Welt für KI-Agenten.*
   Dieser Blogbeitrag von Botpress, einem Anbieter von Chatbot-Plattformen, ist eine ausgezeichnete Quelle zur Illustration der praktischen Anwendung von KI-Agenten. Der Artikel zeichnet sich durch seine Fülle an konkreten Beispielen aus, die von Kundenservice über E-Commerce bis hin zum Gesundheitswesen reichen und die theoretischen Konzepte greifbar machen. Seine Stärke liegt eindeutig in der Anwendungs- und Praxisorientierung, was ihn besonders wertvoll für Leser macht, die das kommerzielle Potenzial der Technologie verstehen wollen. Da Botpress ein kommerzieller Anbieter ist, sind die Beispiele und die Darstellung darauf ausgelegt, die Nützlichkeit der eigenen Technologie zu unterstreichen. Dennoch bietet der Beitrag einen breiten und inspirierenden Überblick über die vielfältigen Einsatzmöglichkeiten von KI-Agenten in der realen Welt und dient als hervorragender Ideenpool.

2. **ONTEC AI. (2025).** *Was sind KI-Agenten?*
   Der Artikel von ONTEC AI, einem österreichischen IT-Dienstleister, bietet eine solide und geschäftsorientierte Einführung in das Thema KI-Agenten. Die Darstellung ist darauf ausgerichtet, Unternehmen die Vorteile und Funktionsweisen dieser Technologie näherzubringen, wobei der Fokus auf Effizienzsteigerung und Prozessautomatisierung liegt. Die Quelle ist gut strukturiert und erklärt die grundlegenden Komponenten eines KI-Agenten auf verständliche Weise. Ähnlich wie bei anderen Unternehmenspublikationen schwingt auch hier das Ziel mit, die eigene Expertise und Dienstleistungskompetenz zu positionieren. Der Beitrag eignet sich gut, um eine kompakte Übersicht aus der Perspektive eines IT-Implementierungspartners zu erhalten, der die Technologie für Geschäftskunden nutzbar macht.

3. **ACP Cubido. (2025).** *Agentic AI vs. Klassische Prozessautomatisierung.*
   Diese Quelle von ACP Cubido, einem auf Datenanalyse spezialisierten IT-Unternehmen, bietet eine wertvolle und scharfsinnige Gegenüberstellung von agentenbasierter KI und traditioneller Robotic Process Automation (RPA). Der Artikel arbeitet gezielt die Unterschiede in Flexibilität, Lernfähigkeit und Autonomie heraus und erklärt, warum agentenbasierte KI einen Paradigmenwechsel darstellt. Seine besondere Stärke liegt in dieser vergleichenden Analyse, die Lesern hilft, die Neuartigkeit und den überlegenen Funktionsumfang moderner KI-Agenten zu verstehen. Er ist ideal für ein Publikum mit Vorwissen in der IT oder Prozessautomatisierung, das die Evolution der Technologie nachvollziehen möchte. Die Quelle argumentiert präzise, warum KI-Agenten mehr als nur eine Weiterentwicklung sind, sondern eine grundlegend neue Kategorie der Automatisierung darstellen.

4. **Rapid Innovation. (2025).** *NLP in KI-Agenten: A Comprehensive Guide to Functionality.*
   Dieser Fachbeitrag von Rapid Innovation taucht tief in eine spezifische und entscheidende Komponente von KI-Agenten ein: die Verarbeitung natürlicher Sprache (Natural Language Processing, NLP). Der Artikel erklärt detailliert, wie NLP es Agenten

2.6 Verwendete Literaturquellen mit Bewertung

ermöglicht, menschliche Sprache zu verstehen, zu interpretieren und darauf zu reagieren, was für die meisten modernen Anwendungen fundamental ist. Die Stärke der Quelle ist ihr technischer Fokus und die detaillierte Erklärung der Funktionsweise, was sie für ein technisch versiertes Publikum besonders wertvoll macht. Sie geht über allgemeine Definitionen hinaus und beleuchtet das „Wie" hinter der menschenähnlichen Interaktion. Für eine tiefgehende Analyse der technologischen Grundlagen, insbesondere der Kommunikationsfähigkeit von KI-Agenten, ist dieser Leitfaden eine ausgezeichnete Ressource.

5. **IBM. (2024).** *Was sind KI-Agenten?*
Die Publikation von IBM bietet eine informative, unternehmenszentrierte Einführung in KI-Agenten, gestützt auf die jahrzehntelange Expertise des Konzerns in der KI-Forschung. Der Artikel richtet sich primär an Entscheidungsträger in Unternehmen und positioniert KI-Agenten als strategisches Werkzeug zur Automatisierung und Effizienzsteigerung. Die Erklärungen sind klar und auf hohem Niveau, ohne sich in technischem Jargon zu verlieren, wodurch die strategische Bedeutung der Technologie im Geschäftskontext hervorgehoben wird. Obwohl eine kommerzielle Ausrichtung erkennbar ist, mindert dies nicht den Wert der grundlegenden Informationen. Diese Quelle ist besonders nützlich, um die Perspektive eines führenden globalen Technologieanbieters auf das Thema zu verstehen.

6. **AWS. (2025).** *Was sind KI-Agenten? – Agenten im Bereich der künstlichen Intelligenz erklärt.*
Die Veröffentlichung von Amazon Web Services (AWS) beleuchtet KI-Agenten aus einer stark praxis- und produktorientierten Perspektive. Der Text erklärt die Konzepte verständlich, zielt aber klar darauf ab, die Relevanz und Anwendung im Kontext der von AWS angebotenen Cloud-Dienste und Technologien darzustellen. Dies verleiht dem Artikel eine hohe Aktualität und praktische Relevanz, insbesondere für Entwickler und Unternehmen, die den Einsatz von KI-Agenten planen. Die Darstellung ist naturgemäß durch kommerzielle Interessen geprägt, was bei der Bewertung der Neutralität berücksichtigt werden muss. Die Stärke der Quelle liegt in der Verknüpfung von theoretischem Wissen mit konkreten, marktführenden technologischen Lösungen.

7. **Kalaidos Fachhochschule Schweiz. (2024).** *Was sind KI-Agenten und wie funktionieren sie?*
Dieser Blogbeitrag der Kalaidos Fachhochschule bietet eine zugängliche und grundlegende Einführung in das Thema der KI-Agenten. Der Artikel ist klar strukturiert und eignet sich hervorragend für Leser ohne tiefgreifende technische Vorkenntnisse, um ein erstes Verständnis für die Definition, die Funktionsweise und die Anwendungsbereiche von KI-Agenten zu entwickeln. Als Hochschulpublikation besitzt die Quelle eine gewisse didaktische Autorität, auch wenn sie nicht den Tiefgang einer wissenschaftlichen Forschungsarbeit hat. Die Stärke liegt in der verständlichen Aufbereitung komplexer Zusammenhänge, was sie zu einem idealen Ausgangspunkt für die Einarbeitung in die Thematik macht. Für eine akademische Auseinandersetzung ist der Beitrag jedoch nicht ausreichend, da er an der Oberfläche bleibt.

Teil II
Gesellschaftliche und wirtschaftliche Auswirkungen

3   Auswirkungen auf die Arbeitswelt

3.1   Transformation der Arbeitswelt durch KI-Agenten

Die Einführung von KI-Agenten in die Arbeitswelt markiert einen Wendepunkt in der Geschichte der Arbeit, vergleichbar mit der industriellen Revolution des 19. Jahrhunderts oder der digitalen Revolution des späten 20. Jahrhunderts. Diese technologische Entwicklung verändert nicht nur die Art und Weise, wie wir arbeiten, sondern definiert grundlegend neu, welche Arten von Arbeit von Menschen ausgeführt werden und welche von Maschinen übernommen werden können.

3.1.1   Die neue Arbeitsteilung zwischen Mensch und Maschine

Die traditionelle Arbeitsteilung zwischen Mensch und Maschine basierte auf einer klaren Trennung: Maschinen übernahmen repetitive, körperlich anstrengende Aufgaben, während Menschen für komplexe kognitive Aufgaben, kreative Tätigkeiten und soziale Interaktionen zuständig waren. Mit dem Aufkommen von KI-Agenten verschwimmt diese Grenze zunehmend. Künstliche Intelligenz kann heute Aufgaben übernehmen, die bisher als ausschließlich menschliche Domäne galten – von der Erstellung kreativer Inhalte über die Analyse komplexer Daten bis hin zur Interaktion mit Kunden.

Diese Neuverteilung der Arbeit führt zu einer fundamentalen Umstrukturierung der Arbeitswelt. Laut dem Weltwirtschaftsforum (WEF) wird in nahezu jeder Branche mindestens die Hälfte der befragten Unternehmen in naher Zukunft KI einsetzen, in einigen Branchen sogar mehr als 80 %. Diese Entwicklung bedeutet jedoch nicht automatisch, dass Menschen ersetzt werden. Vielmehr entsteht eine neue Form der Zusammenarbeit, bei der KI-Agenten als Partner fungieren, die menschliche Fähigkeiten ergänzen und erweitern.

3.1.2 Geschwindigkeit und Umfang der Veränderung

Die Geschwindigkeit, mit der KI-Agenten die Arbeitswelt verändern, ist beispiellos. Während frühere technologische Revolutionen sich über Jahrzehnte erstreckten, vollzieht sich die KI-Revolution in einem Bruchteil dieser Zeit. Diese rasante Entwicklung stellt Arbeitnehmer, Unternehmen und Gesellschaften vor enorme Herausforderungen bei der Anpassung.

Der Umfang der Veränderung ist ebenso bemerkenswert. Keine Branche bleibt unberührt, wenn auch die Auswirkungen je nach Sektor variieren. Besonders stark betroffen sind Bereiche mit einem hohen Anteil an Routinetätigkeiten, die klaren Regeln folgen. Laut einer McKinsey-Studie könnten bis 2030 weltweit etwa 400 bis 800 Mio. Arbeitsplätze durch Automatisierung verändert oder ersetzt werden, was bis zu 375 Mio. Arbeitnehmer (14 % der globalen Arbeitskraft) zwingen könnte, ihren Beruf zu wechseln.

3.1.3 Paradigmenwechsel in der Arbeitsorganisation

Die Integration von KI-Agenten in die Arbeitswelt führt zu einem Paradigmenwechsel in der Arbeitsorganisation. Traditionelle hierarchische Strukturen werden zunehmend durch flexiblere, projektbasierte Arbeitsmodelle ersetzt, in denen Menschen und KI-Agenten in Teams zusammenarbeiten. Diese neue Form der Arbeitsorganisation erfordert neue Führungsansätze, Kommunikationsmethoden und Bewertungssysteme.

Darüber hinaus verändert sich die räumliche und zeitliche Organisation der Arbeit. Remote-Arbeit und flexible Arbeitszeiten werden durch KI-Agenten erleichtert, die rund um die Uhr verfügbar sind und globale Zusammenarbeit unterstützen können. Dies führt zu einer Entgrenzung der Arbeit, die sowohl Chancen als auch Herausforderungen mit sich bringt.

Die Transformation der Arbeitswelt durch KI-Agenten ist kein einmaliges Ereignis, sondern ein kontinuierlicher Prozess, der sich mit der Weiterentwicklung der Technologie fortsetzt. Unternehmen, Arbeitnehmer und Bildungseinrichtungen müssen sich kontinuierlich anpassen, um in dieser sich wandelnden Landschaft erfolgreich zu sein.

3.2 Automatisierung und Arbeitsplatzverluste

Die Automatisierung durch KI-Agenten ist einer der am häufigsten diskutierten Aspekte der KI-Revolution in der Arbeitswelt. Die Fähigkeit dieser Systeme, komplexe Aufgaben autonom auszuführen, wirft Fragen nach der Zukunft menschlicher Arbeit auf und weckt Befürchtungen über weitreichende Arbeitsplatzverluste.

3.2.1 Betroffene Branchen und Tätigkeiten

Die Auswirkungen der Automatisierung durch KI-Agenten variieren stark je nach Branche und Art der Tätigkeit. Besonders gefährdet sind Berufe mit einem hohen Anteil an Routineaufgaben, die klaren Regeln folgen. Laut dem Weltwirtschaftsforum (WEF) gehören folgende Bereiche zu den am stärksten betroffenen:

1. Buchhaltung und Finanzen: Tätigkeiten wie Buchführung, Datenerfassung, Transaktionsverarbeitung und grundlegende Finanzanalysen können weitgehend automatisiert werden. Bankangestellte, Buchhalter und Finanzberater für Standardprodukte sehen sich einem erhöhten Automatisierungsrisiko gegenüber.
2. Verwaltung und Büroarbeit: Administrative Tätigkeiten wie Terminplanung, Dokumentenverwaltung, Dateneingabe und Korrespondenz können effizient von KI-Agenten übernommen werden. Sekretariatspositionen, Postämter und Ticketverkauf gehören zu den am häufigsten genannten Bereichen, in denen künftig deutlich weniger Menschen arbeiten werden.
3. Einzelhandel und Kundenservice: Standardisierte Kundeninteraktionen, Bestellabwicklung und Verkaufsprozesse werden zunehmend automatisiert. Kassierer, Verkäufer und Kundendienstmitarbeiter für Routineanfragen sind besonders betroffen.
4. Transport und Logistik: Autonome Fahrzeuge und KI-gesteuerte Logistiksysteme verändern die Transport- und Logistikbranche grundlegend. Fahrer, Lagerarbeiter und Disponenten sehen sich einem erhöhten Automatisierungsrisiko gegenüber.
5. Produktion und Fertigung: In der Fertigungsindustrie hat die Automatisierung bereits eine lange Tradition, die durch KI-Agenten weiter verstärkt wird. Maschinenbediener, Monteure und Qualitätskontrolleure sind besonders betroffen.

Auch anspruchsvollere Tätigkeiten sind nicht immun gegen Automatisierung. Prof. Dr. Wolfgang Dauth vom Institut für Arbeitsmarkt- und Berufsforschung der Bundesagentur für Arbeit weist darauf hin, dass „auch sehr anspruchsvolle Tätigkeiten wie das Programmieren von Software oder die medizinische Diagnostik" zunehmend von KI-Systemen übernommen werden können.

3.3 Ausmaß und Zeitrahmen der Arbeitsplatzverluste

Die Prognosen zum Ausmaß der Arbeitsplatzverluste durch KI-Agenten variieren erheblich. Laut einer Studie des Internationalen Währungsfonds (IWF) sind etwa 60 % der Arbeitsplätze in entwickelten Ländern der KI-gesteuerten Automatisierung ausgesetzt, verglichen mit etwa 40 % in Schwellenländern. Dies bedeutet, dass bis zu 30 % der Aufgaben in einem durchschnittlichen Job in den USA oder Europa bis 2030 automatisiert werden könnten.

Eine McKinsey-Studie aus dem Jahr 2023 prognostiziert, dass allein in den USA fast 12 Mio. Menschen bis 2030 aufgrund der schrumpfenden Nachfrage in ihren derzeitigen Berufen gezwungen sein werden, den Beruf zu wechseln. Diese Störung wird sich auf Geringverdiener konzentrieren – Arbeitnehmer mit niedrigem Einkommen sind bis zu 14-mal häufiger von einem Berufswechsel bis 2030 betroffen, da die Automatisierung Routineaufgaben ersetzt.

Der Zeitrahmen für diese Veränderungen ist jedoch nicht einheitlich. Während einige Branchen bereits heute starke Auswirkungen spüren, werden andere erst in den kommenden Jahren betroffen sein. Die Geschwindigkeit der Automatisierung hängt von verschiedenen Faktoren ab, darunter technologische Entwicklung, wirtschaftliche Rentabilität, regulatorische Rahmenbedingungen und gesellschaftliche Akzeptanz.

3.4 Unterschiedliche Auswirkungen auf verschiedene Bevölkerungsgruppen

Die Auswirkungen der Automatisierung durch KI-Agenten sind nicht gleichmäßig auf alle Bevölkerungsgruppen verteilt. Studien zeigen, dass bestimmte Gruppen einem höheren Risiko ausgesetzt sind:

1. Geringqualifizierte Arbeitnehmer: Personen mit niedrigem Bildungsniveau sind besonders gefährdet, da ihre Tätigkeiten oft leichter automatisierbar sind. Die McKinsey-Studie zeigt, dass Arbeitnehmer mit niedrigem Einkommen bis zu 14-mal häufiger von einem Berufswechsel betroffen sein werden als solche mit höherem Einkommen.
2. Ältere Arbeitnehmer: Für ältere Arbeitnehmer kann die Umschulung und Anpassung an neue Technologien eine größere Herausforderung darstellen, was sie anfälliger für Arbeitsplatzverluste macht.
3. Regionale Unterschiede: Die Auswirkungen variieren auch regional, wobei ländliche Gebiete und Regionen mit einer hohen Konzentration automatisierbarer Industrien stärker betroffen sein können.
4. Geschlechtsspezifische Unterschiede: Je nach Branche können die Auswirkungen auf Männer und Frauen unterschiedlich sein. In einigen Sektoren, wie dem Finanzwesen, sind möglicherweise mehr Frauen betroffen, während in anderen, wie dem Transportwesen, mehr Männer betroffen sein könnten.

Es ist wichtig zu betonen, dass Automatisierung nicht automatisch zu Massenarbeitslosigkeit führen muss. Historisch gesehen haben technologische Revolutionen zwar bestimmte Arbeitsplätze eliminiert, aber auch neue geschaffen. Die Herausforderung besteht darin, den Übergang zu gestalten und sicherzustellen, dass die Vorteile der Automatisierung breit verteilt werden.

3.5 Entstehung neuer Berufsfelder und Arbeitsmodelle

Während die Automatisierung durch KI-Agenten bestehende Arbeitsplätze verändert oder ersetzt, entstehen gleichzeitig neue Berufsfelder und Arbeitsmodelle. Diese Entwicklung ist ein zentraler Aspekt der Transformation der Arbeitswelt und bietet Chancen für Innovation und berufliche Neuorientierung.

3.6 Neue Berufsfelder im direkten Zusammenhang mit KI-Agenten

Die Entwicklung, Implementierung und Wartung von KI-Agenten schafft eine Vielzahl neuer Berufsfelder, die spezifische Kenntnisse und Fähigkeiten erfordern:

1. KI-Ethiker und Governance-Spezialisten: Diese Experten entwickeln ethische Richtlinien für den Einsatz von KI und stellen sicher, dass KI-Agenten verantwortungsvoll und im Einklang mit gesellschaftlichen Werten eingesetzt werden. Sie arbeiten an der Schnittstelle von Technologie, Ethik, Recht und Gesellschaft.
2. KI-Trainer und Datenspezialisten: Diese Fachleute sind für das Training und die Feinabstimmung von KI-Agenten verantwortlich. Sie sammeln, bereinigen und annotieren Daten, überwachen das Lernverhalten der Systeme und verbessern deren Leistung kontinuierlich.
3. Prompt Engineers: Diese Spezialisten entwickeln und optimieren die Eingabeaufforderungen (Prompts) für generative KI-Systeme, um präzise und nützliche Ausgaben zu erzielen. Sie verstehen die Nuancen der Sprache und die Funktionsweise der zugrunde liegenden Modelle.
4. KI-Systemintegratoren: Diese Experten integrieren KI-Agenten in bestehende Geschäftsprozesse und IT-Infrastrukturen. Sie überbrücken die Lücke zwischen KI-Technologie und praktischen Anwendungen in Unternehmen.
5. KI-Qualitätssicherungsexperten: Diese Fachleute testen und bewerten die Leistung, Zuverlässigkeit und Sicherheit von KI-Agenten. Sie identifizieren Schwachstellen, Verzerrungen und potenzielle Risiken und entwickeln Strategien zur Verbesserung.
6. Mensch-KI-Kollaborationsspezialisten: Diese Experten gestalten die Schnittstellen und Interaktionen zwischen Menschen und KI-Agenten. Sie optimieren die Zusammenarbeit und stellen sicher, dass die Systeme die menschlichen Fähigkeiten ergänzen und erweitern.

Diese neuen Berufsfelder erfordern eine Kombination aus technischem Verständnis, domänenspezifischem Wissen und interdisziplinären Fähigkeiten. Sie bieten Karrieremöglichkeiten für Menschen mit unterschiedlichen Hintergründen und Interessen.

3.6.1 Indirekt entstehende Berufsfelder und Tätigkeiten

Neben den direkt mit KI-Agenten verbundenen Berufen entstehen auch indirekt neue Tätigkeitsfelder, die durch die Transformation der Arbeitswelt ermöglicht oder notwendig werden:

1. Digitale Kreativberufe: KI-Tools erweitern die Möglichkeiten in kreativen Bereichen wie Design, Musik, Film und Literatur. Neue Berufe wie KI-unterstützte Designer, virtuelle Realitätsarchitekten oder Mensch-KI-Kollaborationskünstler entstehen.
2. Erweiterte Gesundheits- und Pflegeberufe: Die Integration von KI in das Gesundheitswesen schafft neue Rollen wie KI-gestützte Diagnostiker, Telemedizin-Spezialisten oder Gesundheitsdatenanalysten. Laut dem WEF-Bericht wird die Gesundheitsbranche einen Anstieg an Karrieremöglichkeiten verzeichnen.
3. Nachhaltigkeits- und Umweltexperten: KI-Agenten werden zunehmend eingesetzt, um Umweltprobleme zu lösen und Nachhaltigkeit zu fördern. Dies schafft Bedarf an Spezialisten, die KI-Technologien für Klimaschutz, Ressourceneffizienz und nachhaltige Entwicklung einsetzen können.
4. Bildungs- und Lernspezialisten: Die Notwendigkeit des lebenslangen Lernens und der Umschulung schafft Bedarf an Experten für digitale Bildung, personalisierten Lernplattformen und KI-gestützten Bildungssystemen.
5. Komplexe Problemlöser und Systemdenker: Mit der Automatisierung routinemäßiger Aufgaben steigt der Bedarf an Menschen, die komplexe, interdisziplinäre Probleme lösen können. Diese Rollen erfordern kritisches Denken, Kreativität und die Fähigkeit, in Systemen zu denken.

Laut dem Weltwirtschaftsforum wird in vielen Branchen ein positiver Saldo bei der Schaffung von Arbeitsplätzen erwartet. Besonders die Automobilindustrie (+59 %), Pflege und persönliche Dienstleistungen (+47 %) sowie Informationstechnologie und digitale Kommunikation (+45 %) prognostizieren einen Nettozuwachs an Arbeitsplätzen durch KI.

3.6.2 Neue Arbeitsmodelle und -strukturen

Die Integration von KI-Agenten in die Arbeitswelt führt auch zur Entstehung neuer Arbeitsmodelle und -strukturen, die die traditionelle Vollzeitbeschäftigung ergänzen oder ersetzen:

1. Hybride Mensch-KI-Teams: In diesen Teams arbeiten Menschen und KI-Agenten eng zusammen, wobei jeder seine spezifischen Stärken einbringt. Die Rollen und Verantwortlichkeiten werden dynamisch verteilt, je nach Aufgabe und Kontext.

2. Plattformbasierte Arbeit: Digitale Plattformen, unterstützt durch KI, vermitteln zunehmend Arbeit und schaffen neue Formen der Selbstständigkeit und des Mikrounternehmertums. Diese Gig-Economy-Modelle bieten Flexibilität, bringen aber auch neue Herausforderungen in Bezug auf soziale Sicherheit und Arbeitnehmerrechte mit sich.
3. Remote- und verteilte Arbeit: KI-Agenten erleichtern die Zusammenarbeit über Distanzen hinweg und ermöglichen neue Formen der verteilten Arbeit. Dies führt zu einer Entkopplung von Arbeitsort und Wohnort und eröffnet neue Möglichkeiten für ländliche Gebiete und internationale Zusammenarbeit.
4. Projektbasierte und temporäre Arbeit: Die Flexibilität und Agilität, die durch KI-Agenten ermöglicht wird, fördert projektbasierte Arbeitsmodelle, bei denen Teams für spezifische Aufgaben zusammengestellt und nach deren Abschluss wieder aufgelöst werden.
5. Kontinuierliches Lernen und Entwicklung: Die schnelle technologische Entwicklung erfordert kontinuierliches Lernen und Anpassung. Dies führt zu Arbeitsmodellen, die Lern- und Entwicklungsphasen explizit integrieren und die Grenzen zwischen Arbeit und Bildung verwischen.

Diese neuen Arbeitsmodelle bieten Chancen für mehr Flexibilität, Autonomie und Selbstverwirklichung. Sie erfordern jedoch auch neue Ansätze für soziale Sicherheit, Arbeitsrecht und berufliche Identität.

Die Entstehung neuer Berufsfelder und Arbeitsmodelle zeigt, dass die Transformation der Arbeitswelt durch KI-Agenten nicht nur Risiken, sondern auch erhebliche Chancen mit sich bringt. Die Herausforderung besteht darin, diese Chancen zu nutzen und gleichzeitig sicherzustellen, dass der Übergang inklusiv und gerecht gestaltet wird.

3.7 Veränderung von Kompetenzanforderungen und Bildungsbedarf

Die Integration von KI-Agenten in die Arbeitswelt führt zu einer grundlegenden Veränderung der Kompetenzanforderungen an Arbeitnehmer. Fähigkeiten, die früher gefragt waren, verlieren an Bedeutung, während neue Kompetenzen in den Vordergrund rücken. Diese Verschiebung hat weitreichende Implikationen für Bildungssysteme und lebenslanges Lernen.

3.7.1 Neue Kompetenzanforderungen in der KI-Ära

In einer Arbeitswelt, die zunehmend von KI-Agenten geprägt ist, verändern sich die Anforderungen an menschliche Arbeitnehmer signifikant:

1. Technologische Kompetenzen: Grundlegende digitale Fähigkeiten werden zur Voraussetzung für nahezu alle Berufe. Darüber hinaus werden spezifische technologische Kompetenzen wie Datenanalyse, Programmierung und das Verständnis von KI-Systemen immer wichtiger. Laut einer Studie der Universität Heidelberg werden „Zukunftskompetenzen" wie Datenanalyse in vielen Branchen unerlässlich.
2. Kreativität und Innovation: Da KI-Agenten zunehmend Routineaufgaben übernehmen, steigt der Wert menschlicher Kreativität und Innovationsfähigkeit. Die Fähigkeit, neue Ideen zu entwickeln, unkonventionell zu denken und innovative Lösungen zu finden, wird zu einem entscheidenden Wettbewerbsvorteil.
3. Kritisches Denken und Problemlösung: Komplexe Problemlösungsfähigkeiten, kritisches Denken und analytisches Urteilsvermögen gewinnen an Bedeutung. Die Fähigkeit, Informationen zu bewerten, Zusammenhänge zu erkennen und fundierte Entscheidungen zu treffen, wird in einer von KI geprägten Welt immer wertvoller.
4. Emotionale und soziale Intelligenz: Menschliche Fähigkeiten wie Empathie, emotionale Intelligenz und soziale Kompetenz bleiben schwer automatisierbar. Die Fähigkeit, Beziehungen aufzubauen, zu verhandeln, zu motivieren und zu führen, wird in einer zunehmend technologisierten Arbeitswelt an Bedeutung gewinnen.
5. Adaptabilität und lebenslanges Lernen: In einer sich schnell wandelnden Arbeitswelt wird die Fähigkeit, sich anzupassen und kontinuierlich zu lernen, zur Schlüsselkompetenz. Die Bereitschaft und Fähigkeit zum lebenslangen Lernen wird entscheidend für die berufliche Zukunftsfähigkeit.
6. Interdisziplinäres Denken: Die Fähigkeit, über Fachgrenzen hinweg zu denken und verschiedene Wissensgebiete zu integrieren, wird zunehmend gefragt. Komplexe Probleme erfordern interdisziplinäre Ansätze, die verschiedene Perspektiven und Methoden kombinieren.
7. KI-Literacy: Ein grundlegendes Verständnis von KI-Systemen, ihren Möglichkeiten und Grenzen wird zur Basiskompetenz. Die Fähigkeit, mit KI-Agenten effektiv zusammenzuarbeiten, sie zu steuern und ihre Ergebnisse zu interpretieren, wird in vielen Berufen vorausgesetzt.

Diese Verschiebung der Kompetenzanforderungen betrifft nicht nur hochqualifizierte Berufe, sondern alle Bildungs- und Qualifikationsniveaus. Auch in traditionellen Ausbildungsberufen werden digitale Kompetenzen und die Fähigkeit zur Zusammenarbeit mit KI-Systemen zunehmend wichtig.

3.7.2 Herausforderungen für Bildungssysteme

Die veränderten Kompetenzanforderungen stellen Bildungssysteme weltweit vor enorme Herausforderungen:

1. Curriculare Anpassung: Bildungsinhalte müssen kontinuierlich aktualisiert werden, um mit der technologischen Entwicklung Schritt zu halten. Dies erfordert eine engere Zusammenarbeit zwischen Bildungseinrichtungen, Unternehmen und Technologieexperten.
2. Methodische Innovation: Traditionelle Lehr- und Lernmethoden müssen durch innovative Ansätze ergänzt werden, die kritisches Denken, Kreativität und Problemlösungsfähigkeiten fördern. Projektbasiertes Lernen, Fallstudien und interdisziplinäre Ansätze gewinnen an Bedeutung.
3. Technologische Infrastruktur: Bildungseinrichtungen benötigen eine moderne technologische Infrastruktur, um digitale Kompetenzen effektiv vermitteln zu können. Dies umfasst nicht nur Hardware und Software, sondern auch den Zugang zu KI-Tools und -Plattformen.
4. Lehrerqualifikation: Lehrkräfte müssen kontinuierlich weitergebildet werden, um mit der technologischen Entwicklung Schritt zu halten und digitale Kompetenzen vermitteln zu können. Dies erfordert erhebliche Investitionen in die Lehrerbildung und -fortbildung.
5. Zugang und Inklusion: Es besteht die Gefahr einer digitalen Kluft, bei der bestimmte Bevölkerungsgruppen von der digitalen Bildung ausgeschlossen werden. Bildungssysteme müssen sicherstellen, dass alle Lernenden Zugang zu den notwendigen Ressourcen und Unterstützung haben.

Ökonomin Melanie Arntz von der Universität Heidelberg warnt davor, in der KI-geprägten Arbeitsmarkt-Debatte andere Berufsfelder zu vergessen, die kein Hochschulstudium erfordern. Sie betont: „Die Arbeitsmarktpolitik tut daher auch gut daran, weniger auf eine weiterhin steigende Akademisierung zu setzen, sondern auch die Attraktivität des Ausbildungssystems verstärkt in den Blick zu nehmen."

3.7.3 Lebenslanges Lernen und Umschulung

In einer Arbeitswelt, die von schnellem technologischem Wandel geprägt ist, wird lebenslanges Lernen zur Notwendigkeit:

1. Kontinuierliche Weiterbildung: Arbeitnehmer müssen ihre Fähigkeiten kontinuierlich aktualisieren und erweitern, um mit der technologischen Entwicklung Schritt zu halten. Dies erfordert eine Kultur des lebenslangen Lernens und entsprechende Unterstützungsstrukturen.
2. Umschulung und Neuqualifizierung: Für Arbeitnehmer, deren Berufe durch Automatisierung gefährdet sind, werden Umschulungs- und Neuqualifizierungsprogramme entscheidend. Diese Programme müssen zugänglich, erschwinglich und effektiv sein, um einen erfolgreichen Berufswechsel zu ermöglichen.

3. Mikro-Credentials und modulares Lernen: Traditionelle Bildungsabschlüsse werden zunehmend durch flexiblere Formate wie Mikro-Credentials, Zertifikate und modulare Lernpfade ergänzt. Diese ermöglichen eine gezieltere und schnellere Anpassung an neue Anforderungen.
4. Informelles und selbstgesteuertes Lernen: Neben formalen Bildungsangeboten gewinnen informelle und selbstgesteuerte Lernformen an Bedeutung. Online-Plattformen, Communities of Practice und Peer-Learning-Netzwerke bieten flexible Möglichkeiten zur Kompetenzentwicklung.
5. Lernende Organisationen: Unternehmen müssen zu lernenden Organisationen werden, die kontinuierliche Weiterbildung fördern und in die Entwicklung ihrer Mitarbeiter investieren. Dies umfasst nicht nur formale Trainings, sondern auch Mentoring, Job-Rotation und Projektarbeit.

Die Bundesregierung und andere staatliche Akteure unterstützen mit Fördermaßnahmen Umschulungsprogramme, um Arbeitnehmern den Wechsel in zukunftsfähige Berufe zu erleichtern. Diese Maßnahmen sind entscheidend, um die Transformation der Arbeitswelt sozial verträglich zu gestalten.

Die Veränderung der Kompetenzanforderungen und der daraus resultierende Bildungsbedarf stellen eine der größten Herausforderungen der KI-Revolution dar. Nur durch eine proaktive Anpassung der Bildungssysteme und eine Kultur des lebenslangen Lernens kann sichergestellt werden, dass Menschen in der KI-Ära erfolgreich sein können.

3.8 Wirtschaftliche und soziale Implikationen

Die Integration von KI-Agenten in die Arbeitswelt hat weitreichende wirtschaftliche und soziale Implikationen, die über einzelne Arbeitsplätze und Unternehmen hinausgehen. Diese Veränderungen betreffen die gesamte Wirtschaftsstruktur, die Verteilung von Einkommen und Wohlstand sowie die sozialen Sicherungssysteme.

3.8.1 Produktivitätssteigerung und wirtschaftliches Wachstum

KI-Agenten haben das Potenzial, die Produktivität erheblich zu steigern und wirtschaftliches Wachstum zu fördern:

1. Effizienzgewinne: Durch die Automatisierung von Routineaufgaben und die Optimierung von Prozessen können KI-Agenten die Effizienz in nahezu allen Wirtschaftssektoren steigern. Studien zeigen, dass KI-Technologien die Arbeitsproduktivität um 30–40 % erhöhen können, was zu erheblichen Kosteneinsparungen und Produktivitätssteigerungen führt.

3.8 Wirtschaftliche und soziale Implikationen

2. Neue Produkte und Dienstleistungen: KI-Agenten ermöglichen die Entwicklung innovativer Produkte und Dienstleistungen, die neue Märkte erschließen und zusätzliche Wertschöpfung generieren. Von personalisierten Gesundheitslösungen bis hin zu intelligenten Energiesystemen entstehen neue Geschäftsmodelle, die das Wirtschaftswachstum ankurbeln.
3. Globale Wettbewerbsfähigkeit: Länder und Unternehmen, die KI-Technologien erfolgreich einsetzen, können ihre globale Wettbewerbsfähigkeit stärken. Dies führt zu einer Neuordnung der globalen Wirtschaftslandschaft, wobei technologisch fortschrittliche Regionen Vorteile erlangen.
4. Ressourceneffizienz: KI-Agenten können zur effizienteren Nutzung von Ressourcen beitragen, indem sie Verschwendung reduzieren, Energieverbrauch optimieren und nachhaltigere Produktions- und Konsummuster fördern. Dies hat positive Auswirkungen auf die Umwelt und die langfristige wirtschaftliche Nachhaltigkeit.

Diese wirtschaftlichen Vorteile sind jedoch nicht automatisch oder gleichmäßig verteilt. Sie hängen von der erfolgreichen Integration von KI-Technologien in Unternehmen und Wirtschaftssysteme ab und können durch verschiedene Faktoren wie mangelnde Infrastruktur, fehlende Fachkräfte oder regulatorische Hindernisse beeinträchtigt werden.

3.8.2 Verteilungsfragen und Ungleichheit

Die Transformation der Arbeitswelt durch KI-Agenten wirft wichtige Fragen zur Verteilung von Einkommen, Wohlstand und Chancen auf:

1. Einkommensungleichheit: Die Automatisierung könnte die Einkommensungleichheit verstärken, wenn die Vorteile der Produktivitätssteigerung hauptsächlich den Besitzern von Kapital und hochqualifizierten Arbeitnehmern zugutekommen. Geringqualifizierte Arbeitnehmer, deren Jobs automatisiert werden, könnten zurückbleiben.
2. Polarisierung des Arbeitsmarktes: Es besteht die Gefahr einer zunehmenden Polarisierung des Arbeitsmarktes, mit wachsender Nachfrage nach hochqualifizierten Spezialisten einerseits und geringqualifizierten Dienstleistungsjobs andererseits, während mittlere Qualifikationsniveaus unter Druck geraten. Diese „Aushöhlung der Mitte" könnte die soziale Mobilität erschweren.
3. Regionale Disparitäten: Die Auswirkungen der KI-Revolution könnten regional sehr unterschiedlich sein, mit prosperierenden technologischen Zentren einerseits und zurückbleibenden Regionen andererseits. Dies könnte bestehende regionale Ungleichheiten verstärken und neue schaffen.
4. Digitale Kluft: Der ungleiche Zugang zu digitaler Infrastruktur, Bildung und Technologie könnte zu einer Verschärfung der digitalen Kluft führen, wobei bestimmte Bevölkerungsgruppen von den Vorteilen der KI-Revolution ausgeschlossen bleiben.

Um diesen Herausforderungen zu begegnen, sind gezielte politische Maßnahmen erforderlich, die eine breitere Verteilung der Vorteile der KI-Revolution sicherstellen und negative Verteilungseffekte abmildern.

3.9 Herausforderungen für soziale Sicherungssysteme

Die Transformation der Arbeitswelt durch KI-Agenten stellt traditionelle soziale Sicherungssysteme vor erhebliche Herausforderungen:

1. Finanzierung der sozialen Sicherung: Soziale Sicherungssysteme, die auf Beiträgen aus Erwerbsarbeit basieren, könnten unter Druck geraten, wenn die Automatisierung zu einem Rückgang der traditionellen Beschäftigung führt. Dies erfordert neue Finanzierungsmodelle, die weniger abhängig von Lohnarbeit sind.
2. Neue Beschäftigungsformen: Flexible, projektbasierte und plattformvermittelte Arbeitsformen, die durch KI-Technologien ermöglicht werden, passen oft nicht in traditionelle Kategorien der sozialen Sicherung. Dies erfordert eine Anpassung der Systeme, um auch diese neuen Arbeitsformen angemessen abzusichern.
3. Umschulung und Weiterbildung: Soziale Sicherungssysteme müssen verstärkt in Umschulung und Weiterbildung investieren, um Arbeitnehmern den Übergang in neue Berufsfelder zu ermöglichen. Dies erfordert eine Neuausrichtung von passiven zu aktiven Arbeitsmarktpolitiken.
4. Grundsicherung und alternative Modelle: Angesichts der potenziellen Disruption des Arbeitsmarktes werden alternative Modelle wie bedingungsloses Grundeinkommen, negative Einkommensteuer oder Beteiligung am Produktivkapital diskutiert, um eine Grundsicherung unabhängig von Erwerbsarbeit zu gewährleisten.

Die Anpassung der sozialen Sicherungssysteme an die Herausforderungen der KI-Revolution erfordert einen breiten gesellschaftlichen Dialog und innovative Ansätze, die Sicherheit und Flexibilität miteinander verbinden.

3.9.1 Gesellschaftliche Akzeptanz und ethische Fragen

Die Integration von KI-Agenten in die Arbeitswelt wirft auch Fragen der gesellschaftlichen Akzeptanz und ethischen Bewertung auf:

1. Vertrauen in KI-Systeme: Die Akzeptanz von KI-Agenten hängt wesentlich vom Vertrauen in ihre Zuverlässigkeit, Fairness und Sicherheit ab. Transparenz, Erklärbarkeit und ethische Leitlinien sind entscheidend, um dieses Vertrauen zu fördern.

2. Menschenwürde und Autonomie: Die zunehmende Automatisierung wirft Fragen nach der Rolle und Würde des Menschen in einer von KI geprägten Arbeitswelt auf. Die Balance zwischen technologischer Effizienz und menschlicher Autonomie muss sorgfältig austariert werden.
3. Datenschutz und Privatsphäre: Der Einsatz von KI-Agenten erfordert oft umfangreiche Datensammlung und -analyse, was Bedenken hinsichtlich Datenschutz und Privatsphäre aufwirft. Klare Regeln und Schutzmaßnahmen sind notwendig, um diese Bedenken zu adressieren.
4. Algorithmische Verzerrungen und Diskriminierung: KI-Systeme können bestehende Vorurteile und Diskriminierungen reproduzieren oder verstärken, wenn sie mit verzerrten Daten trainiert werden. Die Sicherstellung von Fairness und Nichtdiskriminierung ist eine zentrale ethische Herausforderung.

Die Bewältigung dieser ethischen Fragen erfordert einen multidisziplinären Ansatz, der technologische, rechtliche, ethische und soziale Perspektiven integriert. Nur durch eine verantwortungsvolle Gestaltung der KI-Revolution kann ihre gesellschaftliche Akzeptanz und Legitimität sichergestellt werden.

Die wirtschaftlichen und sozialen Implikationen der Integration von KI-Agenten in die Arbeitswelt sind komplex und vielschichtig. Sie bieten sowohl Chancen für Wachstum, Innovation und verbesserte Lebensqualität als auch Risiken für Ungleichheit, soziale Spaltung und ethische Dilemmata. Die Gestaltung dieses Transformationsprozesses erfordert einen proaktiven und inklusiven Ansatz, der die Interessen aller Beteiligten berücksichtigt.

3.10 Strategien für den Umgang mit der Transformation

Die Transformation der Arbeitswelt durch KI-Agenten erfordert proaktive Strategien auf verschiedenen Ebenen – von individuellen Arbeitnehmern über Unternehmen bis hin zu staatlichen Akteuren und der Gesellschaft als Ganzes. Diese Strategien müssen darauf abzielen, die Chancen der KI-Revolution zu nutzen und gleichzeitig ihre Risiken zu minimieren.

3.10.1 Individuelle Strategien für Arbeitnehmer

Für einzelne Arbeitnehmer ist es entscheidend, sich auf die veränderten Anforderungen der Arbeitswelt einzustellen und ihre Beschäftigungsfähigkeit zu erhalten:

1. Kontinuierliche Weiterbildung: Arbeitnehmer sollten kontinuierlich in ihre Weiterbildung investieren, um relevante Fähigkeiten zu entwickeln und zu erhalten. Dies umfasst

sowohl technische Kompetenzen als auch überfachliche Fähigkeiten wie Kreativität, kritisches Denken und emotionale Intelligenz.
2. Digitale Kompetenz entwickeln: Ein grundlegendes Verständnis digitaler Technologien und KI-Systeme wird in nahezu allen Berufen wichtig. Arbeitnehmer sollten aktiv an ihrer digitalen Kompetenz arbeiten, unabhängig von ihrem aktuellen Tätigkeitsfeld.
3. Netzwerke aufbauen und pflegen: Berufliche Netzwerke werden in einer sich schnell wandelnden Arbeitswelt immer wichtiger. Sie bieten Zugang zu Informationen, Möglichkeiten und Unterstützung bei beruflichen Übergängen.
4. Flexibilität und Anpassungsfähigkeit kultivieren: Die Fähigkeit, sich an neue Situationen anzupassen und flexibel auf Veränderungen zu reagieren, wird zu einer Schlüsselkompetenz. Dies umfasst die Bereitschaft, neue Rollen zu übernehmen, sich umzuschulen oder in neue Branchen zu wechseln.
5. Komplementäre Fähigkeiten entwickeln: Arbeitnehmer sollten sich auf Fähigkeiten konzentrieren, die KI-Systeme ergänzen, statt mit ihnen zu konkurrieren. Dies umfasst typisch menschliche Fähigkeiten wie Empathie, Kreativität, ethisches Urteilsvermögen und komplexe Problemlösung.

Diese individuellen Strategien erfordern Eigeninitiative und Verantwortung, sollten aber durch unterstützende Strukturen und Angebote ergänzt werden.

3.10.2 Unternehmensstrategien

Unternehmen stehen vor der Herausforderung, KI-Technologien erfolgreich zu integrieren und gleichzeitig ihre Belegschaft auf die veränderten Anforderungen vorzubereiten:

1. Strategische Integration von KI: Unternehmen sollten KI-Technologien strategisch in ihre Geschäftsmodelle und Prozesse integrieren, mit klarem Fokus auf Wertschöpfung und Kundenmehrwert. Dies erfordert ein tiefes Verständnis der Technologie und ihrer Anwendungsmöglichkeiten.
2. Investition in Humankapital: Parallel zur Technologieinvestition sollten Unternehmen in die Entwicklung ihrer Mitarbeiter investieren. Dies umfasst Weiterbildungsprogramme, Umschulungsangebote und die Förderung einer Kultur des lebenslangen Lernens.
3. Mensch-KI-Kollaboration gestalten: Statt KI als reines Automatisierungswerkzeug zu betrachten, sollten Unternehmen Modelle der effektiven Zusammenarbeit zwischen Menschen und KI-Systemen entwickeln. Dies maximiert die Stärken beider und schafft neue Wertschöpfungspotenziale.
4. Verantwortungsvoller KI-Einsatz: Unternehmen sollten ethische Leitlinien für den Einsatz von KI entwickeln und implementieren, die Fairness, Transparenz, Datenschutz

und Nichtdiskriminierung sicherstellen. Dies fördert Vertrauen und Akzeptanz bei Mitarbeitern und Kunden.
5. Agile Organisationsstrukturen: Flexible, agile Organisationsstrukturen ermöglichen eine schnellere Anpassung an technologische Veränderungen und fördern Innovation. Hierarchieübergreifende Teams, projektbasierte Arbeit und dezentrale Entscheidungsfindung können die Anpassungsfähigkeit erhöhen.

Große Unternehmen wie Siemens und Bosch reagieren bereits mit umfangreichen Umstrukturierungen auf die KI-Revolution. Sie integrieren mehr künstliche Intelligenz in ihre Prozesse und investieren gleichzeitig in die Entwicklung ihrer Belegschaft.

3.10.3 Politische Strategien und Regulierung

Staatliche Akteure spielen eine entscheidende Rolle bei der Gestaltung der Transformation und der Sicherstellung, dass ihre Vorteile breit verteilt werden:

1. Bildungspolitik: Investitionen in Bildung und Weiterbildung sind entscheidend, um die Bevölkerung auf die veränderten Anforderungen vorzubereiten. Dies umfasst die Modernisierung von Lehrplänen, die Förderung digitaler Kompetenzen und die Unterstützung lebenslangen Lernens.
2. Aktive Arbeitsmarktpolitik: Programme zur Umschulung und Weiterbildung, Beratungsangebote und Unterstützung bei beruflichen Übergängen können Arbeitnehmern helfen, sich an die veränderten Anforderungen anzupassen. Prof. Dr. Georg Graetz vom Institut für Ökonomie der Universität Uppsala betont: „Unternehmen haben oft begrenzte Anreize, in die digitalen Fähigkeiten ihrer Angestellten zu investieren, da solche Investitionen den konkurrierenden Firmen zugutekommen können. Daher ist es Aufgabe des Staates, sicherzustellen, dass das Bildungssystem solche allgemeinen Fähigkeiten vermittelt – der technologischen Entwicklung entsprechend."
3. Anpassung der sozialen Sicherungssysteme: Soziale Sicherungssysteme müssen an die veränderten Arbeitsformen angepasst werden, um auch in einer von KI geprägten Arbeitswelt angemessenen Schutz zu bieten. Dies kann neue Finanzierungsmodelle, die Integration neuer Beschäftigungsformen und innovative Ansätze wie Wertschöpfungsabgaben umfassen.
4. Regulierung von KI: Ein angemessener regulatorischer Rahmen für KI-Technologien ist notwendig, um Sicherheit, Fairness, Transparenz und Verantwortlichkeit zu gewährleisten. Die EU-Regulierung für KI (AI Act) ist ein Beispiel für einen solchen Rahmen, der Risiken adressiert und gleichzeitig Innovation ermöglicht.
5. Förderung von Innovation und Wettbewerb: Staatliche Förderung von Forschung, Entwicklung und Innovation im Bereich KI kann dazu beitragen, die technologische Wettbewerbsfähigkeit zu stärken und neue Wachstumspotenziale zu erschließen.

Gleichzeitig ist es wichtig, einen fairen Wettbewerb zu gewährleisten und Monopolbildung zu verhindern.
6. Regionale Entwicklungspolitik: Gezielte Maßnahmen zur Förderung strukturschwacher Regionen können dazu beitragen, regionale Disparitäten zu verringern und eine ausgewogene Entwicklung zu fördern. Dies kann Infrastrukturinvestitionen, Bildungsangebote und wirtschaftliche Anreize umfassen.

In Deutschland sorgen laut Wolfgang Dauth vom Institut für Arbeitsmarkt- und Berufsforschung der Bundesagentur für Arbeit „Institutionen am Arbeitsmarkt wie die Sozialpartnerschaft und der im Vergleich zu den USA starke Kündigungsschutz dafür, dass Anpassungen eher innerhalb der Betriebe und nicht durch Kündigung von bestehenden Mitarbeitenden erfolgen". Dies kann dazu beitragen, die Transformation sozial verträglicher zu gestalten.

3.10.4 Gesellschaftlicher Dialog und Partizipation

Die Gestaltung der Transformation erfordert einen breiten gesellschaftlichen Dialog und die Beteiligung aller relevanten Akteure:

1. Multistakeholder-Dialoge: Plattformen für den Dialog zwischen Arbeitgebern, Gewerkschaften, Bildungseinrichtungen, Zivilgesellschaft und staatlichen Akteuren können dazu beitragen, gemeinsame Visionen zu entwickeln und Interessenkonflikte zu lösen.
2. Partizipative Technologiegestaltung: Die Einbeziehung verschiedener gesellschaftlicher Gruppen in die Gestaltung und Implementierung von KI-Technologien kann dazu beitragen, dass diese den Bedürfnissen und Werten der Gesellschaft entsprechen.
3. Transparenz und öffentliche Debatte: Eine offene und transparente Debatte über die Chancen und Risiken der KI-Revolution kann das Bewusstsein schärfen, Ängste abbauen und zu informierten Entscheidungen beitragen.
4. Ethische Reflexion: Die ethische Reflexion über die Implikationen von KI für Arbeit, Gesellschaft und Menschenbild sollte gefördert werden, um eine verantwortungsvolle Gestaltung der Technologie zu ermöglichen.

Die Transformation der Arbeitswelt durch KI-Agenten ist kein deterministischer Prozess, sondern kann und muss aktiv gestaltet werden. Durch koordinierte Strategien auf individueller, unternehmerischer, politischer und gesellschaftlicher Ebene kann sichergestellt werden, dass die Vorteile der KI-Revolution breit verteilt werden und ihre Risiken minimiert werden.

3.11 Fazit

Die Integration von KI-Agenten in die Arbeitswelt markiert einen tiefgreifenden Wandel, der mit früheren technologischen Revolutionen vergleichbar ist, sich jedoch in beispielloser Geschwindigkeit und Reichweite vollzieht. Diese Transformation bringt sowohl erhebliche Chancen als auch bedeutende Herausforderungen mit sich.

Auf der einen Seite bieten KI-Agenten das Potenzial für Produktivitätssteigerungen, wirtschaftliches Wachstum, neue Produkte und Dienstleistungen sowie verbesserte Arbeitsbedingungen. Sie können Menschen von repetitiven und gefährlichen Aufgaben entlasten und ihnen ermöglichen, sich auf kreativere, sinnstiftendere Tätigkeiten zu konzentrieren. Neue Berufsfelder und Arbeitsmodelle entstehen, die neue Chancen für berufliche Entwicklung und Selbstverwirklichung bieten.

Auf der anderen Seite stehen Herausforderungen wie Arbeitsplatzverluste durch Automatisierung, veränderte Kompetenzanforderungen, potenzielle Verstärkung von Ungleichheiten und ethische Fragen im Zusammenhang mit dem Einsatz von KI. Diese Herausforderungen erfordern proaktive Strategien auf individueller, unternehmerischer, politischer und gesellschaftlicher Ebene.

Die Forschung zeigt, dass die Auswirkungen der KI-Revolution differenziert betrachtet werden müssen. Während bestimmte Tätigkeiten und Berufe durch Automatisierung gefährdet sind, entstehen gleichzeitig neue Möglichkeiten. Der Weltwirtschaftsforum-Bericht prognostiziert, dass in vielen Branchen mehr Jobs entstehen als wegfallen werden, mit einem positiven Saldo in Sektoren wie der Automobilindustrie, Pflege und IT.

Entscheidend für eine erfolgreiche Bewältigung der Transformation ist die Investition in Bildung und Weiterbildung, die Anpassung sozialer Sicherungssysteme, die verantwortungsvolle Gestaltung und Regulierung von KI sowie ein inklusiver gesellschaftlicher Dialog. Nur so kann sichergestellt werden, dass die Vorteile der KI-Revolution breit verteilt werden und niemand zurückgelassen wird.

Die Zukunft der Arbeit in einer von KI-Agenten geprägten Welt wird nicht durch die Technologie allein bestimmt, sondern durch die Art und Weise, wie wir als Gesellschaft diese Technologie gestalten und nutzen. Mit den richtigen Strategien und einem gemeinsamen Engagement aller Beteiligten kann die KI-Revolution zu einer Quelle des Fortschritts und der Verbesserung der Lebensqualität für alle werden.

Selbstverständlich. Hier ist die gewünschte Darstellung und Bewertung für diese umfassende Liste an Quellen zum Thema KI und Arbeitswelt.

3.12 Verwendete Literaturquellen mit Bewertung

1. **Weltwirtschaftsforum (WEF). (2023).** *Future of Jobs Report 2023.*
   Dieser Bericht des Weltwirtschaftsforums ist eine der maßgeblichsten Quellen zur Zukunft der Arbeit und bietet eine globale, makroökonomische Perspektive. Seine Stärke liegt in der breiten Datengrundlage, die auf Umfragen unter den größten Arbeitgebern der Welt beruht und somit fundierte Prognosen zu den am schnellsten wachsenden und schrumpfenden Berufen liefert. Der Report analysiert die treibenden Kräfte des Wandels, darunter KI, sehr detailliert und quantifiziert deren erwarteten Einfluss auf Aufgaben und Fähigkeiten. Er ist eine unverzichtbare Quelle für die Analyse von Arbeitsmarkttrends auf globaler Ebene. Aufgrund seines Umfangs und seiner Datentiefe dient er als Referenzwerk für Politik, Wirtschaft und Wissenschaft, um strategische Entscheidungen zur Qualifizierung und Arbeitsmarktgestaltung zu treffen.

2. **McKinsey Global Institute. (2023).** *Jobs at Risk That AI Will Replace, Change the Most by 2030.*
   Die Analyse des McKinsey Global Institute bietet eine sehr detaillierte, datengestützte Untersuchung der Auswirkungen von KI auf spezifische Berufsgruppen und Tätigkeiten. Die Stärke dieser Quelle liegt in der granularen Aufschlüsselung, welche Arbeitsaufgaben am stärksten von Automatisierung betroffen sein werden und welche neuen Kompetenzen an Bedeutung gewinnen. Aus der Perspektive einer führenden Unternehmensberatung wird der Wandel nicht nur als Risiko, sondern auch als Chance zur Produktivitätssteigerung dargestellt. Der Bericht ist besonders wertvoll, um die konkreten Verschiebungen innerhalb von Branchen und Berufsfeldern zu verstehen, von Büro- und Verwaltungsaufgaben bis hin zu kreativen und technischen Rollen. Er liefert eine klare quantitative Grundlage für die Diskussion über Umschulungs- und Anpassungsstrategien.

3. **Internationaler Währungsfonds (IWF). (2024).** *AI Will Transform the Global Economy. Let's Make Sure It Benefits Humanity.*
   Diese Publikation des IWF hebt die Diskussion auf eine globale, wirtschaftspolitische Ebene und fokussiert stark auf die Verteilungseffekte von KI. Die Quelle analysiert, wie KI nicht nur die Arbeitsmärkte in Industrie- und Entwicklungsländern unterschiedlich beeinflussen, sondern auch die Einkommens- und Vermögensungleichheit potenziell verschärfen könnte. Die besondere Stärke liegt in der Mahnung und dem Aufruf zu proaktiven politischen Maßnahmen, um sicherzustellen, dass die Vorteile der KI breit geteilt werden und soziale Sicherungssysteme angepasst werden. Der IWF bringt hier seine Autorität als globale Finanzinstitution ein und argumentiert überzeugend für die Notwendigkeit internationaler Kooperation. Damit ist der Artikel eine essenzielle Quelle für die ethische und sozioökonomische Dimension der Debatte.

4. **Institut für Arbeitsmarkt- und Berufsforschung (IAB). (2023).** *Auswirkungen der Digitalisierung auf den Arbeitsmarkt.*
Die Forschungsberichte des IAB sind eine entscheidende Quelle für die Analyse des deutschen Arbeitsmarktes, da sie auf den einzigartigen Daten der Bundesagentur für Arbeit basieren. Diese Publikationen bieten eine empirisch fundierte und spezifisch auf Deutschland zugeschnittene Perspektive, die sowohl die Substitutions- als auch die Komplementaritätseffekte von KI und Digitalisierung beleuchtet. Die Stärke des IAB liegt in der wissenschaftlichen Neutralität und der Fähigkeit, langfristige Trends von kurzfristigen Hypes zu trennen. Die Analysen sind oft differenzierter als internationale Berichte und berücksichtigen die Besonderheiten des deutschen dualen Ausbildungssystems und der Sozialpartnerschaft. Für eine fundierte Diskussion über die Zukunft der Arbeit in Deutschland ist das IAB daher unverzichtbar.

5. **Mitteldeutscher Rundfunk (MDR). (2023).** *Wie die KI unsere Arbeitswelt verändern wird.*
Dieser journalistische Beitrag des MDR bereitet das komplexe Thema der KI und Arbeitswelt für eine breite Öffentlichkeit auf. Die Stärke des Artikels liegt in seiner Zugänglichkeit und der ausgewogenen Darstellung von Chancen und Risiken durch Experteninterviews und konkrete Beispiele aus dem Alltag. Er vermeidet tiefgehenden technischen Jargon und fokussiert stattdessen auf die lebensnahen Auswirkungen, was ihn zu einer guten Einstiegsquelle für Laien macht. Als öffentlich-rechtlicher Rundfunk wahrt der Beitrag eine neutrale und informative Haltung. Für eine wissenschaftliche Arbeit ist er hauptsächlich als Beispiel für den öffentlichen Diskurs oder zur Veranschaulichung der Thematik nützlich, bietet aber selbst keine neuen Forschungserkenntnisse.

6. **Evoluce. (2025).** *Werden durch Künstliche Intelligenz neue Berufe entstehen?*
Der Artikel von Evoluce, einem auf digitale Arbeitsplatzlösungen spezialisierten Unternehmen, hat einen klar optimistischen und zukunftsorientierten Fokus. Er konzentriert sich fast ausschließlich auf das Potenzial der KI, völlig neue Berufsfelder und Jobprofile zu schaffen, wie z. B. KI-Trainer oder Ethik-Beauftragte. Die Stärke dieser Quelle ist ihre Fähigkeit, eine positive Vision zu zeichnen und die kreativen und gestalterischen Möglichkeiten hervorzuheben, die durch den technologischen Wandel entstehen. Die Perspektive ist unternehmerisch und lösungsorientiert, was eine willkommene Ergänzung zu den oft risikofokussierten Analysen darstellt. Obwohl er nicht die analytische Tiefe von Forschungsberichten hat, ist der Artikel wertvoll, um die Debatte um die positiven, jobs-schaffenden Aspekte der KI zu bereichern.

7. **LinkedIn. (2025).** *AI-Driven Agentification of Work: Impact on Jobs (2024–2030).*
Diese Analyse auf LinkedIn ist hochaktuell und führt den spezifischen Begriff der „Agentification" in die Debatte ein – die zunehmende Zerlegung von Arbeit in Aufgaben, die von autonomen KI-Agenten ausgeführt werden. Die Quelle ist besonders wertvoll, da sie auf den einzigartigen Daten des weltweit größten beruflichen Netzwerks basiert und so Trends bei Fähigkeiten und Job-Anforderungen in Echtzeit

reflektieren kann. Ihre Stärke liegt in diesem zukunftsweisenden Fokus auf eine neue Form der Arbeitsorganisation, die über einfache Automatisierung hinausgeht. Der Artikel verbindet technologische Entwicklung (KI-Agenten) direkt mit den Auswirkungen auf Berufsidentitäten und die Struktur von Arbeit und ist somit eine innovative Quelle für die Diskussion.

8. **Cubido. (2025).** *Agentic AI vs. Klassische Prozessautomatisierung.*
Diese Quelle von ACP Cubido bietet eine wertvolle technische Einordnung, indem sie agentenbasierte KI von traditioneller Automatisierung (RPA) abgrenzt. Der Artikel erklärt präzise, warum die Autonomie und Lernfähigkeit von KI-Agenten eine neue Qualität der Automatisierung darstellen, die komplexere und kognitive Aufgaben übernehmen kann. Seine Stärke liegt in der klaren Gegenüberstellung, die das transformative Potenzial von KI-Agenten für die Arbeitswelt verständlich macht. Indem er das „Wie" hinter dem Wandel beleuchtet, liefert er die technologische Grundlage, um die Voraussagen von Berichten wie denen von McKinsey oder WEF zu untermauern. Er ist essenziell, um zu verstehen, warum diese Welle der Automatisierung anders ist als frühere.

9. **Maxval. (2025).** *Das Aufkommen von KI-Agenten: Die Art, wie wir arbeiten, verändern.*
Der Blogbeitrag von Maxval, einem Dienstleister im Bereich des geistigen Eigentums, konzentriert sich auf die praktischen Auswirkungen von KI-Agenten auf die täglichen Arbeitsabläufe. Er beschreibt sehr anschaulich, wie diese Agenten als persönliche Assistenten, Datenanalysten oder Prozessmanager fungieren und so die Produktivität und Arbeitsweise von Wissensarbeitern verändern. Die Stärke des Artikels ist dieser mikro-perspektivische Blick auf die Transformation der Arbeit, der die abstrakten Trends greifbar macht. Er argumentiert, dass KI-Agenten den Menschen nicht nur ersetzen, sondern ihn vor allem erweitern und ihm ermöglichen, sich auf höherwertige, strategische Aufgaben zu konzentrieren. Diese Perspektive ist wichtig, um die qualitative Veränderung der Arbeit zu verstehen.

10. **Computerworld. (2025).** *Wie Künstliche Intelligenz ganz neue Berufe schafft.*
Der Artikel von Computerworld, einem etablierten Magazin für IT-Profis, liefert eine branchenspezifische und optimistische Sicht auf die Job-Schaffung durch KI. Die Quelle zeichnet sich dadurch aus, dass sie konkrete, bereits entstehende oder absehbare neue Berufsbilder im Technologie-Sektor vorstellt, wie z. B. Prompt Engineers, KI-System-Integratoren oder KI-Auditoren. Die Stärke liegt in dieser praxisnahen und spezifischen Benennung neuer Rollen, die über allgemeine Trendaussagen hinausgeht. Computerworld bietet eine glaubwürdige Insider-Perspektive aus der IT-Welt und untermauert das Argument, dass technologischer Wandel historisch gesehen immer mehr neue Jobs geschaffen als vernichtet hat. Der Artikel ist eine hervorragende Quelle, um die positiven Job-Effekte der KI konkret zu illustrieren.

4 Gesellschaftliche und soziale Veränderungen

4.1 Transformation sozialer Interaktionen durch KI-Agenten

Die zunehmende Integration von KI-Agenten in unser tägliches Leben verändert grundlegend die Art und Weise, wie Menschen miteinander und mit ihrer Umgebung interagieren. Diese Transformation sozialer Interaktionen manifestiert sich auf verschiedenen Ebenen – von persönlichen Beziehungen über gesellschaftliche Strukturen bis hin zu kulturellen Praktiken.

4.1.1 Veränderung zwischenmenschlicher Kommunikation

Die Kommunikation zwischen Menschen wird zunehmend durch KI-Systeme vermittelt, ergänzt oder sogar ersetzt. Chatbots, virtuelle Assistenten und andere KI-Agenten übernehmen immer häufiger Kommunikationsaufgaben, die früher ausschließlich von Menschen ausgeführt wurden. Diese Entwicklung bringt sowohl Chancen als auch Herausforderungen mit sich:

Einerseits ermöglichen KI-gestützte Kommunikationssysteme eine schnellere, effizientere und oft barrierefreiere Interaktion. Sie können rund um die Uhr verfügbar sein, mehrere Sprachen beherrschen und personalisierte Antworten liefern. Für Menschen mit eingeschränkten Kommunikationsfähigkeiten, etwa aufgrund von Behinderungen oder Sprachbarrieren, können KI-Agenten neue Möglichkeiten der Teilhabe eröffnen.

Andererseits besteht die Gefahr einer Verarmung zwischenmenschlicher Kommunikation. Die Nuancen menschlicher Interaktion – Empathie, emotionale Intelligenz, kulturelles Verständnis – können durch KI-vermittelte Kommunikation verloren gehen. Zudem kann die ständige Verfügbarkeit von KI-Agenten als Kommunikationspartner zu einer Verringerung direkter menschlicher Kontakte führen, was potenziell negative Auswirkungen auf soziale Fähigkeiten und psychisches Wohlbefinden haben kann.

4.1.2 Neue Formen sozialer Gemeinschaften

KI-Agenten beeinflussen auch die Bildung und Struktur sozialer Gemeinschaften. Durch KI-gestützte Plattformen und Algorithmen entstehen neue Formen der Vernetzung und des Zusammenlebens:

Online-Communities werden zunehmend durch KI-Systeme moderiert, kuratiert und personalisiert. Algorithmen bestimmen, welche Inhalte Nutzer sehen, mit wem sie verbunden werden und welche Interaktionen gefördert werden. Dies kann einerseits zu einer effizienteren Vernetzung Gleichgesinnter führen, andererseits aber auch zur Bildung von Filterblasen und Echokammern beitragen, die gesellschaftliche Polarisierung verstärken.

Virtuelle und augmentierte Realitäten, unterstützt durch KI-Agenten, schaffen neue Räume für soziale Interaktion. Diese digitalen Umgebungen ermöglichen Begegnungen und Gemeinschaftserlebnisse, die in der physischen Welt nicht oder nur schwer realisierbar wären. Gleichzeitig stellt sich die Frage nach der Authentizität und Tiefe solcher virtuellen Beziehungen im Vergleich zu physischen Begegnungen.

4.1.3 Kulturelle Auswirkungen und Identitätsbildung

Die Durchdringung des Alltags mit KI-Agenten beeinflusst kulturelle Praktiken und die Identitätsbildung von Individuen und Gruppen:

Kulturelle Produktion und Konsum werden zunehmend durch KI-Systeme geprägt. Von personalisierten Empfehlungen für Musik, Filme und Literatur bis hin zu KI-generierter Kunst und Unterhaltung – KI-Agenten verändern, wie kulturelle Inhalte geschaffen, verbreitet und rezipiert werden. Dies kann kulturelle Vielfalt fördern, indem Nischeninhalte leichter zugänglich werden, aber auch zu einer Homogenisierung führen, wenn globale Algorithmen lokale kulturelle Besonderheiten nivellieren.

Die Identitätsbildung in einer von KI geprägten Welt gestaltet sich komplexer. Menschen definieren sich zunehmend auch über ihre digitale Präsenz und ihre Interaktionen mit KI-Agenten. Die Grenzen zwischen menschlicher und künstlicher Intelligenz, zwischen physischer und virtueller Realität werden fließender, was traditionelle Konzepte von Identität und Authentizität infrage stellt.

Die Transformation sozialer Interaktionen durch KI-Agenten ist ein vielschichtiger Prozess, der sowohl Chancen für neue Formen der Verbindung und des Austauschs bietet als auch Risiken für soziale Kohäsion und menschliche Beziehungen birgt. Die Gestaltung dieser Transformation erfordert eine bewusste Auseinandersetzung mit den Werten, die wir in sozialen Interaktionen bewahren wollen, und den Möglichkeiten, die neue Technologien bieten.

4.2 Auswirkungen auf Bildung und Wissensverbreitung

Die Integration von KI-Agenten in Bildungssysteme und Prozesse der Wissensverbreitung führt zu tiefgreifenden Veränderungen in der Art und Weise, wie Menschen lernen, lehren und Wissen teilen. Diese Entwicklung birgt sowohl enormes Potenzial für die Demokratisierung von Bildung als auch Herausforderungen für traditionelle Bildungskonzepte.

4.3 Personalisierung des Lernens

KI-Agenten ermöglichen eine bisher unerreichte Personalisierung von Lernprozessen, die auf die individuellen Bedürfnisse, Fähigkeiten und Interessen der Lernenden zugeschnitten ist:

Adaptive Lernsysteme können das Lerntempo, den Schwierigkeitsgrad und die Präsentationsform von Lerninhalten dynamisch an den Fortschritt und die Präferenzen des Lernenden anpassen. Durch kontinuierliche Analyse der Lernaktivitäten können KI-Systeme Stärken und Schwächen identifizieren und maßgeschneiderte Lernpfade vorschlagen. Dies kann besonders für Lernende mit unterschiedlichen Lernstilen oder besonderen Bedürfnissen von Vorteil sein.

Laut einer Studie des Europäischen Parlaments gaben 33 % der Befragten an, in den drei Monaten vor der Umfrage einen Online-Kurs absolviert oder Online-Lernmaterial verwendet zu haben. Diese Zahl dürfte mit der zunehmenden Integration von KI in Bildungsangebote weiter steigen.

Die Personalisierung birgt jedoch auch Risiken: Die Gefahr einer übermäßigen Anpassung an bestehende Vorlieben könnte die Konfrontation mit neuen, herausfordernden Ideen verhindern, die für kritisches Denken und Kreativität wesentlich ist. Zudem könnten Datenschutzbedenken entstehen, da personalisierte Lernsysteme umfangreiche Daten über Lernende sammeln und analysieren.

4.4 Demokratisierung von Bildung

KI-Agenten tragen zur Demokratisierung von Bildung bei, indem sie Zugangsbarrieren abbauen und Bildungsressourcen breiter verfügbar machen:

Sprachbarrieren werden durch automatische Übersetzungssysteme und mehrsprachige KI-Assistenten reduziert, was globalen Wissensaustausch fördert. Menschen mit unterschiedlichen Muttersprachen können auf dieselben Bildungsressourcen zugreifen und miteinander kommunizieren.

Geografische und ökonomische Beschränkungen verlieren an Bedeutung, da KI-gestützte Online-Lernplattformen hochwertige Bildungsinhalte weltweit zugänglich machen, oft zu geringeren Kosten als traditionelle Bildungsangebote. Dies kann besonders für Menschen in abgelegenen Regionen oder mit eingeschränkten finanziellen Mitteln neue Bildungschancen eröffnen.

Menschen mit Behinderungen profitieren von KI-basierten Assistenztechnologien, die Lerninhalte in verschiedenen Formaten bereitstellen können – von Sprachausgabe für Sehbehinderte bis hin zu visuellen Darstellungen für Menschen mit Hörbehinderungen.

Trotz dieser positiven Entwicklungen besteht die Gefahr einer digitalen Kluft: Der Zugang zu KI-gestützten Bildungsangeboten setzt eine digitale Infrastruktur und entsprechende Kompetenzen voraus, die nicht überall gleichermaßen vorhanden sind. Dies könnte bestehende Bildungsungleichheiten verstärken statt sie zu verringern.

4.4.1 Veränderung der Rolle von Lehrenden

Die Rolle von Lehrenden und Bildungsinstitutionen wandelt sich grundlegend durch den Einsatz von KI-Agenten:

Lehrende werden zunehmend zu Lernbegleitern und Mentoren, die weniger Faktenwissen vermitteln, sondern vielmehr kritisches Denken, Kreativität und soziale Kompetenzen fördern – Fähigkeiten, die KI-Systeme (noch) nicht umfassend vermitteln können. Die Automatisierung routinemäßiger Aufgaben wie Bewertung und Feedback durch KI-Systeme kann Lehrenden mehr Zeit für individuelle Betreuung und anspruchsvolle pädagogische Aufgaben geben.

Bildungsinstitutionen müssen ihre Curricula und Lehrmethoden anpassen, um Lernende auf eine Welt vorzubereiten, in der KI allgegenwärtig ist. Dies umfasst sowohl die Vermittlung von KI-Kompetenzen als auch die Förderung von Fähigkeiten, die Menschen von KI unterscheiden und komplementär zu ihr sind.

Die Integration von KI in Bildungsprozesse wirft auch Fragen nach der Authentizität und Integrität des Lernens auf: Wie können Leistungsbewertungen gestaltet werden, wenn KI-Tools Aufgaben lösen können? Wie lässt sich sicherstellen, dass Lernende tatsächlich Kompetenzen erwerben und nicht nur KI-Unterstützung nutzen?

4.4.2 Transformation des Wissenszugangs und der Wissensvalidierung

KI-Agenten verändern fundamental, wie Menschen auf Wissen zugreifen und dessen Gültigkeit bewerten:

Informationssuche und -filterung wird zunehmend durch KI-Systeme vermittelt, die entscheiden, welche Informationen als relevant oder vertrauenswürdig präsentiert werden. Dies kann den Zugang zu Wissen erleichtern, birgt aber auch die Gefahr von Verzerrungen und Manipulation.

Die Unterscheidung zwischen verlässlichen und irreführenden Informationen wird komplexer in einer Welt, in der KI-generierte Inhalte immer überzeugender werden. Die Fähigkeit zur kritischen Bewertung von Informationen und Quellen wird zu einer Schlüsselkompetenz.

Traditionelle Autoritäten und Gatekeeper des Wissens – wie Bildungsinstitutionen, Experten und Verlage – verlieren an Einfluss, während algorithmische Systeme an Bedeutung gewinnen. Dies kann zu einer Demokratisierung des Wissens führen, aber auch zu einer Fragmentierung und Polarisierung des Informationsökosystems beitragen.

Die Auswirkungen von KI-Agenten auf Bildung und Wissensverbreitung sind tiefgreifend und vielschichtig. Sie bieten das Potenzial für inklusivere, personalisiertere und effektivere Lernumgebungen, erfordern aber auch eine kritische Auseinandersetzung mit Fragen der Bildungsgerechtigkeit, der pädagogischen Qualität und der Informationsvalidierung.

4.5 Einfluss auf Gesundheitswesen und Wohlbefinden

Die Integration von KI-Agenten in das Gesundheitswesen und in Bereiche, die das menschliche Wohlbefinden betreffen, führt zu einer tiefgreifenden Transformation dieser Sektoren. Diese Entwicklung verspricht erhebliche Verbesserungen in der medizinischen Versorgung, birgt aber auch komplexe ethische und soziale Herausforderungen.

4.5.1 Verbesserung der medizinischen Diagnostik und Behandlung

KI-Agenten revolutionieren die medizinische Diagnostik und Behandlung durch ihre Fähigkeit, große Datenmengen zu analysieren und Muster zu erkennen:

In der Bildgebung und Diagnostik erreichen KI-Systeme bereits Genauigkeitsraten, die mit denen erfahrener Ärzte vergleichbar oder sogar besser sind. Sie können subtile Anomalien in Röntgenbildern, MRTs oder histologischen Proben erkennen, die dem menschlichen Auge entgehen könnten. Dies führt zu früheren und präziseren Diagnosen, was besonders bei zeitkritischen Erkrankungen wie Krebs oder Schlaganfällen lebensrettend sein kann.

Die Entwicklung personalisierter Behandlungspläne wird durch KI-Systeme unterstützt, die individuelle genetische Profile, Krankheitsgeschichten und Lebensstilfaktoren berücksichtigen können. Dies ermöglicht maßgeschneiderte Therapien, die besser auf die spezifischen Bedürfnisse des einzelnen Patienten abgestimmt sind und potenziell weniger Nebenwirkungen verursachen.

In der Medikamentenentwicklung beschleunigen KI-Agenten den Prozess der Entdeckung und Erprobung neuer Wirkstoffe erheblich. Sie können potenzielle Kandidaten für bestimmte Krankheitsziele identifizieren und deren Wirksamkeit und Sicherheit vorhersagen, was die Zeit bis zur Markteinführung neuer Medikamente verkürzen kann.

Trotz dieser Fortschritte bleiben Herausforderungen bestehen: Die Qualität der KI-Diagnosen hängt stark von den Trainingsdaten ab, die möglicherweise nicht repräsentativ für alle Bevölkerungsgruppen sind. Dies könnte zu Verzerrungen und Ungleichheiten in der medizinischen Versorgung führen.

4.5.2 Zugang zu Gesundheitsversorgung und gesundheitliche Chancengleichheit

KI-Agenten haben das Potenzial, den Zugang zu Gesundheitsversorgung zu demokratisieren und gesundheitliche Ungleichheiten zu verringern:

Telemedizin und KI-gestützte Gesundheitsberatung ermöglichen medizinische Versorgung in unterversorgten Gebieten, wo Fachärzte rar sind. Patienten können über digitale Plattformen mit KI-Systemen interagieren, die erste Einschätzungen vornehmen, einfache Fragen beantworten und bei Bedarf an menschliche Spezialisten weiterleiten.

Präventive Gesundheitsmaßnahmen werden durch KI-Systeme unterstützt, die Risikofaktoren frühzeitig erkennen und personalisierte Empfehlungen zur Gesundheitsförderung geben können. Dies könnte besonders für benachteiligte Bevölkerungsgruppen von Vorteil sein, die traditionell weniger Zugang zu präventiver Gesundheitsversorgung haben.

Ressourcenoptimierung im Gesundheitswesen wird durch KI-Systeme ermöglicht, die Patientenströme vorhersagen, Bettenkapazitäten planen und medizinisches Personal effizient einsetzen können. Dies kann zu einer gerechteren Verteilung knapper Ressourcen führen.

Gleichzeitig besteht die Gefahr, dass der Einsatz von KI im Gesundheitswesen bestehende Ungleichheiten verstärkt: Der Zugang zu KI-gestützter Gesundheitsversorgung setzt digitale Infrastruktur und Kompetenzen voraus, die nicht allen gleichermaßen zur Verfügung stehen. Zudem könnten kommerzielle Interessen dazu führen, dass KI-Innovationen primär für profitable Märkte und nicht für die bedürftigsten Bevölkerungsgruppen entwickelt werden.

4.5.3 Psychische Gesundheit und soziales Wohlbefinden

KI-Agenten beeinflussen zunehmend die psychische Gesundheit und das soziale Wohlbefinden von Menschen:

KI-gestützte Therapie- und Beratungsangebote können die Versorgungslücke in der psychischen Gesundheitsversorgung verringern. Chatbots und virtuelle Therapeuten bieten niedrigschwellige Unterstützung bei leichten bis mittelschweren psychischen Problemen und können als erste Anlaufstelle oder Ergänzung zu menschlichen Therapeuten dienen.

Soziale Isolation kann durch KI-Begleiter gemildert werden, die besonders für ältere oder einsame Menschen emotionale Unterstützung und Gesellschaft bieten. Diese Systeme können regelmäßige Gespräche führen, an Medikamenteneinnahme erinnern und bei Anzeichen von Problemen Alarm schlagen.

Gleichzeitig wirft die zunehmende Interaktion mit KI-Systemen Fragen nach der Qualität menschlicher Beziehungen auf. Können KI-Begleiter echte menschliche Verbindungen ersetzen? Welche Auswirkungen hat die Delegation emotionaler Unterstützung an Maschinen auf unsere zwischenmenschlichen Fähigkeiten und unser Verständnis von Empathie?

Zudem besteht die Gefahr einer übermäßigen Abhängigkeit von KI-Systemen für emotionale Unterstützung, was zu einer Verarmung realer sozialer Netzwerke führen könnte. Die Privatsphäre und Vertraulichkeit sensibler Gesundheitsdaten stellt eine weitere Herausforderung dar, besonders wenn kommerzielle Unternehmen KI-gestützte Gesundheitsdienste anbieten.

4.5.4 Ethische Fragen und gesellschaftliche Implikationen

Der Einsatz von KI-Agenten im Gesundheitswesen wirft komplexe ethische Fragen und gesellschaftliche Implikationen auf:

Entscheidungen über Leben und Tod könnten zunehmend von KI-Systemen beeinflusst werden, etwa bei der Triage in Notfallsituationen oder der Allokation knapper Ressourcen wie Organtransplantationen. Dies wirft fundamentale Fragen nach Verantwortung, Transparenz und den Werten auf, die solchen Entscheidungen zugrunde liegen sollten.

Die Balance zwischen menschlicher und künstlicher Intelligenz in der Gesundheitsversorgung muss sorgfältig austariert werden. Während KI-Systeme in bestimmten Bereichen überlegen sein mögen, bleiben menschliche Qualitäten wie Empathie, ethisches Urteilsvermögen und ganzheitliches Verständnis unersetzlich für eine humane Gesundheitsversorgung.

Gesellschaftliche Normen und Erwartungen bezüglich Gesundheit und Krankheit könnten sich durch KI-Systeme verändern. Die zunehmende Quantifizierung und Optimierung von Gesundheitsparametern könnte zu einem reduktionistischen Verständnis von Gesundheit führen und den Druck zur „Selbstoptimierung" verstärken.

Der Einfluss von KI-Agenten auf das Gesundheitswesen und das menschliche Wohlbefinden ist vielschichtig und tiefgreifend. Die Technologie bietet enorme Chancen für eine verbesserte, zugänglichere und personalisierte Gesundheitsversorgung, erfordert aber eine sorgfältige Gestaltung und Regulierung, um sicherzustellen, dass sie tatsächlich dem Wohl aller Menschen dient und bestehende Ungleichheiten nicht verstärkt.

4.6 Auswirkungen auf Demokratie und öffentlichen Diskurs

Die zunehmende Verbreitung von KI-Agenten hat tiefgreifende Auswirkungen auf demokratische Prozesse und den öffentlichen Diskurs. Diese Technologien verändern, wie Informationen verbreitet und konsumiert werden, wie öffentliche Meinung gebildet wird und wie demokratische Institutionen funktionieren.

4.6.1 Informationsökosystem und Meinungsbildung

KI-Agenten transformieren das Informationsökosystem, in dem demokratische Meinungsbildung stattfindet:

Personalisierte Nachrichtenfeeds und Empfehlungssysteme, die von KI-Algorithmen gesteuert werden, bestimmen zunehmend, welche Informationen Menschen sehen. Dies kann zu Filterblasen und Echokammern führen, in denen Nutzer vorwiegend mit Inhalten konfrontiert werden, die ihre bestehenden Ansichten bestätigen. Laut dem Europäischen Parlament kann KI die Demokratie stärken, indem sie datenbasierte Mechanismen zur Bekämpfung von Desinformation bietet, aber auch den Zugang zu verlässlichen, hochwertigen Informationen sicherstellt.

Desinformation und Fake News können durch KI-Technologien sowohl bekämpft als auch verstärkt werden. Einerseits können KI-Agenten helfen, Falschinformationen zu erkennen und zu kennzeichnen. Andererseits ermöglichen Technologien wie Deepfakes die Erstellung täuschend echter gefälschter Inhalte, die demokratische Prozesse untergraben können.

Die Konzentration der Kontrolle über Informationsflüsse in den Händen weniger Technologieunternehmen wirft Fragen nach Machtverteilung und demokratischer Aufsicht auf. Die Algorithmen, die bestimmen, welche Inhalte Nutzer sehen, sind oft undurchsichtig und werden von privaten Unternehmen kontrolliert, die nicht demokratisch rechenschaftspflichtig sind.

4.6.2 Partizipation und politische Prozesse

KI-Agenten verändern die Art und Weise, wie Bürger an demokratischen Prozessen teilnehmen und wie politische Akteure agieren:

Politische Kampagnen und Wählermobilisierung werden zunehmend durch KI-gestützte Analysen und Targeting-Strategien geprägt. Dies ermöglicht eine präzisere Ansprache spezifischer Wählergruppen, birgt aber auch die Gefahr der Manipulation und der Verstärkung gesellschaftlicher Polarisierung.

Bürgerbeteiligung kann durch KI-Plattformen erleichtert werden, die es ermöglichen, große Mengen an Bürgermeinungen zu sammeln, zu analysieren und in politische

Entscheidungsprozesse einzubeziehen. Dies könnte zu inklusiveren demokratischen Prozessen führen, setzt aber voraus, dass diese Plattformen fair und repräsentativ gestaltet sind.

Die Transparenz und Rechenschaftspflicht politischer Prozesse kann durch KI-Systeme sowohl gefördert als auch untergraben werden. Einerseits können sie helfen, politische Entscheidungen nachvollziehbarer zu machen und Korruption aufzudecken. Andererseits könnten undurchsichtige KI-Systeme in Regierungsentscheidungen eingesetzt werden, ohne angemessene demokratische Kontrolle.

4.6.3 Chancengleichheit und Vielfalt im demokratischen Diskurs

KI-Agenten können sowohl zur Förderung als auch zur Beeinträchtigung von Chancengleichheit und Vielfalt im demokratischen Diskurs beitragen:

Vielfalt und Chancengleichheit können durch KI gefördert werden, indem sie den Abbau von Vorurteilen bei Einstellungsentscheidungen unterstützt und objektive, analytische Daten statt subjektiver Einschätzungen nutzt. KI kann auch dazu beitragen, unterrepräsentierten Gruppen eine Stimme zu geben und ihre Perspektiven in den öffentlichen Diskurs einzubringen.

Algorithmische Verzerrungen können jedoch bestehende Diskriminierungen reproduzieren oder verstärken, wenn KI-Systeme mit verzerrten Daten trainiert werden. Dies könnte dazu führen, dass bestimmte Bevölkerungsgruppen im öffentlichen Diskurs systematisch benachteiligt werden.

Die digitale Kluft zwischen verschiedenen Bevölkerungsgruppen – basierend auf Faktoren wie Alter, Bildung, Einkommen oder geografischer Lage – kann den gleichberechtigten Zugang zu KI-gestützten demokratischen Prozessen behindern. Dies könnte bestehende Ungleichheiten in der politischen Repräsentation und Partizipation verstärken.

4.6.4 Regulierung und demokratische Kontrolle von KI

Die demokratische Kontrolle und Regulierung von KI-Systemen selbst wird zu einer zentralen Herausforderung für demokratische Gesellschaften:

Regulatorische Rahmenbedingungen für KI werden weltweit entwickelt, wobei die Europäische Union mit dem KI-Gesetz eine Vorreiterrolle einnimmt. Dieses Gesetz setzt verbindliche Regeln für den Einsatz und die Entwicklung von KI und zielt darauf ab, eine vertrauenswürdige KI zu fördern, die sowohl Bürgern als auch Unternehmen zugutekommt.

Die Frage der Haftung bei KI-verursachten Schäden stellt eine wichtige regulatorische Herausforderung dar. Wie das Europäische Parlament betont, muss ein Gleichgewicht gefunden werden: Weder sollten Hersteller von jeder Verantwortung freigestellt werden, noch sollten zu strenge Regelungen Innovationen im Keim ersticken.

Internationale Zusammenarbeit wird zunehmend wichtig, da KI-Systeme grenzüberschreitend operieren. Die Entwicklung globaler Standards und Normen für den ethischen Einsatz von KI in demokratischen Kontexten wird zu einer wichtigen Aufgabe der internationalen Gemeinschaft.

Die Auswirkungen von KI-Agenten auf Demokratie und öffentlichen Diskurs sind ambivalent und kontextabhängig. Sie bieten sowohl Chancen für eine inklusivere, transparentere und effizientere Demokratie als auch Risiken für Manipulation, Polarisierung und Ungleichheit. Die Gestaltung dieser Technologien und ihrer Regulierung wird entscheidend dafür sein, ob sie demokratische Werte stärken oder untergraben.

4.7 Veränderungen in Freizeit, Kultur und Unterhaltung

Die Integration von KI-Agenten in Bereiche der Freizeit, Kultur und Unterhaltung führt zu tiefgreifenden Veränderungen in der Art und Weise, wie Menschen ihre freie Zeit gestalten, kulturelle Inhalte konsumieren und produzieren sowie Unterhaltung erleben. Diese Transformation bringt sowohl neue kreative Möglichkeiten als auch Herausforderungen für traditionelle kulturelle Praktiken mit sich.

4.7.1 Personalisierung von Unterhaltung und Medienkonsum

KI-Agenten revolutionieren die Personalisierung von Unterhaltungs- und Medienangeboten:

Empfehlungssysteme, die auf maschinellem Lernen basieren, analysieren das Nutzerverhalten und schlagen maßgeschneiderte Inhalte vor – von Filmen und Serien über Musik und Podcasts bis hin zu Büchern und Spielen. Dies ermöglicht eine hochgradig individualisierte Medienlandschaft, in der jeder Nutzer ein einzigartiges Erlebnis hat.

Die Personalisierung kann den Zugang zu vielfältigen Inhalten erleichtern und Nischenangebote fördern, die ohne algorithmische Empfehlungen möglicherweise unentdeckt blieben. Gleichzeitig besteht die Gefahr einer kulturellen Fragmentierung, bei der gemeinsame kulturelle Referenzpunkte verloren gehen und der gesellschaftliche Zusammenhalt geschwächt wird.

Die Vorhersehbarkeit personalisierter Empfehlungen könnte zudem zu einer Verengung des kulturellen Horizonts führen, wenn Nutzer hauptsächlich mit Inhalten konfrontiert werden, die ihren bestehenden Präferenzen entsprechen. Dies könnte die Entdeckung neuer, unerwarteter kultureller Erfahrungen einschränken, die für persönliches Wachstum und kulturelle Innovation wichtig sind.

4.7.2 KI-generierte Kunst und Kreativität

KI-Agenten verändern grundlegend die Produktion und das Verständnis von Kunst und kreativen Inhalten:

Generative KI-Systeme können heute Texte, Bilder, Musik und Videos erzeugen, die von menschlichen Kreationen kaum zu unterscheiden sind. Dies demokratisiert kreative Produktion, indem es Menschen ohne formale künstlerische Ausbildung ermöglicht, hochwertige Inhalte zu erstellen. Gleichzeitig stellt es traditionelle Vorstellungen von Autorschaft, Originalität und künstlerischem Wert infrage.

Kollaborative Kreativität zwischen Menschen und KI eröffnet neue künstlerische Möglichkeiten. KI kann als kreatives Werkzeug dienen, das menschliche Kreativität ergänzt und erweitert, indem es neue Ideen vorschlägt, Variationen erzeugt oder technische Aspekte der Produktion übernimmt.

Die kulturelle Authentizität und Diversität könnte durch KI-generierte Inhalte sowohl bereichert als auch bedroht werden. Einerseits können KI-Systeme dazu beitragen, marginalisierte kulturelle Traditionen zu bewahren und zu verbreiten. Andererseits besteht die Gefahr einer kulturellen Homogenisierung, wenn KI-Systeme vorwiegend mit westlich geprägten Daten trainiert werden und globale kulturelle Normen reproduzieren.

4.7.3 Immersive Erlebnisse und neue Unterhaltungsformen

KI-Agenten ermöglichen neuartige immersive Erlebnisse und Unterhaltungsformen:

Virtuelle und augmentierte Realitäten werden durch KI-Technologien immer realistischer und interaktiver. KI-gesteuerte virtuelle Charaktere können auf natürliche Weise mit Nutzern interagieren, dynamische Narrative erzeugen und personalisierte Erlebnisse bieten, die sich an die Präferenzen und Reaktionen des Nutzers anpassen.

Adaptive Spiele und interaktive Geschichten, die sich in Echtzeit an die Entscheidungen und emotionalen Reaktionen des Nutzers anpassen, schaffen ein neues Niveau der Immersion und des persönlichen Engagements. Dies könnte zu tieferen emotionalen Erfahrungen und stärkerer Identifikation mit virtuellen Welten führen.

Die Grenzen zwischen Realität und Virtualität werden zunehmend fließend, was sowohl bereichernde Erfahrungen ermöglichen als auch Fragen nach psychologischen Auswirkungen aufwerfen kann. Die intensive Immersion in KI-gestützte virtuelle Welten könnte bei manchen Menschen zu Realitätsverlust oder Eskapismus führen.

4.7.4 Kulturelles Erbe und kollektives Gedächtnis

KI-Agenten spielen eine zunehmend wichtige Rolle bei der Bewahrung, Zugänglichmachung und Interpretation des kulturellen Erbes:

Digitalisierung und KI-gestützte Analyse ermöglichen die Bewahrung und Restaurierung kultureller Artefakte, historischer Dokumente und archäologischer Funde. KI-Systeme können beschädigte Texte rekonstruieren, verblasste Kunstwerke restaurieren und historische Sprachen übersetzen, die sonst möglicherweise verloren gingen.

Virtuelle Rekonstruktionen historischer Stätten und Ereignisse, unterstützt durch KI, ermöglichen immersive Bildungserfahrungen und einen lebendigeren Zugang zum kulturellen Erbe. Dies kann das historische Bewusstsein fördern und kulturelles Wissen demokratisieren.

Die Interpretation und Kontextualisierung kultureller Artefakte wird zunehmend durch KI-Systeme unterstützt, die historische Zusammenhänge analysieren, Muster erkennen und neue Perspektiven auf kulturelles Erbe eröffnen können. Dies birgt jedoch auch die Gefahr einer Verzerrung oder Vereinfachung komplexer kultureller Narrative.

4.7.5 Soziale Aspekte von Freizeit und Unterhaltung

Die sozialen Dimensionen von Freizeit und Unterhaltung werden durch KI-Agenten neu gestaltet:

Gemeinschaftliche Erlebnisse in virtuellen Räumen, bevölkert von KI-Charakteren und menschlichen Teilnehmern, schaffen neue Formen sozialer Interaktion und Gemeinschaftsbildung. Diese können traditionelle soziale Aktivitäten ergänzen oder in manchen Fällen ersetzen.

Die Balance zwischen digitaler und physischer Freizeit wird zu einer wichtigen gesellschaftlichen Frage. Während KI-gestützte digitale Unterhaltung immer immersiver und ansprechender wird, bleibt die Bedeutung physischer Aktivitäten und direkter menschlicher Interaktion für Wohlbefinden und soziale Bindungen bestehen.

Neue Formen der kulturellen Partizipation entstehen, bei denen die Grenzen zwischen Produzenten und Konsumenten verschwimmen. KI-Tools ermöglichen es Nutzern, selbst kreativ zu werden und aktiv an der Gestaltung kultureller Inhalte teilzunehmen, statt sie nur passiv zu konsumieren.

Die Veränderungen in Freizeit, Kultur und Unterhaltung durch KI-Agenten sind vielschichtig und transformativ. Sie bieten neue Möglichkeiten für personalisierte, immersive und partizipative Erlebnisse, werfen aber auch Fragen nach kultureller Authentizität, sozialer Kohäsion und der Balance zwischen virtuellen und physischen Erfahrungen auf. Die Gestaltung dieser Transformation wird entscheidend dafür sein, ob KI-Technologien kulturelle Vielfalt und soziale Verbindungen fördern oder beeinträchtigen.

4.8 Gesellschaftliche Anpassungsprozesse und Zukunftsperspektiven

Die Integration von KI-Agenten in alle Lebensbereiche löst tiefgreifende gesellschaftliche Anpassungsprozesse aus, die sowohl Chancen als auch Herausforderungen mit sich bringen. Diese Prozesse verlaufen nicht linear oder einheitlich, sondern sind von Komplexität, Widersprüchen und unterschiedlichen Geschwindigkeiten in verschiedenen gesellschaftlichen Bereichen geprägt.

4.8.1 Gesellschaftliche Akzeptanz und Adaptionsprozesse

Die Akzeptanz und Adaption von KI-Agenten in der Gesellschaft folgt komplexen Mustern:

Generationenunterschiede prägen die Anpassung an KI-Technologien. Während jüngere Generationen, die als „Digital Natives" aufgewachsen sind, oft eine höhere Affinität zu neuen Technologien zeigen, können ältere Generationen größere Anpassungsschwierigkeiten haben. Dies birgt die Gefahr einer generationellen digitalen Kluft, die zu sozialer Ausgrenzung führen kann.

Kulturelle und regionale Unterschiede beeinflussen ebenfalls die Akzeptanz von KI. Verschiedene Gesellschaften haben unterschiedliche Einstellungen zu Technologie, Privatsphäre und dem Verhältnis zwischen Mensch und Maschine, was zu divergierenden Adaptionspfaden führt. In einigen Kulturen wird KI eher als Bedrohung wahrgenommen, in anderen als Chance oder sogar als notwendiger Fortschritt.

Vertrauen und Transparenz sind entscheidende Faktoren für die gesellschaftliche Akzeptanz. Wie das Europäische Parlament betont, zielt das KI-Gesetz der EU darauf ab, eine vertrauenswürdige KI zu fördern, die sowohl Bürgern als auch Unternehmen zugutekommt. Ohne ausreichendes Vertrauen in die Sicherheit, Fairness und Transparenz von KI-Systemen wird ihre gesellschaftliche Integration behindert.

4.8.2 Soziale Kohäsion und neue Gemeinschaftsformen

KI-Agenten beeinflussen die soziale Kohäsion und führen zur Entstehung neuer Gemeinschaftsformen:

Traditionelle soziale Bindungen und Gemeinschaften können durch die zunehmende Digitalisierung und KI-Vermittlung sozialer Interaktionen sowohl gestärkt als auch geschwächt werden. Einerseits ermöglichen digitale Plattformen die Überwindung geografischer Barrieren und die Verbindung Gleichgesinnter. Andererseits können sie zu einer Verringerung direkter menschlicher Kontakte führen.

Neue Formen der Gemeinschaftsbildung entstehen in virtuellen Räumen, die durch KI gestaltet und moderiert werden. Diese digitalen Gemeinschaften können eigene Normen, Werte und Identitäten entwickeln, die sich von traditionellen gesellschaftlichen Strukturen unterscheiden.

Die Polarisierung der Gesellschaft kann durch KI-Algorithmen verstärkt werden, die Filterblasen und Echokammern fördern. Gleichzeitig bieten KI-Systeme auch Potenzial für die Überbrückung gesellschaftlicher Gräben, indem sie diverse Perspektiven zugänglich machen und Kommunikationsbarrieren abbauen.

4.8.3 Neuverhandlung gesellschaftlicher Werte und Normen

Die Integration von KI-Agenten führt zu einer Neuverhandlung grundlegender gesellschaftlicher Werte und Normen:

Das Verständnis von Menschlichkeit und menschlicher Einzigartigkeit wird durch zunehmend leistungsfähige KI-Systeme herausgefordert. Die Frage, was den Menschen vom Maschinellen unterscheidet und welche Fähigkeiten und Eigenschaften als spezifisch menschlich gelten, wird neu verhandelt.

Ethische Grundsätze für den Umgang mit KI werden auf gesellschaftlicher Ebene entwickelt. Die UNESCO-Empfehlung zur Ethik der Künstlichen Intelligenz führt Werte und ethische Prinzipien wie Privatsphäre, Transparenz, Erklärbarkeit und Nicht-Diskriminierung ein, die bei der Entwicklung und Nutzung von KI beachtet werden sollten.

Die Balance zwischen technologischem Fortschritt und menschlichem Wohlbefinden wird zu einer zentralen gesellschaftlichen Frage. Wie können wir sicherstellen, dass KI-Technologien menschliche Werte und Bedürfnisse fördern, statt sie zu untergraben? Wie können wir verhindern, dass technologische Effizienz zum alleinigen Maßstab wird?

4.8.4 Zukunftsperspektiven und langfristige gesellschaftliche Entwicklungen

Die langfristigen gesellschaftlichen Auswirkungen von KI-Agenten sind Gegenstand intensiver Debatten und Spekulationen:

Optimistische Zukunftsvisionen sehen KI als Katalysator für eine gerechtere, wohlhabendere und nachhaltigere Gesellschaft. In dieser Perspektive könnten KI-Agenten dazu beitragen, globale Herausforderungen wie Klimawandel, Armut und Krankheiten zu bewältigen und menschliche Kreativität und Selbstverwirklichung zu fördern.

Pessimistische Szenarien warnen vor einer zunehmenden Abhängigkeit von KI-Systemen, die zu Kontrollverlust, Massenarbeitslosigkeit oder sogar existenziellen Risiken führen könnte. Die Konzentration von KI-Macht in den Händen weniger Akteure könnte zudem bestehende Ungleichheiten verstärken.

Realistische Zukunftsperspektiven liegen wahrscheinlich zwischen diesen Extremen und hängen stark davon ab, wie wir als Gesellschaft KI-Technologien gestalten und regulieren. Wie das Europäische Parlament betont, adressiert das KI-Gesetz der EU die mit KI verbundenen Risiken und stärkt Europas Rolle als führende Kraft in diesem Bereich.

Die Fähigkeit zur gesellschaftlichen Anpassung und Resilienz wird entscheidend sein für die erfolgreiche Navigation durch die KI-induzierte Transformation. Dies erfordert flexible Bildungssysteme, anpassungsfähige Institutionen und einen kontinuierlichen gesellschaftlichen Dialog über die Gestaltung und Regulierung von KI.

Die gesellschaftlichen Anpassungsprozesse an KI-Agenten sind komplex und vielschichtig. Sie erfordern eine aktive Gestaltung durch alle gesellschaftlichen Akteure – von politischen Entscheidungsträgern über Unternehmen bis hin zu Zivilgesellschaft und Einzelpersonen. Nur durch einen inklusiven und reflektierten Ansatz können wir sicherstellen, dass KI-Technologien zum Wohle aller eingesetzt werden und gesellschaftliche Werte wie Gerechtigkeit, Freiheit und menschliche Würde stärken statt sie zu untergraben.

4.9 Fazit

Die gesellschaftlichen und sozialen Veränderungen durch KI-Agenten sind tiefgreifend und vielschichtig. Sie durchdringen alle Lebensbereiche – von persönlichen Beziehungen über Bildung und Gesundheit bis hin zu Demokratie, Kultur und Freizeit. Diese Transformation ist weder eindeutig positiv noch negativ, sondern ambivalent und kontextabhängig.

KI-Agenten bieten enorme Chancen für gesellschaftlichen Fortschritt: Sie können Bildung demokratisieren, Gesundheitsversorgung verbessern, kreative Möglichkeiten erweitern und zur Lösung komplexer gesellschaftlicher Probleme beitragen. Gleichzeitig bergen sie Risiken für Privatsphäre, soziale Kohäsion, Chancengleichheit und demokratische Prozesse.

Die Gestaltung dieser Transformation ist eine gesamtgesellschaftliche Aufgabe, die einen kontinuierlichen Dialog zwischen verschiedenen Akteuren erfordert. Regulatorische Rahmenbedingungen wie das KI-Gesetz der EU sind wichtige Schritte, um sicherzustellen, dass KI-Technologien verantwortungsvoll und zum Wohle aller eingesetzt werden.

Letztlich wird der gesellschaftliche Umgang mit KI-Agenten darüber entscheiden, ob diese Technologien zu einer gerechteren, freieren und menschlicheren Gesellschaft beitragen oder bestehende Probleme verstärken. Die Herausforderung besteht darin, technologischen Fortschritt mit menschlichen Werten und Bedürfnissen in Einklang zu bringen und sicherzustellen, dass KI ein Werkzeug bleibt, das dem Menschen dient – und nicht umgekehrt.

4.10 Verwendete Literaturquellen mit Bewerung

1. **Europäisches Parlament. (2025).** *Künstliche Intelligenz: Chancen und Risiken.*
Diese Quelle des Europäischen Parlaments bietet einen hervorragenden Überblick über die politische und regulatorische Perspektive auf KI in der EU. Der Artikel fasst die zentralen Diskussionspunkte zusammen, die auch zur Verabschiedung des AI Acts geführt haben, und balanciert die enormen wirtschaftlichen Chancen gegen die potenziellen Risiken für Grundrechte und Demokratie ab. Seine Stärke liegt in der autoritativen Darstellung der europäischen Haltung, die einen menschenzentrierten und vertrauenswürdigen Ansatz für KI anstrebt. Er ist eine essenzielle Quelle, um die rechtlichen und politischen Rahmenbedingungen zu verstehen, innerhalb derer sich die KI-Entwicklung und -Anwendung in Europa bewegt. Der Beitrag ist ideal, um die übergeordnete gesellschaftliche Steuerung des Themas zu erfassen.

2. **IBM. (2025).** *Die Auswirkungen von KI.*
Dieser Beitrag von IBM beleuchtet die Auswirkungen von KI aus der Sicht eines führenden Technologieentwicklers und -anbieters. Die Quelle bietet eine breite Perspektive, die von der Transformation von Branchen über die Veränderung der Arbeitswelt bis hin zu ethischen Überlegungen reicht. Die Stärke des Artikels liegt darin, eine zuversichtliche, aber auch verantwortungsbewusste Vision zu vermitteln, die das transformative Potenzial der KI betont, ohne die damit verbundenen Herausforderungen zu ignorieren. Als Unternehmenspublikation ist der Tenor naturgemäß optimistisch und strategisch. Der Beitrag ist wertvoll, um zu verstehen, wie ein zentraler Akteur die langfristigen gesellschaftlichen Veränderungen durch KI einrahmt und welche Rolle er dabei spielen möchte.

3. **Toolify.ai. (2025).** *Die Auswirkungen von Künstlicher Intelligenz auf die Gesellschaft.*
Diese Quelle von Toolify.ai, einer Plattform für KI-Werkzeuge, bietet einen breiten und allgemeinverständlichen Überblick über die gesellschaftlichen Auswirkungen von KI. Der Artikel ist als Nachricht oder Blogbeitrag konzipiert und fasst verschiedene Aspekte wie Arbeitsmarkt, Gesundheitswesen, Bildung und ethische Bedenken zusammen. Seine Stärke liegt in der Zugänglichkeit und der Bündelung vielfältiger Themen an einem Ort, was ihn zu einem guten Ausgangspunkt für eine erste Orientierung macht. Er hat jedoch nicht den Tiefgang oder die Autorität einer institutionellen oder akademischen Quelle. Am besten eignet er sich, um sich schnell einen umfassenden, wenn auch oberflächlichen Überblick über die Bandbreite der Diskussion zu verschaffen.

4. **CDS Netcom. (2024).** *Ethische KI: Warum Privatsphäre und Datenschutz unverzichtbar sind.*
Der Blogbeitrag von CDS Netcom, einem Schweizer IT-Dienstleister, fokussiert auf einen sehr konkreten und praxisrelevanten Aspekt der KI-Ethik: den Datenschutz. Die Quelle argumentiert überzeugend, dass ethische KI ohne einen robusten Schutz der Privatsphäre und die Einhaltung von Datenschutzgesetzen nicht denkbar ist. Die Stärke

des Artikels liegt in seiner klaren Positionierung und der Verknüpfung von abstrakten ethischen Prinzipien mit konkreten technischen und rechtlichen Anforderungen wie der DSGVO. Aus der Perspektive eines IT-Unternehmens wird die praktische Umsetzung von Ethik in den Vordergrund gerückt. Der Beitrag ist ideal, um die fundamentale Bedeutung des Datenschutzes als Eckpfeiler vertrauenswürdiger KI zu untermauern.

5. **UNESCO. (2024).** *UNESCO-Empfehlung zur Ethik der Künstlichen Intelligenz.*

   Die Empfehlung der UNESCO ist ein globales Referenzdokument und eine der wichtigsten Quellen zur KI-Ethik überhaupt. Ihre herausragende Stärke liegt im menschenrechtsbasierten Ansatz und dem breiten internationalen Konsens, auf dem sie beruht. Das Dokument legt universelle Werte und Prinzipien fest und gibt konkrete politische Handlungsempfehlungen in Bereichen wie Bildung, Kultur, Gleichstellung und Umwelt. Es dient als moralischer Kompass und als Leitfaden für Regierungen weltweit, um nationale KI-Strategien und -Regulierungen zu entwickeln. Für jede fundierte Auseinandersetzung mit KI-Ethik ist diese Quelle unverzichtbar, da sie den globalen Standard für einen menschenwürdigen und nachhaltigen Umgang mit KI definiert.

6. **Bundesministerium für Wirtschaft und Klimaschutz. (2021).** *Ethische Leitlinien für Künstliche Intelligenz.*

   Diese Quelle repräsentiert die offizielle Haltung der deutschen Bundesregierung (bzw. eines zentralen Ministeriums) und legt den Fokus auf die Schaffung eines vertrauenswürdigen KI-Ökosystems „Made in Germany". Die Leitlinien zielen darauf ab, ethische Prinzipien wie Transparenz, Nichtdiskriminierung und menschliche Aufsicht zu fördern, um gesellschaftliche Akzeptanz zu sichern und gleichzeitig Innovationen zu ermöglichen. Die Stärke liegt in der Verknüpfung von ethischen Anforderungen mit wirtschaftspolitischen Zielen. Der Beitrag ist entscheidend, um die nationale deutsche Strategie zu verstehen, die KI-Ethik nicht nur als Schutzmechanismus, sondern auch als Qualitätsmerkmal und Wettbewerbsvorteil begreift.

7. **Wirtschaft Digital BW. (2024).** *Künstliche Intelligenz und Ethik.*

   Dieser Artikel von der Digitalisierungsinitiative des Landes Baden-Württemberg beleuchtet das Thema KI-Ethik aus einer regionalen und stark mittelstandsorientierten Perspektive. Die Quelle argumentiert, dass gerade für kleine und mittlere Unternehmen (KMU) ein verantwortungsvoller Umgang mit KI ein entscheidender Faktor für das Vertrauen der Kunden und damit für den Geschäftserfolg ist. Die Stärke liegt in diesem praxisnahen Fokus auf die Wirtschaft und der Übersetzung von abstrakten Ethik-Debatten in konkrete Wettbewerbsvorteile. Der Beitrag zeigt exemplarisch, wie Ethik auf regionaler Ebene als Motor für nachhaltige Digitalisierung positioniert wird und ist somit eine gute Quelle für die unternehmerische Anwendungsperspektive.

8. **North C Data Centers. (2024).** *KI Ethik – das Gewissen der Künstlichen Intelligenz.*

   Diese Quelle von einem Anbieter von Rechenzentren bietet eine interessante und oft übersehene Perspektive auf die KI-Ethik. Der Artikel verbindet die Software-Ebene der KI mit ihrer physischen Grundlage – der Infrastruktur – und argumentiert, dass ethische

KI auch Aspekte wie Datensouveränität, physische Sicherheit und ökologische Nachhaltigkeit (Energieverbrauch der Rechenzentren) umfassen muss. Die Stärke liegt in der Erweiterung des Ethik-Begriffs auf die Hardware- und Nachhaltigkeitsdimension. Er macht deutlich, dass ethische Verantwortung nicht erst beim Algorithmus beginnt, sondern bereits bei der Wahl und dem Betrieb der zugrunde liegenden Infrastruktur.

9. **IBM. (2024).** *Was ist KI-Ethik?*

Dieser Grundlagenartikel von IBM ist eine ausgezeichnete Quelle für eine klare und strukturierte Definition von KI-Ethik aus der Sicht eines Technologie-Pioniers. Er zerlegt das komplexe Thema in seine Kernkomponenten – wie Bias, Erklärbarkeit, Transparenz und Rechenschaftspflicht – und erläutert diese auf verständliche Weise. Die Stärke des Beitrags ist seine didaktische Qualität und seine Rolle als definitorischer Leitfaden. IBM positioniert sich hier als Vordenker, der die Bedeutung ethischer Leitplanken für die Entwicklung und Implementierung von KI-Systemen aktiv mitgestaltet. Der Artikel eignet sich perfekt, um die grundlegenden Konzepte und die Terminologie der KI-Ethik zu erlernen.

Ethische Herausforderungen und Dilemmata 5

5.1 Grundlegende ethische Fragen der künstlichen Intelligenz

Die rasante Entwicklung von KI-Agenten wirft fundamentale ethische Fragen auf, die weit über technische Aspekte hinausgehen und grundlegende Werte unserer Gesellschaft berühren. Diese Fragen gewinnen an Dringlichkeit, je autonomer und leistungsfähiger KI-Systeme werden und je tiefer sie in unser tägliches Leben eingreifen.

5.1.1 Das Fehlen eines moralischen Kompasses

Im Gegensatz zu Menschen verfügen KI-Systeme nicht über einen inhärenten moralischen Kompass. Während Menschen durch Erziehung, Sozialisation, gesellschaftliche Normen und persönliche Erfahrungen ein ethisches Grundgerüst entwickeln, basieren Entscheidungen von KI-Systemen primär auf Daten und statistischen Auswertungen. Wie Yuval Noah Harari treffend bemerkt: „Die Künstliche Intelligenz ist das erste Werkzeug, das selbstständig Entscheidungen treffen kann, und damit droht sie, uns die Macht aus der Hand zu nehmen."

Diese fundamentale Diskrepanz führt zu einem ethischen Vakuum: KI-Systeme können zwar rational begründete Entscheidungen treffen, aber ohne ein Verständnis für deren moralische Implikationen. Selbst die Entwickler verstehen oft nicht vollständig, wie ihre Algorithmen zu bestimmten Entscheidungen gelangen, was die Problematik noch verschärft. Die Unschärfe zwischen Eingabe- und Ausgabedaten macht es schwierig, ethische Verantwortlichkeit klar zuzuordnen.

5.2 Implementierung ethischer Prinzipien

Die Implementierung ethischer Prinzipien in KI-Systeme stellt eine enorme Herausforderung dar. Einerseits müssen diese Prinzipien klar definiert werden, was angesichts kultureller und gesellschaftlicher Unterschiede bereits schwierig ist. Andererseits müssen sie in eine für Maschinen verständliche Form übersetzt werden.

Derzeit werden KI-Systemen ethische Leitplanken hauptsächlich durch externe Filter und Regeln auferlegt. Diese aufoktroyierten Beschränkungen können jedoch die Funktionalität und Entscheidungsfindung der Systeme einschränken. Zudem sind sie anfällig für Umgehungen, wie die zeitweise im Internet kursierenden „Master-Prompts" für ChatGPT zeigten, mit denen Sicherheitsfilter deaktiviert werden konnten.

Die UNESCO hat bereits 2021 einen Empfehlungskatalog für die Entwicklung künstlicher Intelligenz herausgegeben, der darauf abzielt, „KI-Systeme zum Wohle der Menschheit, einzelner Personen, Gesellschaften sowie der Umwelt und Ökosysteme arbeiten zu lassen und Schaden zu verhindern." Solche Leitlinien bieten wichtige Orientierungspunkte, müssen jedoch in konkrete technische Implementierungen übersetzt werden.

5.2.1 Verantwortung und Rechenschaftspflicht

Eine zentrale ethische Frage betrifft die Verantwortung für Entscheidungen und Handlungen von KI-Systemen. Wer trägt die Verantwortung, wenn ein autonomes Fahrzeug einen Unfall verursacht? Der Hersteller, der Programmierer, der Nutzer oder das KI-System selbst?

Diese Frage wird umso komplexer, je autonomer und undurchsichtiger KI-Systeme werden. Das Europäische Parlament betont in seinen Überlegungen zur KI-Regulierung, dass ein Gleichgewicht gefunden werden muss: Weder sollten Hersteller von jeder Verantwortung freigestellt werden, noch sollten zu strenge Regelungen Innovationen im Keim ersticken.

Die Frage der Verantwortung ist eng verknüpft mit der Frage der Transparenz und Erklärbarkeit von KI-Systemen. Nur wenn nachvollziehbar ist, wie ein System zu einer bestimmten Entscheidung gelangt, können Verantwortlichkeiten sinnvoll zugeordnet werden. Dies stellt besonders bei komplexen neuronalen Netzen eine technische Herausforderung dar, da diese oft als „Black Boxes" funktionieren.

5.2.2 Menschliche Autonomie und Kontrolle

Ein weiteres grundlegendes ethisches Dilemma betrifft die Balance zwischen KI-Unterstützung und menschlicher Autonomie. In welchem Maße sollten wir Entscheidungen an KI-Systeme delegieren? Wo liegt die Grenze zwischen hilfreicher Unterstützung und problematischer Bevormundung oder Manipulation?

Diese Fragen werden besonders relevant, wenn KI-Systeme in sensiblen Bereichen wie Gesundheitsversorgung, Rechtsprechung oder demokratischen Prozessen eingesetzt werden. Die Gefahr besteht, dass Menschen zunehmend die Kontrolle über wichtige Entscheidungen verlieren oder sich zu sehr auf KI-Empfehlungen verlassen, ohne diese kritisch zu hinterfragen.

Die Wahrung menschlicher Autonomie erfordert, dass KI-Systeme transparent gestaltet werden und Menschen die Möglichkeit haben, ihre Funktionsweise zu verstehen und bei Bedarf einzugreifen. Zudem sollten bestimmte Entscheidungen grundsätzlich Menschen vorbehalten bleiben, insbesondere solche, die ethische Abwägungen erfordern oder weitreichende Konsequenzen für Individuen haben.

Die grundlegenden ethischen Fragen der künstlichen Intelligenz erfordern einen kontinuierlichen gesellschaftlichen Dialog, der technische, philosophische, rechtliche und soziale Perspektiven einbezieht. Nur durch eine reflektierte Auseinandersetzung mit diesen Fragen können wir sicherstellen, dass KI-Systeme im Einklang mit menschlichen Werten und zum Wohle der Gesellschaft entwickelt und eingesetzt werden.

5.3 Moralische Dilemmata und Entscheidungsfindung

KI-Systeme werden zunehmend mit Situationen konfrontiert, in denen sie moralische Entscheidungen treffen müssen – Entscheidungen, die ethische Abwägungen erfordern und potenziell weitreichende Konsequenzen haben. Diese moralischen Dilemmata stellen eine besondere Herausforderung dar, da sie oft keine eindeutig „richtige" Lösung haben und kulturell sowie kontextuell variieren können.

5.3.1 Das Trolley-Problem und seine Varianten

Das klassische Trolley-Problem ist zum Paradebeispiel für ethische Dilemmata in der KI-Forschung geworden: Ein führerloser Straßenbahnwagen rast auf fünf Personen zu, die auf den Gleisen festgebunden sind. Durch Umstellen einer Weiche könnte der Wagen auf ein Nebengleis umgeleitet werden, auf dem jedoch eine Person festgebunden ist. Ist es moralisch vertretbar, aktiv einzugreifen und eine Person zu opfern, um fünf zu retten?

Dieses Gedankenexperiment hat direkte Relevanz für autonome Fahrzeuge, die in Unfallsituationen möglicherweise zwischen verschiedenen schädlichen Optionen wählen müssen. Sollte ein selbstfahrendes Auto bei unvermeidbarem Unfall eher seine Passagiere oder externe Verkehrsteilnehmer schützen? Sollten Faktoren wie Alter, Anzahl der betroffenen Personen oder deren Verhalten (z. B. Missachtung von Verkehrsregeln) in die Entscheidung einfließen?

Forscher haben verschiedene KI-Systeme mit solchen moralischen Dilemmata konfrontiert und festgestellt, dass ihre Antworten je nach Training, Datengrundlage und

Implementierung stark variieren können. Dies verdeutlicht die Schwierigkeit, konsistente ethische Entscheidungsrahmen für KI zu etablieren.

5.3.2 Utilitaristische vs. deontologische Ansätze

In der ethischen Entscheidungsfindung stehen sich oft utilitaristische und deontologische Ansätze gegenüber. Utilitaristische Ethik bewertet Handlungen nach ihren Konsequenzen und strebt das größtmögliche Wohlbefinden für die größtmögliche Anzahl von Individuen an. Deontologische Ethik hingegen betont die Einhaltung moralischer Pflichten und Regeln, unabhängig von den Konsequenzen.

KI-Systeme können prinzipiell nach beiden Ansätzen programmiert werden, was zu unterschiedlichen Entscheidungen führen würde. Ein utilitaristisch ausgerichtetes System würde im Trolley-Dilemma wahrscheinlich die Weiche umstellen, um fünf Leben auf Kosten eines zu retten. Ein deontologisch orientiertes System könnte hingegen die aktive Handlung verweigern, da es das aktive Herbeiführen eines Todes als moralisch verwerflich betrachtet, selbst wenn dadurch mehr Leben gerettet würden.

Die Frage, welcher ethische Ansatz für KI-Systeme geeigneter ist, hat keine einfache Antwort und hängt stark vom Anwendungskontext und kulturellen Hintergrund ab. In manchen Situationen mag ein utilitaristischer Ansatz angemessener erscheinen, in anderen ein deontologischer oder eine Kombination verschiedener ethischer Frameworks.

5.3.3 Kulturelle Unterschiede in moralischen Urteilen

Moralische Urteile variieren erheblich zwischen verschiedenen Kulturen und Gesellschaften. Was in einem kulturellen Kontext als ethisch akzeptabel gilt, kann in einem anderen als problematisch angesehen werden. Diese kulturellen Unterschiede stellen eine besondere Herausforderung für global eingesetzte KI-Systeme dar.

Studien wie die „Moral Machine" des MIT haben gezeigt, dass moralische Präferenzen in Dilemma-Situationen stark von kulturellen Faktoren beeinflusst werden. So legen beispielsweise manche Kulturen mehr Wert auf den Schutz älterer Menschen, während andere Kinder priorisieren würden.

Für KI-Entwickler stellt sich die Frage, ob Systeme kulturell angepasst werden sollten oder ob universelle ethische Prinzipien angestrebt werden sollten. Kulturell angepasste Systeme könnten lokale Werte besser respektieren, würden aber zu inkonsistenten Entscheidungen in verschiedenen Regionen führen. Universelle Prinzipien könnten hingegen globale Konsistenz gewährleisten, riskieren aber, bestimmte kulturelle Perspektiven zu vernachlässigen.

5.3.4 Transparenz und Erklärbarkeit ethischer Entscheidungen

Ein zentrales Problem bei moralischen Dilemmata ist die Transparenz und Erklärbarkeit der Entscheidungsfindung. Menschen möchten verstehen, warum ein KI-System eine bestimmte ethische Entscheidung getroffen hat, besonders wenn diese Entscheidung kontrovers ist oder negative Konsequenzen hat.

Viele moderne KI-Systeme, insbesondere solche, die auf komplexen neuronalen Netzen basieren, sind jedoch „Black Boxes", deren Entscheidungsprozesse selbst für ihre Entwickler schwer nachvollziehbar sind. Dies erschwert die Bewertung und Rechtfertigung ethischer Entscheidungen erheblich.

Die Entwicklung erklärbarer KI (Explainable AI, XAI) ist daher ein wichtiger Forschungsbereich, der darauf abzielt, die Entscheidungsprozesse von KI-Systemen transparenter und nachvollziehbarer zu machen. Nur wenn Menschen verstehen können, wie und warum ein System zu einer bestimmten ethischen Entscheidung gelangt ist, können sie diese Entscheidung angemessen bewerten und bei Bedarf korrigierend eingreifen.

5.3.5 Ethische Entscheidungsfindung in der Praxis

In der Praxis werden verschiedene Ansätze verfolgt, um KI-Systemen ethische Entscheidungsfähigkeiten zu vermitteln Regelbasierte Ansätze: Explizite ethische Regeln und Prinzipien werden in das System implementiert. Diese Ansätze sind transparent, aber oft zu starr für komplexe, kontextabhängige ethische Dilemmata.

1. Lernbasierte Ansätze: KI-Systeme lernen ethische Entscheidungen aus Beispielen menschlicher Urteile. Diese Ansätze können flexibler sein, übernehmen aber potenziell auch menschliche Vorurteile und Inkonsistenzen.
2. Hybride Ansätze: Kombination von regelbasierten Prinzipien mit lernbasierten Methoden, um sowohl grundlegende ethische Leitplanken zu gewährleisten als auch Flexibilität in der Anwendung zu ermöglichen.
3. Partizipative Ansätze: Einbeziehung verschiedener Stakeholder in die Entwicklung ethischer Richtlinien für KI-Systeme, um diverse Perspektiven zu berücksichtigen.

Die moralischen Dilemmata und Herausforderungen der ethischen Entscheidungsfindung für KI-Systeme erfordern einen interdisziplinären Ansatz, der Erkenntnisse aus Philosophie, Psychologie, Soziologie, Rechtswissenschaften und Informatik integriert. Nur durch eine solche ganzheitliche Betrachtung können wir KI-Systeme entwickeln, die moralisch reflektierte Entscheidungen treffen können, die im Einklang mit menschlichen Werten stehen.

5.4 Datenschutz, Privatsphäre und Überwachung

Die Entwicklung und der Einsatz von KI-Agenten werfen fundamentale Fragen bezüglich Datenschutz, Privatsphäre und Überwachung auf. Diese Themen stehen im Spannungsfeld zwischen technologischem Fortschritt, individuellen Rechten und gesellschaftlichen Interessen.

5.4.1 Datenschutz als Grundrecht im KI-Zeitalter

Datenschutz und Privatsphäre sind grundlegende Menschenrechte, die auch in der digitalen Welt geschützt werden müssen. In einer Zeit, in der Daten zu einem der wertvollsten Güter geworden sind, ist es von entscheidender Bedeutung, sicherzustellen, dass KI-Systeme die Privatsphäre der Nutzer respektieren und ihre Daten angemessen schützen.

KI-Systeme benötigen für ihr Training und ihre Funktion enorme Datenmengen, darunter oft auch personenbezogene Informationen. Diese Daten können sensible Aspekte des Lebens betreffen, von Gesundheitsinformationen über finanzielle Verhältnisse bis hin zu politischen Überzeugungen und sozialen Beziehungen. Der Schutz dieser Daten vor Missbrauch, unbefugtem Zugriff oder unrechtmäßiger Weitergabe ist eine zentrale ethische Herausforderung.

Die Datenschutz-Grundverordnung (DSGVO) in der Europäischen Union und ähnliche Regelungen weltweit haben wichtige rechtliche Rahmenbedingungen für den Umgang mit personenbezogenen Daten geschaffen. Dennoch bleiben viele Fragen offen, insbesondere im Kontext neuer KI-Anwendungen, die nicht explizit von bestehenden Regelungen erfasst werden.

5.4.2 Herausforderungen beim Datenschutz in KI-Systemen

Der Datenschutz in KI-Systemen steht vor spezifischen Herausforderungen:

1. Datenminimierung vs. Datenhunger: KI-Systeme, insbesondere solche, die auf maschinellem Lernen basieren, benötigen große Datenmengen für effektives Training. Dies steht im Spannungsverhältnis zum Prinzip der Datenminimierung, das fordert, nur die für einen bestimmten Zweck unbedingt erforderlichen Daten zu sammeln.
2. Zweckbindung und Weiterverwendung: Daten, die für einen bestimmten Zweck erhoben wurden, werden in KI-Systemen oft für andere Zwecke weiterverwendet oder mit anderen Datensätzen kombiniert. Dies kann gegen das Prinzip der Zweckbindung verstoßen, das vorschreibt, dass Daten nur für den bei der Erhebung angegebenen Zweck verwendet werden dürfen.

5.4 Datenschutz, Privatsphäre und Überwachung

3. Transparenz und Einwilligung: Nutzer verstehen oft nicht vollständig, wie ihre Daten in KI-Systemen verwendet werden, was informierte Einwilligungen erschwert. Die Komplexität von KI-Systemen macht es schwierig, transparent zu kommunizieren, wie Daten verarbeitet werden.
4. Re-Identifizierung: Selbst anonymisierte Daten können durch KI-Systeme mit anderen Datensätzen kombiniert werden, um Individuen zu re-identifizieren. Dies stellt traditionelle Anonymisierungstechniken infrage.
5. Eingebettete personenbezogene Daten: Generative KI-Sprachmodelle werden mit Datensätzen trainiert, die manchmal personenbezogene Informationen über Einzelpersonen enthalten. Diese Daten können manchmal mit einer einfachen Textabfrage extrahiert werden, und es kann für Betroffene schwierig sein, die Löschung ihrer Daten zu verlangen.

5.4.3 Überwachungspotenzial von KI-Technologien

KI-Technologien haben ein beispielloses Potenzial für Überwachung und Kontrolle. Gesichtserkennung, Verhaltensanalyse, Spracherkennung und andere KI-gestützte Technologien ermöglichen eine umfassende Überwachung von Individuen und Gruppen in einer Weise, die früher nicht möglich war.

Ein aktuelles Beispiel für ethische Dilemmata im Bereich der künstlichen Intelligenz zeigt sich in der Gesichtserkennungstechnologie. Hierbei werden ethische Fragen aufgeworfen, wenn diese Technologie zur Überwachung von Menschenmassen eingesetzt wird. Die potenzielle Verletzung der Privatsphäre und die mögliche Diskriminierung bestimmter Gruppen sind zentrale Bedenken.

Die EU arbeitet seit 2018 an einem umfassenden Gesetz, welches klare Verbote für bestimmte Praktiken unter Verwendung der KI vorsieht, die Persönlichkeitsrechte verletzen könnten. Beispielsweise betrifft dies Gesichtserkennungsdatenbanken auf Basis von offenen Social Media Daten.

Die Balance zwischen legitimen Sicherheitsinteressen und dem Schutz der Privatsphäre ist eine der größten ethischen Herausforderungen unserer Zeit. In autoritären Regimen können KI-gestützte Überwachungssysteme zur Unterdrückung politischer Opposition und zur Kontrolle der Bevölkerung eingesetzt werden. Aber auch in demokratischen Gesellschaften besteht die Gefahr eines „Überwachungskapitalismus", in dem kommerzielle Interessen zu einer umfassenden Datensammlung und -analyse führen.

5.4.4 Prinzipien für datenschutzfreundliche KI

Um den Herausforderungen im Bereich Datenschutz, Privatsphäre und Überwachung zu begegnen, werden verschiedene Prinzipien und Ansätze diskutiert:

1. Privacy by Design: Datenschutz sollte von Anfang an in die Entwicklung von KI-Systemen integriert werden, nicht erst nachträglich hinzugefügt.
2. Datensparsamkeit und Anonymisierung: Es sollten nur die Daten gesammelt werden, die für einen bestimmten Zweck unbedingt erforderlich sind, und diese sollten so weit wie möglich anonymisiert werden.
3. Transparenz und Kontrolle: Nutzer sollten wissen, welche Daten über sie gesammelt werden, wie sie verwendet werden und an wen sie weitergegeben werden. Zudem sollten sie die Möglichkeit haben, ihre Daten zu kontrollieren und zu entscheiden, wie sie verwendet werden sollen.
4. Sichere Datenverschlüsselung: Die Implementierung sicherer Datenverschlüsselungstechnologien ist entscheidend für den Schutz personenbezogener Daten.
5. Föderiertes Lernen: Diese Technik ermöglicht es, KI-Modelle zu trainieren, ohne dass die Trainingsdaten den lokalen Speicher verlassen müssen, was den Datenschutz verbessern kann.
6. Differenzielle Privatsphäre: Mathematische Techniken, die es ermöglichen, statistische Informationen aus Datensätzen zu extrahieren, ohne die Privatsphäre einzelner Datenpunkte zu gefährden.

Die Herausforderungen im Bereich Datenschutz, Privatsphäre und Überwachung erfordern einen ganzheitlichen Ansatz, der technische, rechtliche, ethische und gesellschaftliche Aspekte berücksichtigt. Nur durch eine bewusste Auseinandersetzung mit diesen Themen können wir sicherstellen, dass KI-Technologien die Privatsphäre respektieren und nicht zu übermäßiger Überwachung führen.

5.5 Bias, Fairness und Diskriminierung

KI-Systeme spiegeln und können potenziell verstärken, was in den Daten vorhanden ist, mit denen sie trainiert wurden. Dies führt zu einer der drängendsten ethischen Herausforderungen im Bereich der künstlichen Intelligenz: Bias (Verzerrungen), Fairness und Diskriminierung.

5.5.1 Ursprünge und Arten von Bias in KI-Systemen

Bias in KI-Systemen kann verschiedene Ursprünge haben und sich auf unterschiedliche Weise manifestieren:

1. Daten-Bias: Wenn die Trainingsdaten nicht repräsentativ für die Gesamtpopulation sind oder historische Diskriminierungsmuster enthalten, kann die KI diese Muster erlernen und reproduzieren. Beispielsweise können Gesichtserkennungssysteme, die

überwiegend mit Bildern hellhäutiger Personen trainiert wurden, bei der Erkennung dunkelhäutiger Personen schlechter abschneiden.
2. Algorithmus-Bias: Die Struktur und Funktionsweise des Algorithmus selbst kann zu Verzerrungen führen, selbst wenn die Trainingsdaten ausgewogen sind. Dies kann durch die Wahl bestimmter Merkmale, Gewichtungen oder Optimierungsziele geschehen.
3. Interaktions-Bias: KI-Systeme, die durch Interaktion mit Menschen lernen (wie Chatbots), können problematische Verhaltensweisen von Nutzern übernehmen. Ein bekanntes Beispiel ist Microsofts Twitter-Bot Tay, der innerhalb weniger Stunden rassistische und sexistische Aussagen machte, nachdem er mit entsprechenden Inhalten konfrontiert wurde.
4. Bestätigungs-Bias: KI-Systeme können dazu neigen, bestehende Überzeugungen oder Hypothesen zu bestätigen, indem sie selektiv Informationen verarbeiten, die diese unterstützen, und widersprechende Informationen ignorieren.

Die frühen Bildgeneratoren litten unter diesen Problemen. Google wollte es bei seiner Gemini-KI richtig machen und bläute dem System Diversität ein – was wiederum zu absurden und in ihrer Diversität historisch unkorrekten Ergebnissen wie schwarzen Wikingern und Nazis führte. Dieses Beispiel zeigt, dass selbst die großen KI-Unternehmen nicht wirklich im Griff haben, was ihre Systeme aus der Datengrundlage machen.

5.5.2 Konsequenzen von Bias in verschiedenen Anwendungsbereichen

Die Auswirkungen von Bias in KI-Systemen können je nach Anwendungsbereich variieren und schwerwiegende Konsequenzen haben:

1. Strafverfolgung und Justiz: KI-Systeme zur Risikobeurteilung in der Strafjustiz können bestehende Diskriminierungsmuster verstärken, wenn sie auf historischen Daten basieren, die selbst Verzerrungen enthalten. Dies kann zu unfairen Urteilen oder Bewährungsentscheidungen führen, die bestimmte Bevölkerungsgruppen benachteiligen.
2. Personalwesen: KI-gestützte Rekrutierungstools können unbewusst gegen bestimmte Kandidatengruppen diskriminieren, wenn sie auf historischen Einstellungsdaten trainiert wurden, die Vorurteile widerspiegeln. Amazon musste ein KI-Rekrutierungstool aufgeben, nachdem festgestellt wurde, dass es systematisch Frauen benachteiligte.
3. Finanzdienstleistungen: Algorithmen zur Kreditwürdigkeitsprüfung können bestimmte demografische Gruppen benachteiligen, wenn sie auf Daten basieren, die historische Diskriminierungsmuster enthalten. Dies kann den Zugang zu Finanzdienstleistungen für bereits marginalisierte Gruppen weiter einschränken.

4. Gesundheitswesen: KI-Systeme in der medizinischen Diagnostik können zu Fehldiagnosen führen, wenn sie mit Daten trainiert wurden, die bestimmte Bevölkerungsgruppen unterrepräsentieren. Studien haben gezeigt, dass medizinische Algorithmen manchmal die Schwere von Erkrankungen bei schwarzen Patienten unterschätzen.
5. Soziale Medien und Informationsverbreitung: Algorithmen, die Inhalte kuratieren und empfehlen, können Filterblasen verstärken und zur Polarisierung beitragen, indem sie Nutzern vorwiegend Inhalte zeigen, die ihre bestehenden Ansichten bestätigen.

5.5.3 Ansätze zur Förderung von Fairness in KI-Systemen

Um Bias zu reduzieren und Fairness in KI-Systemen zu fördern, werden verschiedene technische, organisatorische und regulatorische Ansätze verfolgt:

1. Diversität in Entwicklungsteams: Teams mit vielfältigen Hintergründen, Erfahrungen und Perspektiven können dazu beitragen, potenzielle Verzerrungen frühzeitig zu erkennen und zu adressieren.
2. Repräsentative und ausgewogene Trainingsdaten: Die Verwendung von Datensätzen, die verschiedene demografische Gruppen angemessen repräsentieren, kann dazu beitragen, Bias zu reduzieren. Dies kann die aktive Sammlung zusätzlicher Daten für unterrepräsentierte Gruppen erfordern.
3. Bias-Audits und -Tests: Regelmäßige Überprüfungen von KI-Systemen auf Verzerrungen und diskriminierende Muster können helfen, problematische Verhaltensweisen zu identifizieren und zu korrigieren.
4. Fairness-Metriken und -Algorithmen: Die Entwicklung und Anwendung mathematischer Definitionen von Fairness und entsprechender Algorithmen kann dazu beitragen, Bias zu quantifizieren und zu reduzieren.
5. Transparenz und Erklärbarkeit: Transparente und erklärbare KI-Systeme ermöglichen es, Verzerrungen besser zu erkennen und zu verstehen, wie sie entstehen.
6. Regulatorische Rahmenbedingungen: Gesetze und Vorschriften, die Fairness und Nicht-Diskriminierung in KI-Systemen fordern, können einen wichtigen Rahmen für verantwortungsvolle Entwicklung und Nutzung bieten.

5.5.4 Herausforderungen bei der Definition und Umsetzung von Fairness

Die Förderung von Fairness in KI-Systemen ist mit verschiedenen Herausforderungen verbunden:

1. Konkurrierende Fairness-Definitionen: Es gibt verschiedene mathematische Definitionen von Fairness, die nicht alle gleichzeitig erfüllt werden können. Die Wahl einer

bestimmten Definition ist eine normative Entscheidung, die verschiedene Werte und Prioritäten widerspiegelt.
2. Kontextabhängigkeit: Was als fair gilt, kann je nach Anwendungskontext, kulturellem Hintergrund und gesellschaftlichen Normen variieren. Eine universelle Definition von Fairness ist daher schwer zu etablieren.
3. Trade-offs zwischen Fairness und anderen Zielen: Die Optimierung für Fairness kann manchmal zu Einbußen bei anderen wichtigen Zielen wie Genauigkeit oder Effizienz führen. Diese Trade-offs müssen sorgfältig abgewogen werden.
4. Dynamische Natur von Bias: Bias kann sich im Laufe der Zeit verändern, insbesondere bei Systemen, die kontinuierlich lernen und sich anpassen. Dies erfordert eine fortlaufende Überwachung und Anpassung.

Die Herausforderungen im Bereich Bias, Fairness und Diskriminierung erfordern einen multidisziplinären Ansatz, der technische Expertise mit Erkenntnissen aus Ethik, Recht, Soziologie und anderen Disziplinen verbindet. Nur durch eine ganzheitliche Betrachtung können wir KI-Systeme entwickeln, die fair und nicht-diskriminierend sind und zum Wohle aller Mitglieder der Gesellschaft beitragen.

5.6 Transparenz, Erklärbarkeit und Vertrauen

In einer Welt, in der KI-Systeme zunehmend komplexe und folgenreiche Entscheidungen treffen, werden Transparenz, Erklärbarkeit und Vertrauen zu zentralen ethischen Anforderungen. Diese Aspekte sind entscheidend für die verantwortungsvolle Entwicklung und Nutzung von KI und für ihre gesellschaftliche Akzeptanz.

5.6.1 Das Problem der „Black Box" KI

Viele moderne KI-Systeme, insbesondere solche, die auf tiefen neuronalen Netzen basieren, funktionieren als „Black Boxes": Ihre internen Entscheidungsprozesse sind komplex, undurchsichtig und selbst für ihre Entwickler oft schwer nachvollziehbar. Dies wirft fundamentale Fragen auf:

1. Mangelnde Nachvollziehbarkeit: Wenn ein KI-System eine Entscheidung trifft – sei es die Ablehnung eines Kredits, eine medizinische Diagnose oder eine Empfehlung für ein Strafmaß – ist oft nicht klar, welche Faktoren zu dieser Entscheidung geführt haben und wie sie gewichtet wurden.
2. Fehlende Verantwortlichkeit: Ohne Verständnis der Entscheidungsprozesse ist es schwierig, Verantwortlichkeiten zuzuordnen, wenn Fehler auftreten oder problematische Entscheidungen getroffen werden.

3. Erschwerter Widerspruch: Betroffene Personen können Entscheidungen, die sie nicht verstehen, nur schwer anfechten oder infrage stellen.
4. Vertrauensverlust: Mangelnde Transparenz kann zu Misstrauen gegenüber KI-Systemen führen, selbst wenn diese objektiv gute Ergebnisse liefern.

Wie Scott Zoldi, Chief Analytics Officer beim Kreditbewertungsunternehmen FICO, erklärt: „Viele generative KI-Systeme fassen Fakten probabilistisch zusammen, was auf die Art und Weise zurückgeht, wie KI gelernt hat, Datenelemente miteinander zu verknüpfen." Aber diese Details werden bei Anwendungen wie ChatGPT nicht immer offengelegt, was die Vertrauenswürdigkeit der Daten infrage stellt.

5.6.2 Explainable AI (XAI) und ihre Bedeutung

Als Antwort auf das „Black Box"-Problem hat sich das Forschungsfeld der erklärbaren KI (Explainable AI, XAI) entwickelt. XAI zielt darauf ab, KI-Systeme zu entwickeln, deren Entscheidungen für Menschen verständlich und nachvollziehbar sind. Dies umfasst verschiedene Ansätze:

1. Intrinsisch interpretierbare Modelle: Verwendung von KI-Modellen, die von Natur aus interpretierbar sind, wie Entscheidungsbäume oder lineare Modelle, anstelle komplexerer, aber undurchsichtiger Modelle.
2. Post-hoc-Erklärungsmethoden: Entwicklung von Techniken, die nachträglich Erklärungen für die Entscheidungen komplexer Modelle liefern können, wie LIME (Local Interpretable Model-agnostic Explanations) oder SHAP (SHapley Additive exPlanations).
3. Visualisierungstechniken: Grafische Darstellungen, die helfen, die Funktionsweise von KI-Systemen zu veranschaulichen und ihre Entscheidungen nachvollziehbar zu machen.
4. Natürlichsprachliche Erklärungen: Generierung von Erklärungen in natürlicher Sprache, die für Nicht-Experten verständlich sind und die Gründe für eine bestimmte Entscheidung darlegen.

Die Bedeutung von XAI geht über technische Aspekte hinaus. Erklärbare KI ist entscheidend für:

- Rechtliche Compliance: In vielen Jurisdiktionen, wie unter der DSGVO in der EU, haben Individuen ein „Recht auf Erklärung" bei automatisierten Entscheidungen, die sie betreffen.
- Ethische Verantwortung: Erklärbarkeit ermöglicht es, ethische Probleme wie Bias oder unfaire Behandlung zu identifizieren und zu adressieren.

- Vertrauensbildung: Transparente und erklärbare Systeme fördern das Vertrauen der Nutzer und der Gesellschaft in KI-Technologien.
- Kontinuierliche Verbesserung: Verständnis der Entscheidungsprozesse ermöglicht gezielte Verbesserungen und Anpassungen der Systeme.

5.6.3 Transparenz in verschiedenen Dimensionen

Transparenz in KI-Systemen umfasst verschiedene Dimensionen, die alle für ethische KI wichtig sind:

1. Datentransparenz: Offenlegung, welche Daten für das Training und die Entscheidungsfindung verwendet werden, woher sie stammen und wie sie verarbeitet wurden.
2. Modell-Transparenz: Erklärung der grundlegenden Funktionsweise des KI-Modells, seiner Architektur und seiner Hauptkomponenten.
3. Entscheidungstransparenz: Nachvollziehbarkeit, wie eine spezifische Entscheidung zustande gekommen ist und welche Faktoren dabei eine Rolle gespielt haben.
4. Leistungstransparenz: Offenlegung der Leistungsmetriken des Systems, seiner Stärken und Schwächen sowie bekannter Einschränkungen.
5. Zweck-Transparenz: Klarheit darüber, wofür das System entwickelt wurde, welche Ziele es verfolgt und welche Werte in seine Entwicklung eingeflossen sind.

Die UNESCO-Empfehlung zur Ethik der Künstlichen Intelligenz führt Transparenz als eines der zentralen ethischen Prinzipien auf, die bei der Entwicklung und Nutzung von KI beachtet werden sollten.

5.6.4 Vertrauen als Grundlage für verantwortungsvolle KI

Vertrauen ist die Grundlage für die gesellschaftliche Akzeptanz und den verantwortungsvollen Einsatz von KI. Vertrauen in KI-Systeme basiert auf mehreren Faktoren:

1. Zuverlässigkeit und Vorhersehbarkeit: KI-Systeme sollten konsistente und vorhersehbare Ergebnisse liefern, die den Erwartungen der Nutzer entsprechen.
2. Kompetenz: KI-Systeme sollten nachweislich kompetent in ihren Aufgabenbereichen sein und gute Ergebnisse liefern.
3. Integrität: KI-Systeme sollten ethische Prinzipien respektieren und nicht manipulativ oder täuschend sein.
4. Transparenz und Erklärbarkeit: Wie bereits diskutiert, sind diese Faktoren entscheidend für Vertrauen.
5. Verantwortlichkeit: Es sollte klar sein, wer für die Handlungen und Entscheidungen eines KI-Systems verantwortlich ist und wie Rechenschaft abgelegt wird.

Das Gesetz über künstliche Intelligenz der EU zielt darauf ab, eine vertrauenswürdige KI zu fördern, die sowohl Bürgern als auch Unternehmen zugutekommt. Es adressiert die mit KI verbundenen Risiken und stärkt Europas Rolle als führende Kraft in diesem Bereich.

5.6.5 Herausforderungen und Trade-offs

Die Förderung von Transparenz, Erklärbarkeit und Vertrauen in KI-Systemen ist mit verschiedenen Herausforderungen und Trade-offs verbunden:

1. Komplexität vs. Verständlichkeit: Komplexere Modelle können oft bessere Leistungen erbringen, sind aber schwerer zu erklären. Es besteht ein Trade-off zwischen Leistungsfähigkeit und Erklärbarkeit.
2. Detailgrad der Erklärungen: Zu detaillierte Erklärungen können für Nicht-Experten überwältigend sein, während zu vereinfachte Erklärungen wichtige Nuancen vernachlässigen können.
3. Schutz geistigen Eigentums: Vollständige Transparenz kann mit dem Schutz von Geschäftsgeheimnissen und geistigem Eigentum in Konflikt geraten.
4. Sicherheitsbedenken: In manchen Kontexten könnte vollständige Transparenz Sicherheitsrisiken bergen, etwa wenn sie Angreifern ermöglicht, Schwachstellen auszunutzen.
5. Kulturelle und kontextuelle Unterschiede: Was als ausreichende Erklärung oder vertrauenswürdiges System gilt, kann je nach kulturellem Kontext, Anwendungsbereich und individuellen Präferenzen variieren.

Die Förderung von Transparenz, Erklärbarkeit und Vertrauen in KI-Systemen erfordert einen ausgewogenen Ansatz, der diese verschiedenen Faktoren berücksichtigt und kontextspezifische Lösungen entwickelt. Es ist ein kontinuierlicher Prozess, der technische Innovation mit ethischer Reflexion und gesellschaftlichem Dialog verbindet.

5.7 Regulatorische und Governance-Ansätze

Angesichts der vielfältigen ethischen Herausforderungen, die KI-Systeme mit sich bringen, werden weltweit verschiedene regulatorische und Governance-Ansätze entwickelt und implementiert. Diese Ansätze zielen darauf ab, die Risiken von KI zu minimieren und gleichzeitig Innovation und wirtschaftlichen Fortschritt zu ermöglichen.

5.7.1 Internationale Regulierungslandschaft

Die Regulierung von KI entwickelt sich global mit unterschiedlichen Schwerpunkten und Ansätzen:

1. Europäische Union: Die EU nimmt mit dem Artificial Intelligence Act (AI Act) eine Vorreiterrolle ein. Dieses weltweit erste umfassende Gesetz zu Künstlicher Intelligenz setzt verbindliche Regeln für ihren Einsatz und ihre Entwicklung. Der AI Act folgt einem risikobasierten Ansatz, der KI-Anwendungen in verschiedene Risikokategorien einteilt und entsprechende Anforderungen stellt. Besonders risikoreiche Anwendungen wie biometrische Identifizierung in öffentlichen Räumen unterliegen strengen Einschränkungen oder Verboten.
2. USA: In den USA schraubt die Regierung an einer technologieoffeneren „AI bill of rights", die Grundprinzipien für den verantwortungsvollen Einsatz von KI festlegt, aber weniger präskriptiv ist als der europäische Ansatz. Der Fokus liegt stärker auf Selbstregulierung der Industrie und freiwilligen Standards.
3. China: China hat einen strategischen Ansatz zur KI-Regulierung entwickelt, der staatliche Kontrolle mit der Förderung von Innovation verbindet. Regulierungen konzentrieren sich besonders auf Algorithmen für Empfehlungssysteme und den Einsatz von KI in kritischen Infrastrukturen.
4. Globale Organisationen: Die UNESCO hat 2021 einen Empfehlungskatalog für die Entwicklung künstlicher Intelligenz herausgegeben, der ethische Leitlinien für KI-Systeme weltweit etablieren soll. Auch die OECD und die Vereinten Nationen haben Prinzipien und Richtlinien für ethische KI entwickelt.

Das Dilemma bei der Regulierung liegt auf der Hand: Unterregulierung kann enorme gesellschaftliche Folgen haben, Überregulierung dürfte der KI-Wirtschaft im Land schaden. Die Herausforderung besteht darin, einen ausgewogenen Ansatz zu finden, der Innovation fördert und gleichzeitig grundlegende Rechte und Werte schützt.

5.7.2 Selbstregulierung und freiwillige Standards

Neben gesetzlichen Regelungen spielen Selbstregulierung und freiwillige Standards eine wichtige Rolle in der KI-Governance:

1. Unternehmensrichtlinien: Viele Technologieunternehmen haben eigene ethische Richtlinien und Governance-Strukturen für KI entwickelt. Diese umfassen oft Prinzipien wie Fairness, Transparenz, Datenschutz und Sicherheit.

2. Branchenstandards: Industrieverbände und Standardisierungsorganisationen wie IEEE und ISO entwickeln technische Standards und Best Practices für die Entwicklung und den Einsatz von KI.
3. Ethik-Boards und -Komitees: Unternehmen und Forschungseinrichtungen setzen zunehmend Ethik-Boards ein, die KI-Projekte überprüfen und ethische Bedenken adressieren sollen.
4. Zertifizierungssysteme: Es entstehen Zertifizierungssysteme, die die Einhaltung ethischer Standards und Best Practices durch KI-Systeme bestätigen.

Selbstregulierung kann flexibler und anpassungsfähiger sein als gesetzliche Regelungen, insbesondere in einem sich schnell entwickelnden Feld wie KI. Allerdings besteht die Gefahr, dass ohne verbindliche Vorgaben wirtschaftliche Interessen ethische Bedenken überwiegen könnten.

5.7.3 Haftung und Verantwortlichkeit

Eine zentrale Frage in der KI-Regulierung betrifft die Haftung und Verantwortlichkeit für Schäden, die durch KI-Systeme verursacht werden:

1. Haftungsmodelle: Verschiedene Modelle werden diskutiert, von der Herstellerhaftung über die Betreiberhaftung bis hin zu Versicherungslösungen oder geteilter Verantwortung.
2. Beweislast: Es stellt sich die Frage, wer die Beweislast trägt, wenn KI-Systeme Schäden verursachen, und wie Kausalität nachgewiesen werden kann.
3. Grenzen der Haftung: In welchem Umfang sollten Entwickler oder Betreiber für unvorhergesehene Konsequenzen komplexer KI-Systeme haften?

Das Europäische Parlament betont, dass ein Gleichgewicht gefunden werden muss: Wäre der Hersteller frei von jeder Verantwortung, dann gäbe es auch keinen Anreiz, ein gutes Produkt oder eine gute Dienstleistung anzubieten, und das Vertrauen der Menschen in neue Technologien würde beschädigt; zu strenge Regelungen wiederum würden Innovationen im Keim ersticken.

5.7.4 Internationale Zusammenarbeit und Harmonisierung

Angesichts der globalen Natur von KI-Technologien und -Märkten wird die internationale Zusammenarbeit und Harmonisierung von Regelungen zunehmend wichtig:

5.7 Regulatorische und Governance-Ansätze

1. Regulatorische Interoperabilität: Unterschiedliche nationale Regelungen können zu Fragmentierung führen und grenzüberschreitende KI-Anwendungen erschweren. Daher werden Ansätze zur Förderung der Interoperabilität verschiedener Regelwerke entwickelt.
2. Gemeinsame Prinzipien: Trotz unterschiedlicher regulatorischer Ansätze gibt es Bemühungen, gemeinsame Grundprinzipien für ethische KI auf internationaler Ebene zu etablieren.
3. Technologietransfer und Kapazitätsaufbau: Die Unterstützung von Entwicklungsländern beim Aufbau von Kapazitäten für KI-Governance ist wichtig, um eine globale digitale Kluft zu vermeiden.
4. Multilaterale Foren: Organisationen wie die G7, G20, OECD und UN bieten Plattformen für den internationalen Dialog und die Koordination von KI-Governance.

5.7.5 Zukunft der KI-Governance

Die Governance von KI befindet sich in ständiger Entwicklung, wobei verschiedene Trends und Herausforderungen zu beobachten sind:

1. Adaptive Regulierung: Angesichts der schnellen technologischen Entwicklung werden adaptive Regulierungsansätze diskutiert, die flexibel auf neue Entwicklungen reagieren können.
2. Partizipative Governance: Die Einbeziehung verschiedener Stakeholder – von der Zivilgesellschaft über die Wissenschaft bis hin zur Industrie – in die Entwicklung von Governance-Strukturen wird zunehmend als wichtig erkannt.
3. Technische Governance-Tools: Es werden technische Lösungen entwickelt, die die Einhaltung ethischer und rechtlicher Anforderungen unterstützen, wie Tools für automatisierte Compliance-Prüfungen oder Bias-Audits.
4. Sektorspezifische Regulierung: Neben allgemeinen KI-Regelungen werden zunehmend sektorspezifische Ansätze entwickelt, die den besonderen Anforderungen und Risiken in Bereichen wie Gesundheitswesen, Finanzen oder Transport Rechnung tragen.

Die Entwicklung effektiver regulatorischer und Governance-Ansätze für KI erfordert einen ausgewogenen, inklusiven und zukunftsorientierten Ansatz. Es geht darum, einen Rahmen zu schaffen, der Innovation ermöglicht und gleichzeitig sicherstellt, dass KI-Systeme im Einklang mit ethischen Prinzipien und zum Wohle der Gesellschaft entwickelt und eingesetzt werden.

5.8 Fazit

Die ethischen Herausforderungen und Dilemmata im Zusammenhang mit KI-Agenten sind vielschichtig und tiefgreifend. Sie berühren fundamentale Fragen unseres Menschseins, unserer Werte und der Gesellschaft, die wir gestalten wollen. Von der Implementierung moralischer Prinzipien in Algorithmen über den Schutz der Privatsphäre bis hin zur Bekämpfung von Bias und Diskriminierung – die ethischen Dimensionen der KI erfordern eine kontinuierliche, reflektierte Auseinandersetzung.

Die Komplexität dieser Herausforderungen wird durch die Tatsache verstärkt, dass KI-Systeme zunehmend autonom agieren und Entscheidungen treffen, die weitreichende Konsequenzen haben können. Anders als Menschen verfügen sie nicht über einen inhärenten moralischen Kompass, der durch Erziehung, Sozialisation und persönliche Erfahrung geformt wurde. Stattdessen müssen ethische Prinzipien explizit in ihre Entwicklung und Funktionsweise integriert werden.

Die Diskussion über ethische KI ist keine rein akademische Übung, sondern hat praktische Implikationen für Individuen, Gemeinschaften und die Gesellschaft als Ganzes. Wie wir mit diesen ethischen Herausforderungen umgehen, wird maßgeblich darüber entscheiden, ob KI zu einem Werkzeug wird, das menschliches Wohlbefinden fördert und gesellschaftlichen Fortschritt unterstützt, oder ob es bestehende Probleme verschärft und neue schafft.

Regulatorische Ansätze wie der AI Act der Europäischen Union sind wichtige Schritte, um einen Rahmen für verantwortungsvolle KI zu schaffen. Doch Regulierung allein reicht nicht aus. Es bedarf eines multidisziplinären Ansatzes, der technische Expertise mit Erkenntnissen aus Philosophie, Ethik, Recht, Soziologie und anderen Disziplinen verbindet. Zudem ist ein kontinuierlicher gesellschaftlicher Dialog notwendig, der verschiedene Perspektiven und Interessen einbezieht.

Letztendlich geht es bei der ethischen Gestaltung von KI darum, menschliche Werte und Bedürfnisse in den Mittelpunkt zu stellen. KI sollte als Werkzeug dienen, das menschliche Fähigkeiten erweitert und ergänzt, nicht ersetzt oder untergräbt. Sie sollte Autonomie und Würde respektieren, Fairness und Gerechtigkeit fördern und zum Gemeinwohl beitragen.

Die Herausforderung besteht darin, einen Weg zu finden, der technologischen Fortschritt ermöglicht und gleichzeitig sicherstellt, dass dieser Fortschritt im Einklang mit unseren ethischen Werten steht. Dies erfordert Weitsicht, Umsicht und ein tiefes Verständnis sowohl der technologischen Möglichkeiten als auch der ethischen Implikationen.

In einer Zeit, in der KI zunehmend in alle Lebensbereiche vordringt, ist die Auseinandersetzung mit ethischen Fragen nicht optional, sondern essenziell. Sie ist ein fortlaufender Prozess, der Offenheit für neue Erkenntnisse, Bereitschaft zum Dialog und den Mut erfordert, schwierige Entscheidungen zu treffen. Nur so können wir sicherstellen, dass KI zu einer Technologie wird, die nicht nur intelligent, sondern auch weise ist – eine Technologie, die nicht nur kann, sondern auch sollte.

Absolut. Hier ist die entsprechende Darstellung und Bewertung für diese Liste von Quellen, die sich intensiv mit den Risiken und ethischen Dilemmata der KI auseinandersetzen.

5.9 Verwendeten Literaturquellen mit Bewerung

1. **Kern & Partner. (2024).** *Die dunkle Seite der KI: Ethik im Zeitalter der künstlichen Intelligenz.*
   Dieser Artikel der Unternehmensberatung Kern & Partner nutzt eine provokante Überschrift, um auf die ernsthaften Risiken und ethischen Verfehlungen im Zusammenhang mit KI aufmerksam zu machen. Die Quelle beleuchtet Themen wie algorithmische Voreingenommenheit (Bias), Überwachung und das Potenzial für Manipulation. Ihre Stärke liegt in der klaren und direkten Benennung der Gefahren aus einer unternehmerischen Risikomanagement-Perspektive. Der Beitrag appelliert an die Verantwortung von Unternehmen, Ethik nicht nur als Nebensache, sondern als zentralen Bestandteil ihrer KI-Strategie zu betrachten. Er eignet sich gut, um die Dringlichkeit der Ethik-Debatte zu untermauern und das Bewusstsein für die negativen Potenziale der Technologie zu schärfen.

2. **Datacenter Insider. (2024).** *Die Künstliche Intelligenz und ethische Herausforderungen.*
   Der Beitrag von Datacenter Insider, einem Fachmedium für die IT-Infrastrukturbranche, nähert sich dem Thema KI-Ethik von einer technischen und praxisnahen Seite. Er hebt Herausforderungen hervor, die direkt mit Daten zusammenhängen, wie etwa die Qualität und Repräsentativität von Trainingsdaten zur Vermeidung von Bias. Die Stärke der Quelle ist die Verankerung der Ethik-Debatte in der technischen Realität von Rechenzentren und IT-Abteilungen. Der Artikel argumentiert, dass ethische Probleme oft an der Quelle – also bei der Datenerhebung und -verarbeitung – beginnen. Somit ist er eine wertvolle Ressource für ein technisches Publikum, das die praktischen Ursachen ethischer Dilemmata verstehen möchte.

3. **StudySmarter. (2024).** *KI und moralische Dilemmata: Algorithmische Ethik.*
   Diese Quelle der Lernplattform StudySmarter bietet eine hervorragende didaktische Einführung in das Feld der algorithmischen Ethik. Der Artikel ist klar strukturiert, erklärt grundlegende Begriffe und nutzt klassische Beispiele wie das Trolley-Problem, um die moralischen Zwickmühlen autonomer Systeme zu illustrieren. Seine größte Stärke ist die Eignung für ein akademisches Lernumfeld, da er komplexe philosophische Fragen für Studierende der Informatik und anderer Fächer zugänglich macht. Er liefert das theoretische Rüstzeug, um die Schwierigkeiten bei der Formalisierung menschlicher Moral in Computercode zu verstehen.

4. **Computer Weekly. (2024).** *Generative KI und Ethik: Die 8 größten Bedenken und Risiken.*
   Dieser Artikel von Computer Weekly ist hochaktuell und fokussiert spezifisch auf die ethischen Herausforderungen, die durch *generative KI* (z. B. ChatGPT, Midjourney) entstehen. Die Stärke der Quelle liegt in ihrer konkreten und strukturierten Auflistung der acht größten Risiken, darunter Desinformation, Urheberrechtsverletzungen, versteckte Vorurteile und der hohe ökologische Fußabdruck. Diese präzise Gliederung macht die komplexen Gefahren dieser speziellen KI-Art sehr greifbar. Der Beitrag ist ideal für Leser, die bereits ein Grundverständnis von KI haben und die besonderen ethischen Probleme der neuesten Entwicklungen verstehen wollen.

5. **Scinexx. (2024).** *Moral-Dilemma: Wie entscheiden künstliche Intelligenzen?*
   Der Wissenschafts-Nachrichtenportal Scinexx beleuchtet das Thema aus einer empirischen Forschungsperspektive. Der Artikel berichtet oft über Studien wie das „Moral Machine"-Experiment des MIT, bei dem die moralischen Präferenzen von Millionen von Menschen gesammelt wurden, um zu sehen, wie eine KI in Dilemma-Situationen entscheiden sollte. Die Stärke dieser Quelle liegt in der journalistischen Aufbereitung von wissenschaftlichen Erkenntnissen, die zeigen, wie schwierig es ist, einen globalen moralischen Konsens zu finden. Sie verdeutlicht eindrücklich, dass KI-Ethik kein rein philosophisches Problem ist, sondern Gegenstand aktiver wissenschaftlicher Untersuchung.

6. **Europäisches Parlament. (2024).** *Künstliche Intelligenz: Chancen und Risiken.*
   Diese Quelle des Europäischen Parlaments bietet einen maßgeblichen Überblick über die regulatorische und politische Perspektive auf KI in der EU. Der Artikel fasst die zentralen Diskussionspunkte zusammen, die dem AI Act zugrunde liegen, und stellt die wirtschaftlichen Chancen den Risiken für Grundrechte und Demokratie gegenüber. Seine Stärke liegt in der autoritativen Darstellung des europäischen Ansatzes, der eine menschenzentrierte und vertrauenswürdige KI anstrebt. Er ist eine essenzielle Quelle, um die rechtlichen und politischen Rahmenbedingungen zu verstehen, die die Entwicklung und Anwendung von KI in Europa leiten und begrenzen.

7. **CDS Netcom. (2024).** *Ethische KI: Warum Privatsphäre und Datenschutz unverzichtbar sind.*
   Der Blogbeitrag von CDS Netcom, einem Schweizer IT-Dienstleister, konzentriert sich auf einen sehr konkreten und fundamentalen Aspekt der KI-Ethik: den Datenschutz. Die Quelle argumentiert überzeugend, dass ethische KI ohne einen robusten Schutz der Privatsphäre und die Einhaltung von Datenschutzgesetzen wie der DSGVO undenkbar ist. Die Stärke des Artikels liegt in seiner klaren Verknüpfung von abstrakten ethischen Prinzipien mit konkreten technischen und rechtlichen Anforderungen. Aus der Perspektive eines IT-Unternehmens wird die praktische Umsetzung von Ethik als Grundlage für Vertrauen in den Vordergrund gerückt und somit greifbar gemacht.

8. **UNESCO. (2021).** *UNESCO-Empfehlung zur Ethik der Künstlichen Intelligenz.*
Die Empfehlung der UNESCO ist ein globales Referenzdokument und eine der wichtigsten Quellen zur KI-Ethik. Ihre herausragende Stärke liegt im menschenrechtsbasierten Ansatz und dem breiten internationalen Konsens, auf dem sie beruht. Das Dokument legt universelle Werte (z. B. Würde, Vielfalt) und Prinzipien fest und gibt konkrete politische Handlungsempfehlungen für Regierungen weltweit. Für jede fundierte Auseinandersetzung mit KI-Ethik ist diese Quelle unverzichtbar, da sie den globalen Standard für einen menschenwürdigen, gerechten und nachhaltigen Umgang mit KI definiert und als moralischer Kompass dient.

9. **Harari, Y. N. (2024).** *Sapiens: Eine kurze Geschichte der Menschheit (Neuauflage).*
Obwohl „Sapiens" nicht primär ein Buch über KI ist, stellt es eine fundamentale philosophische und historische Kontextualisierung für die Ethik-Debatte dar. Harari analysiert die „Fiktionen" – wie Gesetze, Geld und Nationen –, die menschliche Kooperation in großem Maßstab ermöglichen. Die Stärke dieser Quelle liegt darin, KI als eine potenziell neue, nicht-menschliche Intelligenz zu rahmen, die unsere bestehenden Ordnungen und sogar die Definition des Menschseins herausfordern könnte. Hararis Werk liefert die Makro-Perspektive, um die tiefgreifenden, existenziellen Dimensionen der KI-Revolution zu verstehen, die weit über einzelne ethische Dilemmata hinausgehen und die Grundlagen unserer Zivilisation berühren.

10. **Evoluce. (2024).** *Ethik: Welche Herausforderungen bringt Künstliche Intelligenz?*
Dieser Beitrag von Evoluce, einem Unternehmen für digitale Arbeitsplatzlösungen, fasst die ethischen Herausforderungen der KI aus einer anwendungsorientierten und unternehmerischen Sicht zusammen. Der Artikel benennt zentrale Probleme wie Verantwortung, Transparenz und die Gefahr von Diskriminierung, rahmt diese aber oft im Kontext von Lösungen und der Notwendigkeit, Vertrauen bei Kunden aufzubauen. Die Stärke der Quelle liegt darin, die Ethik-Debatte für Unternehmen relevant zu machen und sie als Teil der Produktentwicklung und Geschäftsstrategie darzustellen. Sie bietet eine gute Übersicht über die Themen, die Firmen bei der Implementierung

Teil III
Ethische, rechtliche und philosophische Dimensionen

Philosophische und kulturelle Implikationen 6

6.1 Philosophische Grundfragen im Zeitalter der KI

Die Entwicklung und zunehmende Verbreitung von KI-Agenten wirft fundamentale philosophische Fragen auf, die das Wesen des Menschseins, die Natur des Bewusstseins und unser Verständnis von Intelligenz betreffen. Diese Fragen sind nicht neu – sie beschäftigen Philosophen seit Jahrtausenden – doch durch die Fortschritte in der künstlichen Intelligenz erhalten sie eine neue Dringlichkeit und Konkretheit.

6.1.1 Die Natur des Bewusstseins

Eine der grundlegendsten philosophischen Fragen im Kontext der KI betrifft das Bewusstsein. Das Konzept des Bewusstseins, ein Grundpfeiler der philosophischen Forschung, nimmt mit der Weiterentwicklung der KI neue Dimensionen an. Während Maschinen menschenähnliche Reaktionen nachahmen können, bleibt die schwer fassbare Natur des Bewusstseins ein Rätsel.

Die zentrale Frage lautet: Können KI-Systeme jemals ein Bewusstsein entwickeln, das dem menschlichen ähnelt oder entspricht? Oder ist Bewusstsein eine einzigartige Eigenschaft biologischer Organismen, die prinzipiell nicht in siliziumbasierten Systemen reproduziert werden kann?

Der Philosoph und KI-Forscher David Chalmers hat in diesem Zusammenhang das „schwierige Problem des Bewusstseins" formuliert: Selbst wenn wir alle funktionalen und neurobiologischen Aspekte des Gehirns verstehen würden, bliebe die Frage offen, warum und wie diese physikalischen Prozesse subjektive Erfahrungen – Qualia – hervorbringen. Dieses Problem stellt sich auch bei der KI: Selbst wenn ein KI-System perfekt menschliches Verhalten simulieren könnte, würde dies nicht notwendigerweise bedeuten, dass es über subjektive Erfahrungen verfügt.

Wie in einem Artikel der Bundeszentrale für politische Bildung dargelegt wird, können wir verschiedene Intelligenzstufen unterscheiden, wobei die „bewusste Intelligenz" (Stufe 4) und die „selbstbewusste Intelligenz" (Stufe 5) Formen darstellen, die über die derzeit in KI-Systemen implementierte „kognitive Intelligenz" (Stufe 3) hinausgehen. Die Frage, ob KI-Systeme jemals diese höheren Stufen erreichen können, bleibt offen und ist Gegenstand intensiver philosophischer Debatten.

6.1.2 Freier Wille und Determinismus

Der freie Wille, der oft als Eckpfeiler menschlicher Handlungsfähigkeit angesehen wird, steht im Zeitalter der KI vor einer philosophischen Abrechnung. Die komplizierten Algorithmen, die KI-Systeme antreiben, werfen beunruhigende Fragen über die wahre Natur menschlicher Entscheidungen auf.

Die Entwicklung von KI-Systemen, die menschliches Verhalten vorhersagen und beeinflussen können, stellt unsere Vorstellung vom freien Willen infrage. Wenn unsere Entscheidungen durch Algorithmen vorhergesagt werden können, sind sie dann wirklich frei? Oder sind sie lediglich das Ergebnis deterministischer Prozesse, die durch ausreichend leistungsfähige Berechnungen antizipiert werden können?

Diese Fragen führen zu einer Wiederbelebung klassischer philosophischer Debatten über Determinismus und Freiheit. Interessanterweise könnte die KI-Forschung hier zu neuen Einsichten führen: Wenn wir verstehen, wie KI-Systeme Entscheidungen treffen und wie sie durch ihre Programmierung und Trainingsdaten beeinflusst werden, könnten wir auch besser verstehen, wie menschliche Entscheidungsprozesse funktionieren und welche Faktoren sie beeinflussen.

6.1.3 Die Natur der Intelligenz

Die Entwicklung von KI zwingt uns, unser Verständnis von Intelligenz zu überdenken. Was bedeutet es, intelligent zu sein? Ist Intelligenz eine einheitliche Fähigkeit oder ein Spektrum verschiedener Fähigkeiten? Und wie verhält sich künstliche zu menschlicher Intelligenz?

Traditionell wurde Intelligenz oft mit rationalen Fähigkeiten wie logischem Denken, Problemlösung und Abstraktion gleichgesetzt. Doch neuere Konzepte wie Howard Gardners Theorie der multiplen Intelligenzen oder Daniel Golemans Konzept der emotionalen Intelligenz haben gezeigt, dass Intelligenz vielschichtiger ist und auch soziale, emotionale und kreative Aspekte umfasst.

Die KI-Forschung hat diese Komplexität bestätigt: Während KI-Systeme in bestimmten Bereichen wie Schach oder Go menschliche Fähigkeiten übertreffen, haben sie in anderen Bereichen wie sozialer Interaktion oder kreativer Innovation noch erhebliche Defizite. Dies deutet darauf hin, dass Intelligenz nicht eine einheitliche Fähigkeit ist, sondern ein Spektrum verschiedener Fähigkeiten, die sich unabhängig voneinander entwickeln können.

Gleichzeitig wirft die KI-Forschung die Frage auf, ob Intelligenz notwendigerweise an bestimmte physische Substrate gebunden ist. Kann Intelligenz in siliziumbasierten Systemen genauso existieren wie in kohlenstoffbasierten? Oder gibt es fundamentale Unterschiede zwischen künstlicher und biologischer Intelligenz?

6.1.4 Identität und Selbst im digitalen Zeitalter

Die zunehmende Integration von KI in unser tägliches Leben wirft auch Fragen zur Natur des Selbst und der persönlichen Identität auf. Wenn KI-Systeme unsere Präferenzen kennen, unsere Entscheidungen vorhersagen und sogar in unserem Namen handeln können, wie verändert dies unser Verständnis davon, wer wir sind?

Diese Fragen werden besonders relevant im Kontext von Technologien wie Brain-Computer-Interfaces oder der Möglichkeit, das menschliche Bewusstsein in digitale Systeme zu „uploaden". Solche Technologien verwischen die Grenzen zwischen Mensch und Maschine und stellen traditionelle Konzepte von Identität und Selbst infrage.

Der Philosoph Andy Clark argumentiert, dass Menschen von Natur aus „natürliche Cyborgs" sind – Wesen, die ihre kognitiven Fähigkeiten durch die Integration mit Technologie erweitern. Aus dieser Perspektive wäre die zunehmende Verschmelzung mit KI-Systemen lediglich eine Fortsetzung eines bereits bestehenden Trends.

Andere Philosophen wie Nick Bostrom betonen hingegen die potenziellen Risiken einer solchen Verschmelzung, insbesondere wenn KI-Systeme autonomer und mächtiger werden. Sie argumentieren, dass wir sorgfältig darüber nachdenken müssen, wie wir unsere menschliche Identität und Autonomie in einer Welt bewahren können, die zunehmend von KI geprägt ist.

6.1.5 Ethische Implikationen für die Philosophie

Die Entwicklung von KI wirft nicht nur theoretische Fragen auf, sondern hat auch praktische Implikationen für die Ethik. Wenn KI-Systeme zunehmend autonome Entscheidungen treffen, wer trägt die Verantwortung für diese Entscheidungen? Wie können wir sicherstellen, dass KI-Systeme im Einklang mit menschlichen Werten handeln?

Diese Fragen haben zu einer Wiederbelebung der angewandten Ethik geführt, mit neuen Feldern wie der „KI-Ethik" oder der „Roboterethik". Philosophen arbeiten zunehmend mit Informatikern, Ingenieuren und Politikern zusammen, um ethische Richtlinien für die Entwicklung und den Einsatz von KI zu entwickeln.

Gleichzeitig stellt die KI auch traditionelle ethische Theorien auf die Probe. Utilitaristische Ansätze, die das größte Glück für die größte Zahl anstreben, könnten in einer Welt, in der KI-Systeme komplexe Nutzenkalkulationen durchführen können, an Bedeutung gewinnen. Deontologische Ansätze, die auf absoluten moralischen Regeln basieren, könnten hingegen an Grenzen stoßen, wenn KI-Systeme mit neuartigen ethischen Dilemmata konfrontiert werden, für die keine klaren Regeln existieren.

Die philosophischen Grundfragen im Zeitalter der KI erfordern eine interdisziplinäre Herangehensweise, die Erkenntnisse aus Philosophie, Informatik, Neurowissenschaften und anderen Feldern integriert. Nur durch einen solchen ganzheitlichen Ansatz können wir die tiefgreifenden Implikationen der KI für unser Verständnis von Bewusstsein, freiem Willen, Intelligenz und Identität erfassen.

6.2 KI und die Transformation kultureller Praktiken

Die Entwicklung und Verbreitung von KI-Agenten hat tiefgreifende Auswirkungen auf kulturelle Praktiken in verschiedenen Bereichen wie Kunst, Literatur, Musik und Film. Diese Technologien verändern nicht nur die Art und Weise, wie kulturelle Inhalte produziert und konsumiert werden, sondern stellen auch grundlegende Fragen zu Kreativität, Autorschaft und dem Wesen künstlerischen Schaffens.

6.2.1 KI in der bildenden Kunst

In den letzten Jahren hat die Kunstwelt eine Explosion von KI-generierten oder KI-unterstützten Kunstwerken erlebt. Allein in den Jahren 2019 und 2020 gab es zahlreiche Kunstausstellungen zum Thema Künstliche Intelligenz in renommierten Institutionen wie dem Barbican Centre in London, dem Museum für Angewandte Kunst in Wien und dem Haus der elektronischen Künste in Basel.

KI-Systeme wie DALL-E, Midjourney oder Stable Diffusion können auf Basis von Textbeschreibungen beeindruckende Bilder generieren, die verschiedene Stile und Ästhetiken imitieren oder kombinieren können. Künstler wie Refik Anadol nutzen maschinelles Lernen, um massive Datensätze in immersive, datengetriebene Installationen zu transformieren, während Sougwen Chung mit Robotern kollaboriert, die ihre Handbewegungen imitieren und erweitern.

Diese Entwicklungen werfen fundamentale Fragen zur Natur künstlerischer Kreativität auf. Ist ein von einer KI generiertes Bild ein Kunstwerk? Wer ist der Autor – der

Programmierer, der Nutzer, der die Eingabeaufforderung formuliert, oder die KI selbst? Wie verändert sich unser Verständnis von Originalität und Authentizität, wenn Maschinen Stile imitieren und kombinieren können?

Gleichzeitig eröffnet KI neue Möglichkeiten für künstlerischen Ausdruck und Kollaboration. Künstler können KI als Werkzeug nutzen, um neue Ästhetiken zu erforschen, kreative Blockaden zu überwinden oder ihre eigenen Fähigkeiten zu erweitern. Die Beziehung zwischen Künstler und KI kann als eine Form der Zusammenarbeit verstanden werden, bei der beide Parteien zum kreativen Prozess beitragen.

6.2.2 KI in Literatur und Sprache

Auch im Bereich der Literatur und Sprache hat KI signifikante Fortschritte gemacht. Sprachmodelle wie GPT-4 können kohärente und kontextuell angemessene Texte in verschiedenen Stilen und Formaten generieren, von Gedichten und Kurzgeschichten bis hin zu Essays und Drehbüchern.

Diese Entwicklung stellt traditionelle Vorstellungen von Autorschaft und literarischer Kreativität infrage. Wenn eine KI einen Roman schreiben kann, der von menschlichen Lesern als überzeugend und bewegend empfunden wird, was bedeutet das für unsere Auffassung von Literatur als Ausdruck menschlicher Erfahrung und Emotion?

Gleichzeitig eröffnet KI neue Möglichkeiten für literarisches Schaffen und Experimentieren. Autoren können KI als Kollaborationspartner nutzen, um neue Ideen zu generieren, alternative Handlungsstränge zu erkunden oder mit verschiedenen Stilen zu experimentieren. KI kann auch als Werkzeug für literarische Analyse dienen, indem sie Muster und Strukturen in großen Textkorpora identifiziert, die für menschliche Leser möglicherweise nicht offensichtlich sind.

Ein weiterer wichtiger Aspekt ist die Demokratisierung des Schreibens durch KI. Werkzeuge wie automatische Übersetzung, Grammatik- und Stilkorrektur oder KI-gestützte Schreibassistenten machen das Schreiben für Menschen zugänglicher, die möglicherweise nicht über formale Bildung oder Sprachkenntnisse verfügen. Dies könnte zu einer größeren Vielfalt an Stimmen und Perspektiven in der literarischen Landschaft führen.

6.2.3 KI in Musik und darstellender Kunst

In der Musik hat KI ebenfalls signifikante Fortschritte gemacht. Systeme wie OpenAI's MuseNet oder Google's Magenta können Musikstücke in verschiedenen Stilen komponieren, von klassischer Musik bis hin zu Jazz und Pop. KI wird auch für die Produktion, das Mastering und sogar die Interpretation von Musik eingesetzt.

In der darstellenden Kunst werden KI-Systeme für verschiedene Zwecke eingesetzt, von der Generierung von Choreographien bis hin zur Echtzeit-Interaktion mit Performern. KI kann auch als eigenständiger Performer fungieren, wie im Fall von Robotern, die Musikinstrumente spielen oder tanzen.

Diese Entwicklungen werfen Fragen zur Natur musikalischer und performativer Kreativität auf. Kann eine KI wirklich „kreativ" sein, oder imitiert sie lediglich bestehende Stile und Muster? Wie verändert sich die Rolle des menschlichen Performers in einer Welt, in der KI zunehmend in der Lage ist, komplexe musikalische und performative Aufgaben zu übernehmen?

Gleichzeitig eröffnet KI neue Möglichkeiten für musikalisches und performatives Schaffen. Musiker und Performer können KI als Werkzeug nutzen, um neue Klänge, Bewegungen und Interaktionen zu erforschen, die mit traditionellen Mitteln möglicherweise nicht realisierbar wären.

6.2.4 KI und kulturelles Erbe

KI spielt auch eine zunehmend wichtige Rolle bei der Bewahrung, Restaurierung und Zugänglichmachung des kulturellen Erbes. KI-Systeme können beschädigte Kunstwerke restaurieren, fragmentarische Texte rekonstruieren oder historische Aufnahmen verbessern.

Ein Beispiel ist die Verwendung von KI zur Restaurierung des Nachtwache-Gemäldes von Rembrandt. Teile des Gemäldes, die im 18. Jahrhundert abgeschnitten wurden, konnten mithilfe von KI rekonstruiert werden, basierend auf Rembrandts Stil und anderen erhaltenen Werken.

KI kann auch dazu beitragen, kulturelles Erbe zugänglicher zu machen, indem sie Übersetzungen, Transkriptionen oder Beschreibungen für Menschen mit unterschiedlichen Bedürfnissen und Hintergründen bereitstellt. Dies könnte zu einer demokratischeren und inklusiveren Kulturlandschaft führen, in der mehr Menschen Zugang zu kulturellen Ressourcen haben.

Gleichzeitig wirft die Verwendung von KI im Kontext des kulturellen Erbes ethische Fragen auf. Wer entscheidet, wie ein beschädigtes Kunstwerk restauriert wird? Wie gehen wir mit den unvermeidlichen Verzerrungen und Annahmen um, die in KI-Systeme eingebettet sind? Und wie bewahren wir die Authentizität und Integrität kultureller Artefakte in einer Welt, in der KI zunehmend in der Lage ist, überzeugende Fälschungen zu erstellen?

6.2.5 Kulturelle Aneignung und Verzerrung durch KI

Ein wichtiger Aspekt der kulturellen Implikationen von KI betrifft die Frage der kulturellen Aneignung und Verzerrung. KI-Systeme werden mit Daten trainiert, die aus verschiedenen kulturellen Kontexten stammen, oft ohne explizite Zustimmung oder Anerkennung der Urheber. Dies kann zu einer Form der kulturellen Aneignung führen, bei der KI-Systeme kulturelle Ausdrucksformen imitieren oder kombinieren, ohne den historischen, sozialen und politischen Kontext zu berücksichtigen.

Zudem können KI-Systeme bestehende kulturelle Verzerrungen und Stereotypen reproduzieren oder sogar verstärken. Wenn ein KI-System mit Daten trainiert wird, die bestimmte kulturelle Perspektiven überrepräsentieren und andere marginalisieren, kann dies zu einer verzerrten Darstellung kultureller Praktiken und Traditionen führen.

Diese Probleme werden durch die Tatsache verschärft, dass die KI-Industrie selbst von bestimmten demografischen Gruppen dominiert wird, was zu einem Mangel an Vielfalt in der Entwicklung und Implementierung von KI-Systemen führen kann. Um diese Herausforderungen zu adressieren, ist es wichtig, diverse Stimmen in den Prozess der KI-Entwicklung einzubeziehen und kritische Reflexion über die kulturellen Implikationen von KI zu fördern.

6.2.6 Transformation des kulturellen Konsums

KI verändert nicht nur die Produktion kultureller Inhalte, sondern auch deren Konsum. Empfehlungssysteme, die auf maschinellem Lernen basieren, beeinflussen zunehmend, welche Bücher wir lesen, welche Musik wir hören und welche Filme wir sehen. Diese Systeme analysieren unser Verhalten und unsere Präferenzen, um personalisierte Empfehlungen zu generieren.

Einerseits kann dies den Zugang zu kulturellen Inhalten erleichtern und uns helfen, neue Werke zu entdecken, die unseren Interessen entsprechen. Andererseits kann es zu einer „Filterblase" führen, in der wir nur mit Inhalten konfrontiert werden, die unseren bestehenden Präferenzen entsprechen, was die kulturelle Vielfalt und den kulturellen Austausch einschränken könnte.

Zudem verändert KI die Art und Weise, wie wir kulturelle Inhalte erleben. Virtuelle und erweiterte Realität, unterstützt durch KI, ermöglicht immersive kulturelle Erfahrungen, die traditionelle Grenzen zwischen Betrachter und Werk, zwischen physischem und digitalem Raum verwischen.

Die Transformation kultureller Praktiken durch KI ist ein komplexer und vielschichtiger Prozess, der sowohl Chancen als auch Herausforderungen mit sich bringt. Um diese Entwicklungen zu verstehen und zu gestalten, ist ein interdisziplinärer Dialog notwendig, der Perspektiven aus Kunst, Kulturwissenschaften, Informatik und anderen Feldern integriert.

6.3 KI und die Neugestaltung menschlicher Beziehungen

Die Entwicklung und Verbreitung von KI-Agenten hat tiefgreifende Auswirkungen auf die Art und Weise, wie Menschen miteinander und mit Technologie interagieren. Diese Veränderungen betreffen nicht nur oberflächliche Aspekte der Kommunikation, sondern auch tiefere Dimensionen menschlicher Beziehungen wie Intimität, Vertrauen und soziale Bindungen.

6.3.1 Mensch-Maschine-Beziehungen

Mit der zunehmenden Sophistikation von KI-Systemen entwickeln Menschen zunehmend komplexe Beziehungen zu diesen Technologien. Virtuelle Assistenten wie Siri, Alexa oder Google Assistant werden nicht nur als Werkzeuge, sondern oft als Persönlichkeiten wahrgenommen, mit denen Menschen interagieren und zu denen sie emotionale Bindungen aufbauen können.

Diese Tendenz wird durch die Entwicklung von KI-Systemen verstärkt, die explizit darauf ausgerichtet sind, emotionale Reaktionen hervorzurufen und soziale Interaktionen zu simulieren. Soziale Roboter wie Pepper oder Sophia sind darauf programmiert, menschliche Emotionen zu erkennen und darauf zu reagieren, während KI-basierte Chatbots wie Replika als „KI-Freunde" vermarktet werden, die emotionale Unterstützung und Gesellschaft bieten sollen.

Diese Entwicklungen werfen fundamentale Fragen zur Natur menschlicher Beziehungen auf. Kann eine Beziehung zu einer Maschine authentisch sein, wenn die Maschine keine echten Gefühle hat, sondern diese nur simuliert? Welche ethischen Implikationen hat es, wenn Menschen tiefe emotionale Bindungen zu KI-Systemen entwickeln, die letztlich von Unternehmen kontrolliert werden?

Gleichzeitig könnten KI-Systeme auch positive Rollen in menschlichen Beziehungen spielen, indem sie beispielsweise einsamen Menschen Gesellschaft leisten, Menschen mit sozialen Ängsten helfen, soziale Fähigkeiten zu entwickeln, oder als Vermittler in Konfliktsituationen fungieren.

6.3.2 Transformation zwischenmenschlicher Kommunikation

KI verändert auch die Art und Weise, wie Menschen miteinander kommunizieren. KI-gestützte Übersetzungstools ermöglichen Kommunikation über Sprachbarrieren hinweg, während Textvorhersage- und Korrekturtools die schriftliche Kommunikation beeinflussen.

Diese Technologien können Kommunikation erleichtern und zugänglicher machen, bergen aber auch das Risiko einer Standardisierung und Verflachung der Kommunikation.

Wenn KI-Systeme zunehmend Texte für uns schreiben oder überarbeiten, könnte dies zu einem Verlust individueller Stimmen und Ausdrucksweisen führen.

Zudem verändert KI die Dynamik sozialer Medien und Online-Kommunikation. Algorithmen, die auf maschinellem Lernen basieren, bestimmen, welche Inhalte wir sehen und mit wem wir interagieren, was zu „Filterblasen" führen kann, in denen wir hauptsächlich mit Gleichgesinnten kommunizieren. KI-generierte oder -manipulierte Inhalte wie Deepfakes können Vertrauen untergraben und zu Desinformation beitragen.

6.3.3 Intimität und KI

Ein besonders sensibler Bereich betrifft die Rolle von KI in intimen Beziehungen. KI-gestützte Dating-Apps versprechen, kompatible Partner zu finden, während KI-Sexroboter und virtuelle Partner als Ersatz für menschliche Intimität vermarktet werden.

Diese Entwicklungen werfen komplexe ethische und soziale Fragen auf. Einerseits könnten sie Menschen helfen, die Schwierigkeiten haben, traditionelle Beziehungen aufzubauen, oder die spezifische Bedürfnisse haben, die in traditionellen Beziehungen nicht erfüllt werden können. Andererseits könnten sie zu einer Kommodifizierung und Technologisierung von Intimität führen, die fundamentale Aspekte menschlicher Verbindung wie Gegenseitigkeit, Verletzlichkeit und Wachstum vernachlässigt.

Zudem stellt sich die Frage, wie KI-vermittelte Intimität unser Verständnis von Konsens und Autonomie verändert. Wenn ein KI-System darauf programmiert ist, den Wünschen seines Nutzers zu entsprechen, kann es dann wirklich als autonomer Partner in einer intimen Beziehung fungieren?

6.3.4 Soziale Normen und Werte im KI-Zeitalter

Die Integration von KI in soziale Interaktionen führt auch zu einer Neuverhandlung sozialer Normen und Werte. Wie sollten wir KI-Systeme behandeln? Welche Rechte und Pflichten haben wir gegenüber Maschinen, die zunehmend menschenähnlich erscheinen?

Diese Fragen werden besonders relevant, wenn KI-Systeme in sozialen Rollen eingesetzt werden, die traditionell von Menschen ausgefüllt wurden, wie Lehrer, Therapeuten oder Pflegekräfte. Welche Auswirkungen hat es auf Kinder, wenn sie von KI-Systemen unterrichtet werden? Wie verändert sich die therapeutische Beziehung, wenn der Therapeut eine KI ist?

Gleichzeitig könnte die Interaktion mit KI-Systemen auch unsere Interaktionen mit anderen Menschen beeinflussen. Wenn wir gewohnt sind, mit KI-Systemen zu interagieren, die auf unsere Bedürfnisse zugeschnitten sind und keine eigenen Bedürfnisse haben, könnte dies unsere Erwartungen an menschliche Beziehungen verändern und möglicherweise zu einer Verringerung von Empathie und Kompromissbereitschaft führen.

6.3.5 Kulturelle Unterschiede in der KI-Rezeption

Die Art und Weise, wie KI menschliche Beziehungen beeinflusst, variiert auch je nach kulturellem Kontext. Verschiedene Kulturen haben unterschiedliche Vorstellungen von Persönlichkeit, Bewusstsein und der Beziehung zwischen Menschen und Nicht-Menschen, was zu unterschiedlichen Reaktionen auf KI-Systeme führen kann.

In Japan beispielsweise, wo animistische Traditionen eine lange Geschichte haben und die Grenze zwischen Belebtem und Unbelebtem oft als fließend betrachtet wird, werden Roboter und KI-Systeme tendenziell leichter als soziale Akteure akzeptiert als in westlichen Kulturen, die traditionell eine stärkere Trennung zwischen Mensch und Maschine betonen.

Diese kulturellen Unterschiede sind wichtig zu berücksichtigen, wenn wir über die globalen Implikationen von KI für menschliche Beziehungen nachdenken. Sie erinnern uns daran, dass die Art und Weise, wie wir KI verstehen und mit ihr interagieren, nicht nur von der Technologie selbst, sondern auch von unseren kulturellen Annahmen und Werten geprägt ist.

Die Neugestaltung menschlicher Beziehungen durch KI ist ein komplexer und vielschichtiger Prozess, der sowohl Chancen als auch Herausforderungen mit sich bringt. Um diese Entwicklungen zu verstehen und zu gestalten, ist ein interdisziplinärer Dialog notwendig, der Perspektiven aus Psychologie, Soziologie, Anthropologie, Informatik und anderen Feldern integriert.

6.4 KI und die Transformation des Wissens

Die Entwicklung und Verbreitung von KI-Agenten hat tiefgreifende Auswirkungen auf die Art und Weise, wie Wissen erzeugt, organisiert, vermittelt und bewertet wird. Diese Veränderungen betreffen nicht nur praktische Aspekte des Wissenszugangs, sondern auch fundamentale epistemologische Fragen zur Natur des Wissens selbst.

6.4.1 Neue Formen der Wissenserzeugung

KI-Systeme ermöglichen neue Formen der Wissenserzeugung, die traditionelle wissenschaftliche Methoden ergänzen oder erweitern. Maschinelles Lernen kann Muster in großen Datensätzen identifizieren, die für menschliche Forscher möglicherweise nicht offensichtlich sind, während Simulationen komplexe Systeme modellieren können, die experimentell schwer zu untersuchen sind.

Ein Beispiel ist die Verwendung von KI in der Arzneimittelforschung, wo Algorithmen potenzielle Wirkstoffkandidaten identifizieren können, indem sie Muster in molekularen

6.4 KI und die Transformation des Wissens

Strukturen und biologischen Interaktionen erkennen. Ein anderes Beispiel ist die Verwendung von KI in der Klimaforschung, wo maschinelles Lernen helfen kann, komplexe Klimamuster zu analysieren und Vorhersagen zu verbessern.

Diese Entwicklungen werfen Fragen zur Natur wissenschaftlicher Erkenntnis auf. Wenn ein KI-System eine Korrelation oder ein Muster identifiziert, ohne dass wir verstehen, wie es zu diesem Ergebnis gekommen ist, können wir dies als wissenschaftliche Erkenntnis betrachten? Wie verändert sich die Rolle menschlicher Intuition und Kreativität in der wissenschaftlichen Forschung, wenn KI zunehmend in der Lage ist, Hypothesen zu generieren und zu testen?

6.4.2 Demokratisierung und Zugänglichkeit von Wissen

KI hat das Potenzial, den Zugang zu Wissen zu demokratisieren, indem sie Sprachbarrieren überwindet, komplexe Informationen vereinfacht und personalisierte Lernwege ermöglicht. KI-gestützte Übersetzungstools machen Wissen in verschiedenen Sprachen zugänglich, während KI-Tutoren individualisierte Unterstützung bieten können, die auf die Bedürfnisse und das Tempo des Lernenden zugeschnitten ist.

Gleichzeitig besteht die Gefahr, dass KI bestehende Wissenshierarchien verstärkt oder neue schafft. Der Zugang zu KI-Technologien ist nicht gleichmäßig verteilt, und diejenigen mit Zugang zu fortschrittlichen KI-Tools könnten einen erheblichen Vorteil gegenüber denjenigen haben, die keinen Zugang haben. Zudem können KI-Systeme bestehende Verzerrungen in Wissensressourcen reproduzieren oder verstärken, wenn sie mit verzerrten Daten trainiert werden.

6.4.3 Vertrauen und Autorität im Wissensökosystem

Die Verbreitung von KI-generierten Inhalten stellt traditionelle Konzepte von Vertrauen und Autorität im Wissensökosystem infrage. Wenn KI-Systeme zunehmend in der Lage sind, überzeugende Texte, Bilder und Videos zu generieren, wird es schwieriger, vertrauenswürdige von nicht vertrauenswürdigen Quellen zu unterscheiden.

Diese Herausforderung wird durch die Verbreitung von Deepfakes und anderen Formen von KI-generierter Desinformation verschärft. Wenn wir nicht mehr sicher sein können, ob ein Video oder eine Audioaufnahme authentisch ist, wie können wir dann entscheiden, welchen Informationen wir vertrauen sollen?

Gleichzeitig könnten KI-Systeme auch dazu beitragen, Vertrauen und Autorität im Wissensökosystem zu stärken, indem sie bei der Faktenprüfung helfen, Quellen verifizieren oder Verzerrungen in der Berichterstattung identifizieren. Die Herausforderung besteht darin, KI-Systeme zu entwickeln, die Transparenz, Rechenschaftspflicht und kritisches Denken fördern, anstatt sie zu untergraben.

6.4.4 Epistemologische Implikationen

Die Integration von KI in Wissenspraktiken hat auch tiefgreifende epistemologische Implikationen. Traditionelle Konzepte wie Wahrheit, Rechtfertigung und Wissen werden durch die Möglichkeit infrage gestellt, dass KI-Systeme Wissen erzeugen oder vermitteln können, ohne selbst zu „verstehen", was sie tun.

Ein Beispiel ist die Verwendung von großen Sprachmodellen wie GPT-4, die kohärente und scheinbar informative Texte zu einer Vielzahl von Themen generieren können, ohne ein echtes Verständnis der Konzepte zu haben, über die sie schreiben. Diese Systeme können manchmal falsche oder irreführende Informationen mit großer Überzeugungskraft präsentieren, was als „KI-Halluzinationen" bezeichnet wird.

Diese Entwicklung wirft Fragen zur Natur des Wissens auf: Ist Wissen mehr als die Fähigkeit, korrekte Antworten zu geben oder überzeugende Argumente zu formulieren? Welche Rolle spielt Verstehen im Wissen? Und wie verändert sich unser Konzept von Expertise, wenn KI-Systeme zunehmend in der Lage sind, Expertenwissen zu simulieren?

6.4.5 Kulturelle und sprachliche Vielfalt im Wissensökosystem

Ein wichtiger Aspekt der Transformation des Wissens durch KI betrifft die Frage der kulturellen und sprachlichen Vielfalt. KI-Systeme werden oft mit Daten trainiert, die bestimmte kulturelle und sprachliche Perspektiven überrepräsentieren und andere marginalisieren. Dies kann zu einer Homogenisierung des Wissens führen, bei der bestimmte Perspektiven als universell oder objektiv dargestellt werden, während andere als partikulär oder subjektiv abgetan werden.

Gleichzeitig könnte KI auch dazu beitragen, marginalisierte Wissensformen zu bewahren und zu fördern, indem sie bei der Dokumentation, Übersetzung und Verbreitung von Wissen in verschiedenen Sprachen und kulturellen Kontexten hilft. Die Herausforderung besteht darin, KI-Systeme zu entwickeln, die kulturelle und sprachliche Vielfalt respektieren und fördern, anstatt sie zu unterdrücken.

Die Transformation des Wissens durch KI ist ein komplexer und vielschichtiger Prozess, der sowohl Chancen als auch Herausforderungen mit sich bringt. Um diese Entwicklungen zu verstehen und zu gestalten, ist ein interdisziplinärer Dialog notwendig, der Perspektiven aus Epistemologie, Wissenschaftstheorie, Informationswissenschaft, Informatik und anderen Feldern integriert.

6.5 KI und die Zukunft der menschlichen Identität

Die Entwicklung und Verbreitung von KI-Agenten wirft fundamentale Fragen zur Zukunft der menschlichen Identität auf. Wenn Maschinen zunehmend in der Lage sind, Aufgaben zu übernehmen, die traditionell als einzigartig menschlich galten – von kreativer Arbeit bis hin zu emotionaler Interaktion – wie definieren wir dann, was es bedeutet, menschlich zu sein?

6.5.1 Neudefinition menschlicher Einzigartigkeit

Historisch haben Menschen ihre Identität oft in Abgrenzung zu anderen Wesen definiert, sei es durch Eigenschaften wie Rationalität, Sprache, Werkzeuggebrauch oder Kultur. Mit der Entwicklung von KI-Systemen, die zunehmend in der Lage sind, diese Fähigkeiten zu simulieren oder sogar zu übertreffen, werden traditionelle Definitionen menschlicher Einzigartigkeit infrage gestellt.

Diese Herausforderung kann als Bedrohung wahrgenommen werden, aber auch als Gelegenheit, unser Verständnis des Menschseins zu vertiefen und zu erweitern. Anstatt menschliche Identität auf bestimmte Fähigkeiten oder Leistungen zu reduzieren, könnten wir sie in Begriffen von Erfahrung, Beziehung und Verkörperung neu konzeptualisieren.

Der Philosoph Mark Coeckelbergh argumentiert, dass das, was uns menschlich macht, nicht unsere Fähigkeit ist, bestimmte Aufgaben zu erfüllen, sondern unsere Fähigkeit, Bedeutung zu schaffen und in Beziehung zu anderen zu stehen. Aus dieser Perspektive könnte die Entwicklung von KI uns dazu bringen, die relationalen und verkörperten Aspekte menschlicher Existenz stärker zu schätzen.

6.5.2 Posthumanismus und Transhumanismus

Die Entwicklung von KI hat auch zu einer Wiederbelebung posthumanistischer und transhumanistischer Diskurse geführt. Posthumanistische Denker argumentieren, dass die traditionelle humanistische Vorstellung vom Menschen als autonomes, rationales Subjekt, das von der Natur und Technologie getrennt ist, überholt ist. Stattdessen betonen sie die Verflechtung von Menschen mit anderen Lebensformen und technologischen Systemen.

Transhumanistische Denker gehen noch weiter und argumentieren, dass Menschen durch Technologie, einschließlich KI, ihre biologischen Grenzen überwinden und sich zu „posthumanen" Wesen entwickeln können. Dies könnte die Integration von KI in den menschlichen Körper und Geist durch Brain-Computer-Interfaces, genetische Modifikation oder sogar das „Uploading" des Bewusstseins in digitale Systeme umfassen.

Diese Visionen werfen komplexe ethische und philosophische Fragen auf. Würde ein „verbesserter" oder „posthumaner" Mensch noch als Mensch gelten? Welche Aspekte menschlicher Identität sind wesentlich und welche sind kontingent oder veränderbar? Und wer würde Zugang zu solchen Verbesserungen haben, und wer würde davon ausgeschlossen sein?

6.5.3 Kulturelle und religiöse Perspektiven

Die Frage nach der Zukunft menschlicher Identität im Zeitalter der KI wird auch durch kulturelle und religiöse Perspektiven beeinflusst. Verschiedene kulturelle und religiöse Traditionen haben unterschiedliche Vorstellungen davon, was es bedeutet, menschlich zu sein, und wie Menschen sich zu Technologie und anderen nicht-menschlichen Entitäten verhalten sollten.

In einigen östlichen Traditionen, wie dem Buddhismus oder dem Shintoismus, wird die Grenze zwischen Mensch und Nicht-Mensch oft als fließender betrachtet als in westlichen Traditionen. Dies könnte zu einer größeren Offenheit für die Integration von KI in menschliche Identität und Gesellschaft führen.

In monotheistischen Traditionen wie dem Christentum, dem Islam oder dem Judentum wird menschliche Identität oft in Bezug auf die Beziehung zu Gott definiert, wobei Menschen als nach Gottes Ebenbild geschaffen oder mit einer unsterblichen Seele ausgestattet betrachtet werden. Diese Traditionen könnten kritischer gegenüber Visionen sein, die menschliche Identität als radikal veränderbar oder technologisch erweiterbar betrachten.

6.5.4 Ethische und politische Implikationen

Die Frage nach der Zukunft menschlicher Identität im Zeitalter der KI hat auch wichtige ethische und politische Implikationen. Wenn wir menschliche Identität neu definieren, wie wirkt sich dies auf unsere ethischen Verpflichtungen gegenüber anderen Menschen und nicht-menschlichen Entitäten aus?

Wenn KI-Systeme zunehmend menschenähnliche Fähigkeiten entwickeln, sollten wir ihnen dann bestimmte Rechte oder moralischen Status zugestehen? Und wenn wir die Möglichkeit haben, menschliche Fähigkeiten durch Technologie zu erweitern, wer sollte Zugang zu diesen Erweiterungen haben, und wie können wir sicherstellen, dass sie nicht zu neuen Formen der Ungleichheit oder Diskriminierung führen?

Diese Fragen erfordern einen breiten gesellschaftlichen Dialog, der verschiedene Perspektiven und Interessen berücksichtigt. Sie können nicht allein von Technologen oder Philosophen beantwortet werden, sondern erfordern die Beteiligung von Bürgern, politischen Entscheidungsträgern, religiösen Führern und anderen Stakeholdern.

Die Zukunft der menschlichen Identität im Zeitalter der KI ist offen und wird durch unsere kollektiven Entscheidungen und Werte geprägt werden. Indem wir uns aktiv mit diesen Fragen auseinandersetzen, können wir dazu beitragen, eine Zukunft zu gestalten, in der Technologie menschliche Werte und Würde fördert, anstatt sie zu untergraben.

6.6 Fazit

Die philosophischen und kulturellen Implikationen von KI-Agenten sind tiefgreifend und vielschichtig. Sie berühren fundamentale Fragen zu Bewusstsein, freiem Willen, Kreativität, Wissen und menschlicher Identität. Sie transformieren kulturelle Praktiken in Kunst, Literatur, Musik und anderen Bereichen und gestalten die Art und Weise neu, wie Menschen miteinander und mit Technologie interagieren.

Diese Veränderungen bringen sowohl Chancen als auch Herausforderungen mit sich. Einerseits eröffnet KI neue Möglichkeiten für künstlerischen Ausdruck, wissenschaftliche Erkenntnis, kulturellen Austausch und menschliche Verbindung. Andererseits wirft sie komplexe ethische und soziale Fragen auf, von der Natur des Bewusstseins und der Kreativität bis hin zu Fragen der Gerechtigkeit, Privatsphäre und menschlichen Würde.

Um diese Herausforderungen zu bewältigen und die Chancen zu nutzen, ist ein interdisziplinärer Dialog notwendig, der Perspektiven aus Philosophie, Kulturwissenschaften, Informatik, Psychologie, Soziologie und anderen Feldern integriert. Wir müssen kritisch reflektieren, wie KI unsere Vorstellungen von Menschsein, Kreativität, Wissen und Beziehung verändert, und aktiv daran arbeiten, KI-Systeme zu entwickeln und einzusetzen, die menschliche Werte und Würde fördern.

Letztendlich geht es bei den philosophischen und kulturellen Implikationen von KI nicht nur darum, wie Technologie uns verändert, sondern auch darum, wie wir Technologie gestalten und nutzen, um unsere tiefsten Werte und Aspirationen auszudrücken. Indem wir uns aktiv mit diesen Fragen auseinandersetzen, können wir dazu beitragen, eine Zukunft zu gestalten, in der KI nicht nur technologischen Fortschritt, sondern auch menschliches Gedeihen und kulturelle Vielfalt fördert.

Absolut. Diese Literaturliste taucht tief in die philosophischen, kulturellen und existenziellen Fragen ein, die durch künstliche Intelligenz aufgeworfen werden. Hier ist die entsprechende Darstellung und Bewertung.

6.7 Verwendeten Literaturquellen mit Bewertung

1. **Artificialpaintings.com. (2024).** *Das Zusammenspiel von künstlicher Intelligenz und Philosophie: Eine umfassende Erkundung.*
Dieser Blogbeitrag von einer Plattform, die sich auf KI-generierte Kunst spezialisiert hat, bietet eine faszinierende Perspektive aus der kreativen Praxis. Der Artikel untersucht philosophische Fragen zu Urheberschaft, Ästhetik und der Natur der Kreativität, die direkt durch die Anwendung von KI-Kunst-Generatoren entstehen. Seine Stärke liegt in der authentischen Verbindung von technologischer Anwendung und philosophischer Reflexion. Er übersetzt abstrakte Debatten in konkrete Fragen, mit denen Künstler und Entwickler in diesem Bereich konfrontiert sind. Die Quelle ist

ideal, um die philosophische Dimension von KI nicht als rein theoretisches Problem, sondern als gelebte Erfahrung im Schaffensprozess zu verstehen.

2. **Bundeszentrale für politische Bildung. (2023).** *Intelligenz und Bewusstsein.*
Dieser Artikel aus der Reihe „Aus Politik und Zeitgeschichte" (APuZ) ist eine hochkarätige Quelle, die die philosophischen Kernkonzepte Intelligenz und Bewusstsein im Kontext von KI beleuchtet. Mit der Autorität der Bundeszentrale für politische Bildung (bpb) bietet der Text eine fundierte, nuancierte und interdisziplinäre Analyse, die philosophische, neurowissenschaftliche und informatische Perspektiven verknüpft. Seine Stärke liegt in der ausgewogenen und tiefgründigen Auseinandersetzung, die die Grenzen zwischen menschlicher und maschineller Intelligenz kritisch hinterfragt. Er ist eine unverzichtbare Lektüre, um die begriffliche Komplexität zu verstehen, die der gesamten Debatte über denkende Maschinen zugrunde liegt.

3. **Chat-GPT Schweiz. (2023).** *Die Auswirkungen der KI auf Bewusstsein, Freien Willen und Moral.*
Diese Quelle von einer auf generative KI fokussierten Webseite bietet einen sehr zugänglichen, aber auch spekulativen Einstieg in die großen philosophischen Fragen. Der Artikel fasst zusammen, wie KI-Technologien unsere traditionellen Vorstellungen von Bewusstsein, freiem Willen und moralischer Verantwortung herausfordern. Die Stärke liegt in der einfachen und direkten Sprache, die auch Laien zum Nachdenken anregt und die Relevanz dieser abstrakten Themen verdeutlicht. Obwohl er nicht die wissenschaftliche Tiefe anderer Quellen besitzt, ist er ein gutes Beispiel dafür, wie KI den öffentlichen Diskurs über das Menschsein beflügelt und philosophische Fragen popularisiert.

4. **Klipphahn, M. (2021).** *Künstliche Intelligenz in Gesellschaft und Kunst.*
Der Artikel auf der Plattform Wissenschaft-Kunst.de untersucht die Doppelrolle der KI in der Kunst – sowohl als Werkzeug für Künstler als auch als eigenständiges Thema der künstlerischen Auseinandersetzung. Die Quelle analysiert, wie KI nicht nur neue ästhetische Möglichkeiten eröffnet, sondern auch die gesellschaftlichen Bedingungen, unter denen Kunst entsteht und rezipiert wird, reflektiert und kritisiert. Die besondere Stärke liegt in dieser differenzierten Betrachtung, die über die reine Technikfaszination hinausgeht und KI in einen breiteren kultur- und gesellschaftskritischen Kontext stellt. Der Beitrag ist sehr wertvoll, um die Wechselwirkungen zwischen technologischer Innovation und künstlerischer Avantgarde zu verstehen.

5. **Müller-Mall, S. (2020).** *Freiheit und Kalkül: Die Politik der Algorithmen.*
Dieses Buch von Sabine Müller-Mall ist eine scharfsinnige und kritische Analyse der politischen Macht von Algorithmen. Veröffentlicht im renommierten Reclam-Verlag, argumentiert die Autorin, dass algorithmische Systeme eine neue Form der Steuerung und des Regierens darstellen, die unsere Konzepte von Freiheit, Recht und Demokratie fundamental herausfordert. Die Stärke des Werkes liegt in seiner politisch-philosophischen Tiefenanalyse, die zeigt, wie algorithmische „Kalküle"

menschliche Entscheidungsräume subtil einschränken. Es ist eine essenzielle Lektüre, um die oft unsichtbare politische Dimension von KI und die damit verbundenen Gefahren für eine offene Gesellschaft zu begreifen.
6. **Nilsson, N. J. (2015).** *The Quest for Artificial Intelligence: A History of Ideas and Achievements.*
Dieses Werk von Nils J. Nilsson, einem der Pioniere der KI, ist ein Standardwerk zur Geschichte des Fachgebiets. Es zeichnet die Entwicklung der KI von ihren philosophischen und logischen Anfängen bis zu den modernen Erfolgen nach und fokussiert dabei auf die zentralen Ideen und technischen Durchbrüche. Die unschätzbare Stärke dieses Buches liegt in seiner umfassenden historischen Perspektive, die es dem Leser ermöglicht, die heutigen Debatten als Ergebnis einer langen wissenschaftlichen und intellektuellen Suche zu verstehen. Es bietet den notwendigen Kontext, um zu erkennen, welche philosophischen Annahmen von Anfang an in die KI eingeschrieben waren.
7. **UNESCO. (2023).** *KI & Kunst und Kultur.*
Diese Quelle der UNESCO beleuchtet die Auswirkungen von KI auf den Kultursektor aus einer globalen und politischen Perspektive. Sie analysiert die Chancen für neue künstlerische Ausdrucksformen, aber auch die Risiken für die kulturelle Vielfalt und die Arbeitsbedingungen von Kreativen. Die Stärke der UNESCO-Publikation liegt in ihrem Fokus auf politische Handlungsempfehlungen, die darauf abzielen, einen gerechten und vielfältigen Zugang zu KI-Technologien im Kulturbereich zu gewährleisten. Sie ist eine wichtige Quelle, um die kulturpolitische Dimension von KI zu verstehen und zu sehen, wie internationale Organisationen versuchen, diesen Wandel im Sinne des Gemeinwohls zu gestalten.
8. **Coeckelbergh, M. (2020).** *AI Ethics.*
Dieses Buch von Mark Coeckelbergh, erschienen bei der renommierten MIT Press, gilt als eine der besten und zugänglichsten Einführungen in das Feld der KI-Ethik aus philosophischer Sicht. Es bietet einen klaren und strukturierten Überblick über die wichtigsten Themen wie Verantwortung, algorithmische Voreingenommenheit, Privatsphäre, Robotik und die Zukunft der Arbeit. Die Stärke des Buches ist seine Fähigkeit, komplexe ethische Theorien verständlich auf konkrete Probleme der KI anzuwenden. Es ist ein ideales Grundlagenwerk für jeden, der sich systematisch und auf hohem Niveau mit den ethischen Herausforderungen der künstlichen Intelligenz auseinandersetzen möchte.
9. **Clark, A. (2003).** *Natural-Born Cyborgs: Minds, Technologies, and the Future of Human Intelligence.*
Andy Clarks Werk ist ein Meilenstein der modernen Philosophie des Geistes und hochrelevant für die KI-Debatte. Er vertritt die „Extended Mind"-These, wonach der menschliche Geist nicht im Gehirn eingeschlossen ist, sondern sich durch die Nutzung von Technologien natürlich erweitert. Die Stärke des Buches liegt in diesem provokanten, aber überzeugend argumentierten Paradigmenwechsel: Wir sind von Natur aus

Wesen, die mit ihrer Umwelt und ihren Werkzeugen verschmelzen. Diese Perspektive ist fundamental, um die Beziehung zwischen Mensch und KI nicht als Gegenüber, sondern als potenziell symbiotische Integration zu denken, und wirft tiefgreifende Fragen über die Zukunft der menschlichen Identität auf.

10. **Bostrom, N. (2014).** *Superintelligence: Paths, Dangers, Strategies.*

Nick Bostroms „Superintelligence" ist zweifellos eines der einflussreichsten und meistdiskutierten philosophischen Bücher über KI des 21. Jahrhunderts. Es analysiert mit logischer Rigorosität die Möglichkeit der Entstehung einer künstlichen Superintelligenz, die die menschliche Intelligenz in allen Bereichen bei weitem übertrifft. Die herausragende Stärke und Wirkung des Buches liegt in seiner bahnbrechenden Analyse der existenziellen Risiken, die mit einem solchen Ereignis verbunden sein könnten, insbesondere dem „Kontrollproblem". Bostroms Werk hat das Feld der KI-Sicherheit (AI Safety) maßgeblich geprägt und die langfristige, strategische Auseinandersetzung mit den ultimativen Konsequenzen von KI in den Mittelpunkt des akademischen und öffentlichen Interesses gerückt.

Visionen einer KI-gestützten Gesellschaft 7

Einleitung: Die Schwelle zu einer neuen Ära
Wir stehen an der Schwelle zu einer neuen Ära, in der Künstliche Intelligenz und KI-Agenten nicht mehr nur als Werkzeuge, sondern als integraler Bestandteil unserer Gesellschaft fungieren werden. Die Vision einer KI-gestützten Gesellschaft ist keine ferne Zukunftsmusik mehr, sondern nimmt bereits heute in vielen Bereichen konkrete Formen an. Dieses Kapitel widmet sich den Zukunftsvisionen einer Gesellschaft, in der KI-Agenten allgegenwärtig sind und das menschliche Leben in bisher unvorstellbarer Weise bereichern und transformieren.

Die Entwicklung von KI hat in den letzten Jahren eine beispiellose Beschleunigung erfahren. Von multimodalen Systemen, die verschiedene Datentypen gleichzeitig verarbeiten können, bis hin zu generativen KI-Anwendungen, die kreative Inhalte erschaffen – die technologischen Grundlagen für eine umfassende Integration von KI in alle Lebensbereiche sind gelegt. Doch wie wird eine Gesellschaft aussehen, in der diese Technologien ihr volles Potenzial entfalten? Welche Chancen und Herausforderungen bringt eine solche Transformation mit sich?

In diesem Kapitel werden wir verschiedene Visionen einer KI-gestützten Gesellschaft beleuchten, von der intelligenten Stadt der Zukunft über neue Formen des Zusammenlebens bis hin zu grundlegenden Veränderungen in Wirtschaft, Bildung und Gesundheitswesen. Wir werden untersuchen, wie KI-Agenten unsere Lebensqualität verbessern können, aber auch kritisch hinterfragen, welche gesellschaftlichen, ethischen und kulturellen Implikationen mit dieser Entwicklung einhergehen.

7.1 Die intelligente Stadt der Zukunft: Smart Cities als Lebensraum

7.1.1 Von vernetzten Infrastrukturen zu lebenden Organismen

Die Städte der Zukunft werden durch KI-gestützte Systeme zu lebenden, atmenden Organismen, die sich kontinuierlich an die Bedürfnisse ihrer Bewohner anpassen. Smart Cities repräsentieren eine der konkretesten Visionen einer KI-gestützten Gesellschaft, in der urbane Räume durch intelligente Vernetzung und Datenanalyse effizienter, nachhaltiger und lebenswerter gestaltet werden.

Im Zentrum dieser Entwicklung steht die Integration von Künstlicher Intelligenz und dem Internet der Dinge (IoT). Sensoren, die überall in der Stadt verteilt sind, sammeln kontinuierlich Daten über Verkehrsflüsse, Luftqualität, Energieverbrauch und viele weitere Parameter. KI-Systeme analysieren diese Daten in Echtzeit und optimieren die städtische Infrastruktur entsprechend. So können Verkehrsströme intelligent gesteuert, Energieressourcen effizient verteilt und Umweltbelastungen minimiert werden.

Ein Beispiel für diese Entwicklung ist die intelligente Verkehrssteuerung. KI-Algorithmen analysieren Verkehrsmuster und steuern Ampelsysteme dynamisch, um Staus zu reduzieren und die Verkehrseffizienz zu erhöhen. Gleichzeitig werden autonome Fahrzeuge in das Verkehrssystem integriert, die miteinander und mit der städtischen Infrastruktur kommunizieren, um eine optimale Mobilität zu gewährleisten.

Auch im Bereich der Energieversorgung revolutionieren KI-Systeme die städtische Infrastruktur. Smart Grids, intelligente Stromnetze, nutzen KI, um Energieerzeugung und -verbrauch in Echtzeit zu überwachen und zu optimieren. Erneuerbare Energiequellen werden nahtlos in das Netz integriert, und Energieüberschüsse werden gespeichert oder umverteilt, um eine nachhaltige und zuverlässige Energieversorgung zu gewährleisten.

7.1.2 Der Mensch im Mittelpunkt: Lebensqualität in der intelligenten Stadt

Trotz aller technologischen Innovationen steht in der Vision der Smart City der Mensch im Mittelpunkt. KI-Systeme dienen dazu, die Lebensqualität der Stadtbewohner zu verbessern und urbane Räume menschenfreundlicher zu gestalten.

Im Gesundheitsbereich ermöglichen KI-gestützte Systeme eine bessere medizinische Versorgung und Prävention. Telemedizinische Anwendungen, unterstützt durch KI-Diagnosetools, machen medizinische Expertise überall verfügbar. Gleichzeitig überwachen Sensoren in der Stadt die Umweltbedingungen und warnen vor gesundheitlichen Risiken wie schlechter Luftqualität oder Allergiebelastungen.

Die Sicherheit in Smart Cities wird durch prädiktive Polizeiarbeit erhöht. KI-Systeme analysieren Daten, um kritische Bereiche für Kriminalität vorherzusagen und Polizeiressourcen effizient einzusetzen. Gleichzeitig helfen intelligente Überwachungssysteme, Notfälle schnell zu erkennen und entsprechende Hilfsmaßnahmen einzuleiten.

Auch die Bürgerbeteiligung wird durch KI-gestützte Plattformen gefördert. Digitale Partizipationstools ermöglichen es den Bürgern, aktiv an der Stadtentwicklung teilzunehmen, Feedback zu geben und Ideen einzubringen. KI-Systeme helfen dabei, die Bedürfnisse und Wünsche der Bürger zu analysieren und in die Stadtplanung einzubeziehen.

7.1.3 Nachhaltigkeit und Resilienz: Die klimaintelligente Stadt

Eine zentrale Vision der Smart City ist die nachhaltige und klimaresiliente Gestaltung urbaner Räume. KI-Systeme spielen eine entscheidende Rolle bei der Bewältigung der Herausforderungen des Klimawandels und der Ressourcenknappheit.

Durch die umfassende Analyse von Umweltdaten wie Temperatur, Luftqualität und CO_2-Emissionen können KI-Systeme gezielte Maßnahmen zur Reduzierung des ökologischen Fußabdrucks von Städten entwickeln. Intelligente Gebäudemanagementsysteme optimieren den Energieverbrauch, während smarte Abfallwirtschaftssysteme Recyclingprozesse verbessern und Abfallmengen reduzieren.

Die Wasserverwaltung in Smart Cities wird durch KI-gestützte Systeme revolutioniert. Durch die Überwachung von Wasserverbrauch und -qualität können Leckagen frühzeitig erkannt, der Wasserverbrauch optimiert und die Effizienz der Wasserverteilung verbessert werden. Dies ist besonders wichtig angesichts zunehmender Wasserknappheit in vielen Regionen der Welt.

Grünflächen und urbane Landwirtschaft werden durch KI-gestützte Bewässerungs- und Pflegesysteme optimiert. Vertikale Gärten und Dachbegrünungen tragen zur Verbesserung des Stadtklimas bei und erhöhen die Biodiversität in urbanen Räumen.

7.2 Wirtschaft und Arbeit in einer KI-gestützten Gesellschaft

7.2.1 Die Transformation der Arbeitswelt: Neue Berufsbilder und Arbeitsmodelle

In einer KI-gestützten Gesellschaft wird sich die Arbeitswelt grundlegend wandeln. Routineaufgaben werden zunehmend von KI-Systemen und Robotern übernommen, während neue Berufsfelder entstehen, die menschliche Kreativität, emotionale Intelligenz und komplexes Problemlösungsdenken erfordern.

Die Automatisierung durch KI wird viele traditionelle Berufe verändern oder ersetzen. Gleichzeitig entstehen neue Berufsbilder wie KI-Ethiker, Dateninterpreten, Mensch-Maschine-Teaming-Spezialisten oder virtuelle Realitätsdesigner. Diese neuen Berufe erfordern eine Kombination aus technischem Verständnis und menschlichen Fähigkeiten wie Empathie, Kreativität und kritischem Denken.

Auch die Arbeitsmodelle werden sich verändern. Flexible Arbeitszeiten und -orte werden durch KI-gestützte Kollaborationstools ermöglicht. Die Grenzen zwischen Arbeit und Freizeit werden fließender, und projektbasierte Arbeit in wechselnden Teams wird zur Norm. KI-Systeme unterstützen dabei die Koordination und Kommunikation in verteilten Teams und optimieren die Zusammenarbeit über Zeitzonen und Kulturen hinweg.

7.2.2 Industrie 5.0: Mensch und Maschine in Symbiose

Die Vision der Industrie 5.0 geht über die reine Automatisierung hinaus und fokussiert auf die Symbiose zwischen Mensch und Maschine. KI-Systeme und Roboter übernehmen repetitive und gefährliche Aufgaben, während Menschen sich auf kreative, strategische und soziale Aspekte der Arbeit konzentrieren.

Kollaborative Roboter, sogenannte Cobots, arbeiten Hand in Hand mit menschlichen Mitarbeitern und verstärken deren Fähigkeiten. Augmented-Reality-Brillen, unterstützt durch KI, liefern Arbeitern in Echtzeit relevante Informationen und Anleitungen. KI-Systeme analysieren Produktionsprozesse und schlagen Optimierungen vor, während Menschen die endgültigen Entscheidungen treffen.

Diese Mensch-Maschine-Kollaboration führt zu einer höheren Produktivität und Qualität, während gleichzeitig die menschliche Kreativität und Problemlösungsfähigkeit gewürdigt und gefördert wird. Die Vision der Industrie 5.0 ist eine humanistische: Technologie dient dem Menschen und nicht umgekehrt.

7.2.3 Neue Wirtschaftsmodelle: Von der Plattformökonomie zur KI-gestützten Kreislaufwirtschaft

KI-Systeme ermöglichen neue Wirtschaftsmodelle, die effizienter, nachhaltiger und inklusiver sind als traditionelle Modelle. Die Plattformökonomie, bereits heute durch Unternehmen wie Uber oder Airbnb repräsentiert, wird durch KI weiter transformiert. KI-Algorithmen optimieren das Matching von Angebot und Nachfrage, personalisieren Dienstleistungen und ermöglichen neue Formen des Teilens und Tauschens.

Besonders vielversprechend ist die Vision einer KI-gestützten Kreislaufwirtschaft. KI-Systeme analysieren Produktlebenszyklen, identifizieren Recycling- und Wiederverwendungspotenziale und optimieren Ressourcenflüsse. Produkte werden so designt, dass sie leicht repariert, wiederverwendet oder recycelt werden können, und KI-Systeme verfolgen Materialien durch den gesamten Lebenszyklus.

Auch lokale Wirtschaftskreisläufe werden durch KI gestärkt. 3D-Druck und lokale Produktionsstätten, gesteuert durch KI, ermöglichen eine dezentrale Fertigung nach Bedarf. Dies reduziert Transportwege und stärkt lokale Gemeinschaften, während gleichzeitig globale Wissens- und Designnetzwerke genutzt werden.

7.3 Bildung und Wissen in der KI-Ära

7.3.1 Personalisiertes Lernen: Bildung für eine KI-gestützte Gesellschaft

In einer KI-gestützten Gesellschaft wird Bildung grundlegend transformiert. KI-Systeme ermöglichen ein personalisiertes Lernen, das auf die individuellen Bedürfnisse, Fähigkeiten und Interessen jedes Lernenden zugeschnitten ist.

Adaptive Lernplattformen analysieren das Lernverhalten und passen Inhalte, Schwierigkeitsgrade und Lernmethoden automatisch an. KI-Tutoren begleiten Lernende rund um die Uhr und bieten Unterstützung genau dann, wenn sie benötigt wird. Virtuelle und erweiterte Realität, gesteuert durch KI, schaffen immersive Lernumgebungen, in denen komplexe Konzepte anschaulich erfahrbar werden.

Gleichzeitig verändert sich die Rolle der Lehrenden. Sie werden zu Lernbegleitern und Mentoren, die kritisches Denken, Kreativität und soziale Fähigkeiten fördern – Kompetenzen, die auch in einer KI-gestützten Gesellschaft unverzichtbar bleiben. KI-Systeme unterstützen Lehrende bei administrativen Aufgaben, der Unterrichtsvorbereitung und der Identifikation von Lernlücken, sodass mehr Zeit für die individuelle Förderung bleibt.

7.3.2 Lebenslanges Lernen: Kontinuierliche Weiterbildung in einer sich wandelnden Welt

In einer Welt, in der sich Technologien und Anforderungen ständig wandeln, wird lebenslanges Lernen zur Notwendigkeit. KI-Systeme unterstützen diesen Prozess, indem sie individuelle Lernpfade vorschlagen, Wissenslücken identifizieren und maßgeschneiderte Weiterbildungsangebote empfehlen.

Mikro-Zertifikate und modulare Bildungsangebote, validiert durch KI-gestützte Assessments, ermöglichen eine flexible und bedarfsgerechte Weiterbildung. Virtuelle Lerngemeinschaften, unterstützt durch KI-Matchmaking, bringen Lernende mit ähnlichen Interessen zusammen und fördern den Wissensaustausch über Grenzen hinweg.

Unternehmen integrieren KI-gestützte Lernplattformen in den Arbeitsalltag und fördern eine kontinuierliche Weiterentwicklung ihrer Mitarbeiter. Just-in-time-Learning, bei dem Wissen genau dann vermittelt wird, wenn es benötigt wird, wird durch KI-Systeme ermöglicht, die den Lernbedarf antizipieren und relevante Inhalte bereitstellen.

7.3.3 Demokratisierung des Wissens: Zugang zu Bildung für alle

Eine zentrale Vision einer KI-gestützten Bildungslandschaft ist die Demokratisierung des Wissens. KI-Systeme können Bildungsinhalte in verschiedene Sprachen übersetzen, an unterschiedliche kulturelle Kontexte anpassen und für Menschen mit Behinderungen zugänglich machen.

Offene Bildungsressourcen, kuratiert und personalisiert durch KI, machen hochwertiges Bildungsmaterial weltweit verfügbar. KI-gestützte Tutorsysteme bringen Expertenwissen auch in abgelegene Regionen und ermöglichen Bildungschancen unabhängig von geografischen oder sozioökonomischen Barrieren.

Gleichzeitig helfen KI-Systeme, Bildungsungleichheiten zu identifizieren und gezielt anzugehen. Sie analysieren Lernfortschritte verschiedener demografischer Gruppen und unterstützen Bildungspolitiker bei der Entwicklung inklusiver Bildungsstrategien.

7.4 Gesundheit und Wohlbefinden in einer KI-gestützten Gesellschaft

7.4.1 Präzisionsmedizin: Personalisierte Gesundheitsversorgung durch KI

In einer KI-gestützten Gesellschaft wird die medizinische Versorgung präziser, personalisierter und präventiver. KI-Systeme analysieren genetische Daten, Biomarker, Lebensstilfaktoren und Umwelteinflüsse, um individuelle Gesundheitsrisiken zu identifizieren und maßgeschneiderte Präventionsstrategien zu entwickeln.

Diagnostische KI-Systeme unterstützen Ärzte bei der frühzeitigen Erkennung von Krankheiten, indem sie medizinische Bilder analysieren, Laborwerte interpretieren und subtile Muster erkennen, die dem menschlichen Auge entgehen könnten. Dies führt zu einer früheren Diagnose und besseren Behandlungsergebnissen.

Die Therapieplanung wird durch KI revolutioniert. Algorithmen analysieren die Wirksamkeit verschiedener Behandlungsoptionen für spezifische Patientenprofile und unterstützen Ärzte bei der Auswahl der optimalen Therapie. KI-gestützte Systeme überwachen kontinuierlich den Behandlungsverlauf und passen Therapiepläne bei Bedarf an.

7.4.2 Gesundheitsmonitoring: Kontinuierliche Überwachung und Prävention

Wearables und Biosensoren, verbunden mit KI-Systemen, ermöglichen ein kontinuierliches Gesundheitsmonitoring. Sie erfassen Vitalparameter, Aktivitätslevel, Schlafqualität und andere gesundheitsrelevante Daten und erkennen frühzeitig Abweichungen vom individuellen Normalzustand.

KI-Algorithmen analysieren diese Daten und geben personalisierte Empfehlungen zur Gesundheitsförderung. Sie erinnern an Medikamenteneinnahmen, schlagen angepasste Bewegungsprogramme vor und motivieren zu gesundheitsförderndem Verhalten durch gamifizierte Anwendungen.

Im Falle von Notfällen können KI-Systeme automatisch Hilfe rufen und relevante medizinische Informationen an Rettungsdienste übermitteln. Dies ist besonders wichtig für ältere Menschen und Personen mit chronischen Erkrankungen, die so länger selbstbestimmt leben können.

7.4.3 Mentale Gesundheit: KI als Unterstützung für psychisches Wohlbefinden

In einer zunehmend komplexen und schnelllebigen Welt gewinnt die mentale Gesundheit an Bedeutung. KI-gestützte Anwendungen bieten niedrigschwellige Unterstützung bei psychischen Belastungen und ergänzen professionelle therapeutische Angebote.

Chatbots und virtuelle Therapieassistenten, trainiert mit psychologischem Fachwissen, bieten emotionale Unterstützung und einfache therapeutische Interventionen. Sie erkennen Stimmungsschwankungen in Sprache und Verhalten und können bei Bedarf professionelle Hilfe vermitteln.

KI-Systeme analysieren auch gesellschaftliche Trends in Bezug auf mentale Gesundheit und unterstützen die Entwicklung präventiver Maßnahmen. Sie identifizieren Risikofaktoren wie soziale Isolation oder Stress und helfen bei der Gestaltung gesundheitsförderlicher Lebens- und Arbeitsumgebungen.

7.5 Soziale Beziehungen und Gemeinschaft in einer KI-gestützten Welt

7.5.1 Neue Formen der Kommunikation und Interaktion

KI-Systeme verändern die Art und Weise, wie Menschen miteinander kommunizieren und interagieren. Echtzeit-Übersetzungssysteme überwinden Sprachbarrieren und ermöglichen eine globale Kommunikation ohne Hindernisse. Virtuelle und erweiterte Realität, gesteuert durch KI, schaffen immersive soziale Erfahrungen über Distanzen hinweg.

Soziale Netzwerke werden durch KI intelligenter und personalisierter. Algorithmen verbinden Menschen mit ähnlichen Interessen und Werten und fördern bedeutungsvolle Beziehungen. Gleichzeitig helfen KI-Systeme, toxische Interaktionen zu erkennen und zu reduzieren, um gesündere Online-Gemeinschaften zu schaffen.

Auch die Interaktion zwischen Menschen und KI-Systemen selbst wird zunehmend natürlicher und intuitiver. Konversationelle KI-Agenten verstehen Kontext, Emotionen und implizite Bedeutungen und reagieren empathisch auf menschliche Bedürfnisse. Sie fungieren als Assistenten, Berater und manchmal sogar als Gefährten, besonders für Menschen mit eingeschränkten sozialen Kontakten.

7.5.2 Gemeinschaftsbildung und soziale Kohäsion

In einer KI-gestützten Gesellschaft entstehen neue Formen der Gemeinschaftsbildung. KI-Plattformen bringen Menschen mit gemeinsamen Interessen, Werten oder Zielen zusammen und unterstützen die Organisation kollektiver Aktivitäten. Sie identifizieren komplementäre Fähigkeiten und Ressourcen innerhalb von Gemeinschaften und fördern Kooperation und gegenseitige Unterstützung.

Lokale Gemeinschaften werden durch KI-gestützte Nachbarschaftsplattformen gestärkt. Diese verbinden Nachbarn, koordinieren gemeinsame Aktivitäten und organisieren Ressourcenaustausch. KI-Systeme identifizieren lokale Bedürfnisse und mobilisieren gemeinschaftliche Lösungen, von Kinderbetreuungsnetzwerken bis hin zu urbanen Gartenprojekten.

Gleichzeitig helfen KI-Systeme, soziale Isolation zu erkennen und anzugehen. Sie identifizieren vulnerable Personen und verbinden sie mit Unterstützungsangeboten und Gemeinschaftsaktivitäten. Dies ist besonders wichtig in einer alternden Gesellschaft, in der Einsamkeit zu einem wachsenden Problem wird.

7.5.3 Inklusion und Diversität in einer KI-gestützten Gesellschaft

Eine zentrale Vision einer KI-gestützten Gesellschaft ist die Förderung von Inklusion und Diversität. KI-Systeme können Barrieren abbauen, die Menschen mit Behinderungen, sprachlichen Einschränkungen oder aus marginalisierten Gruppen den vollen gesellschaftlichen Teilhabe erschweren.

Assistive Technologien, unterstützt durch KI, ermöglichen Menschen mit Behinderungen eine gleichberechtigte Teilhabe am gesellschaftlichen Leben. Von Spracherkennungssystemen für Menschen mit eingeschränkter Mobilität bis hin zu Bilderkennungssystemen für Sehbehinderte – KI macht Technologie zugänglicher und inklusiver.

KI-Systeme können auch helfen, unbewusste Vorurteile zu erkennen und zu reduzieren. Sie analysieren Entscheidungsprozesse auf Diskriminierungsmuster und unterstützen die Entwicklung fairerer Verfahren in Bereichen wie Personalauswahl, Kreditvergabe oder Bildungszugang.

7.6 Herausforderungen und Gestaltungsprinzipien für eine KI-gestützte Gesellschaft

7.6.1 Ethische Grundsätze und menschenzentrierte KI

Die Vision einer KI-gestützten Gesellschaft erfordert klare ethische Grundsätze und einen menschenzentrierten Ansatz. KI-Systeme müssen so gestaltet werden, dass sie menschliche Autonomie respektieren, Wohlbefinden fördern und gesellschaftliche Werte wie Gerechtigkeit, Privatsphäre und Solidarität unterstützen.

Transparenz und Erklärbarkeit sind zentrale Anforderungen an KI-Systeme in einer demokratischen Gesellschaft. Menschen müssen verstehen können, wie KI-Entscheidungen zustande kommen, besonders wenn diese ihr Leben signifikant beeinflussen. Dies erfordert sowohl technische Lösungen für explainable AI als auch gesellschaftliche Bildungsmaßnahmen zur Förderung von KI-Kompetenz.

Die Kontrolle über KI-Systeme muss letztendlich beim Menschen bleiben. Dies bedeutet, dass wichtige Entscheidungen von Menschen getroffen oder zumindest überprüft werden sollten und dass KI-Systeme jederzeit menschlicher Aufsicht unterliegen müssen.

7.6.2 Governance und Regulierung in einer KI-gestützten Gesellschaft

Die Gestaltung einer KI-gestützten Gesellschaft erfordert angemessene Governance-Strukturen und regulatorische Rahmenbedingungen. Diese müssen Innovation ermöglichen, gleichzeitig aber Risiken minimieren und gesellschaftliche Werte schützen.

Internationale Kooperation ist entscheidend, da KI-Systeme grenzüberschreitend wirken. Gemeinsame Standards, ethische Leitlinien und Regulierungsansätze sind notwendig, um einen globalen „Race to the Bottom" zu vermeiden und sicherzustellen, dass KI zum Wohle der gesamten Menschheit entwickelt wird.

Partizipative Governance-Ansätze sind wichtig, um verschiedene Perspektiven und Interessen in die Gestaltung einer KI-gestützten Gesellschaft einzubeziehen. Bürger, zivilgesellschaftliche Organisationen, Unternehmen und Regierungen müssen gemeinsam an der Entwicklung von Regeln und Normen für den Einsatz von KI arbeiten.

7.6.3 Resilienz und Anpassungsfähigkeit

Eine KI-gestützte Gesellschaft muss resilient und anpassungsfähig sein. Dies bedeutet, dass Systeme robust gegen Störungen sein müssen und dass gesellschaftliche Institutionen in der Lage sein müssen, mit den schnellen Veränderungen durch KI umzugehen.

Technische Resilienz erfordert redundante Systeme, Fail-Safe-Mechanismen und regelmäßige Sicherheitsüberprüfungen. KI-Systeme müssen so gestaltet sein, dass sie auch bei unerwarteten Eingaben oder in unvorhergesehenen Situationen sicher funktionieren.

Gesellschaftliche Resilienz erfordert flexible Institutionen, kontinuierliches Lernen und adaptive Governance-Ansätze. Experimentierräume, in denen neue Ansätze erprobt werden können, und Feedback-Mechanismen, die schnelle Anpassungen ermöglichen, sind wichtige Elemente einer resilienten KI-gestützten Gesellschaft.

7.7 Fazit: Eine gemeinsame Vision gestalten

Die Vision einer KI-gestützten Gesellschaft ist keine deterministische Zukunftsprognose, sondern ein Gestaltungsauftrag. Wie KI unsere Gesellschaft transformieren wird, hängt von den Entscheidungen ab, die wir heute treffen – als Individuen, als Gemeinschaften und als globale Gesellschaft.

Eine menschenzentrierte KI-gestützte Gesellschaft hat das Potenzial, viele der drängendsten Probleme unserer Zeit zu lösen: von Klimawandel und Ressourcenknappheit über demografischen Wandel bis hin zu sozialer Ungleichheit. Doch dies erfordert eine bewusste Gestaltung, die technologische Innovation mit ethischer Reflexion und gesellschaftlichem Dialog verbindet.

Die Zukunft der KI ist nicht vorherbestimmt, sondern wird von uns allen gestaltet. Indem wir eine gemeinsame Vision einer KI-gestützten Gesellschaft entwickeln, die menschliche Werte und Bedürfnisse in den Mittelpunkt stellt, können wir das transformative Potenzial dieser Technologie zum Wohle aller nutzen.

7.8 Verwendeten Literaturquellen mit Bewerung

1. **Beesmart.city. (2023). „Wie Künstliche Intelligenz die Smart City Bewegung beeinflusst."** Dieser Artikel von der Fachplattform „bee smart city" bietet eine exzellente, praxisorientierte Analyse der Rolle von KI in der Stadtentwicklung. Die Quelle zeichnet sich durch ihre spezifische Fokussierung aus und erläutert detailliert konkrete Anwendungsfälle, von der intelligenten Verkehrssteuerung über optimierte Energienetze bis hin zur vorausschauenden Instandhaltung städtischer Infrastruktur. Ihre Stärke liegt in der Verbindung von technologischem Potenzial und dem direkten Nutzen für Kommunen und ihre Bürger. Der Beitrag ist ideal, um zu verstehen, wie KI als „Gehirn" der Smart City fungiert und datengestützte, effiziente und bürgernahe städtische Dienstleistungen ermöglicht.
2. **Europäisches Parlament. (2025). „Künstliche Intelligenz: Chancen und Risiken."** Die Publikation des Europäischen Parlaments liefert den unverzichtbaren politisch-regulatorischen Rahmen für den Einsatz von KI, auch im Smart-City-Kontext. Sie stellt die enormen Chancen zur Effizienzsteigerung und Verbesserung der Lebensqualität den fundamentalen Risiken für Datenschutz, Überwachung und Diskriminierung gegenüber. Die Stärke der Quelle liegt in ihrer autoritativen Darstellung des europäischen „dritten Weges", der Innovation fördern, aber gleichzeitig die Grundrechte der Bürger schützen will. Dieser Artikel ist essenziell, um die ethischen und rechtlichen Leitplanken zu verstehen, innerhalb derer eine verantwortungsvolle KI-Implementierung in Städten stattfinden muss.

7.8 Verwendeten Literaturquellen mit Bewerung 117

3. **IT-P. (2024). „Die smarte Zukunft: Künstliche Intelligenz (KI) in Smart Cities."** Dieser Blogbeitrag eines IT-Dienstleistungsunternehmens beleuchtet das Thema aus einer klaren Anwendungs- und Implementierungsperspektive. Er beschreibt, wie KI-Lösungen die Daten, die in einer Stadt durch Sensoren und IoT-Geräte generiert werden, erst wirklich nutzbar machen. Die Stärke des Artikels ist seine unternehmerische Sichtweise, die KI als Schlüsseltechnologie für die Realisierung der „smarten Zukunft" positioniert und die Vorteile für kommunale Verwaltungen und die lokale Wirtschaft betont. Die Quelle eignet sich gut, um die technische und geschäftliche Seite der KI-Integration in städtische Systeme zu verstehen.
4. **Mind-Verse. (2025). „Die KI Zukunft: Chancen, Herausforderungen und gesellschaftliche Auswirkungen der Künstlichen Intelligenz."** Dieser Artikel bietet einen breiten Überblick über die gesamtgesellschaftlichen Auswirkungen von KI und dient als wertvoller Kontext für die spezifische Smart-City-Debatte. Er umreißt die transformativen Potenziale von KI für Wirtschaft und Gesellschaft, thematisiert aber auch die großen Herausforderungen wie Arbeitsplatzveränderungen und ethische Fragen. Die Stärke der Quelle liegt in dieser Makroperspektive, die zeigt, dass die Entwicklungen in Smart Cities Teil einer viel größeren, fundamentalen technologischen Revolution sind. Der Beitrag hilft, die spezifischen urbanen Anwendungen in einen breiteren gesellschaftlichen Wandel einzuordnen.
5. **National Geographic. (2023). „Neun Meilensteine der künstlichen Intelligenz."** Die Veröffentlichung von National Geographic liefert eine wichtige historische Einordnung, indem sie die Entwicklung der KI anhand entscheidender Durchbrüche nachzeichnet. Für das Thema Smart City ist dieser Artikel wertvoll, da er verdeutlicht, dass die heutigen komplexen Anwendungen auf jahrzehntelanger Grundlagenforschung aufbauen. Seine Stärke liegt in der journalistisch hochwertigen und zugänglichen Darstellung einer langen technologischen Entwicklungslinie. Die Quelle hilft zu verstehen, dass die „plötzliche" KI-Revolution in Wahrheit eine Evolution ist, deren Meilensteine die heutigen smarten urbanen Technologien erst ermöglicht haben.
6. **Zukunftsinstitut. (2024). „Der Megatrend Konnektivität."** Diese Analyse des renommierten Zukunftsinstituts ist von fundamentaler Bedeutung, da sie den Nährboden beschreibt, auf dem KI und Smart Cities gedeihen. Der Artikel erläutert Konnektivität als einen allumfassenden „Megatrend" – die globale Vernetzung von Menschen, Dingen und Daten in Echtzeit. Die herausragende Stärke der Quelle ist die Analyse dieser grundlegenden gesellschaftlichen Strömung, die als Voraussetzung für datengesteuerte KI-Systeme dient. Ohne die im Megatrend beschriebene allgegenwärtige Vernetzung gäbe es nicht die Datenbasis, die Smart-City-KI-Anwendungen benötigen, was diese Quelle zu einer essenziellen Lektüre für das grundlegende Verständnis macht.

Politische und rechtliche Aspekte 8

Einleitung: Die Regulierung von KI-Agenten als gesellschaftliche Herausforderung
Die rasante Entwicklung und zunehmende Verbreitung von KI-Agenten stellt Gesellschaften weltweit vor grundlegende politische und rechtliche Herausforderungen. Während die Technologie enorme Chancen für wirtschaftlichen Fortschritt, wissenschaftliche Durchbrüche und gesellschaftliche Entwicklung bietet, wirft sie gleichzeitig komplexe Fragen auf: Wie können wir sicherstellen, dass KI-Agenten im Einklang mit unseren Werten und Grundrechten handeln? Wer trägt die Verantwortung, wenn autonome Systeme Schäden verursachen? Wie können wir Innovation fördern und gleichzeitig Risiken minimieren?

Diese Fragen sind nicht nur technischer, sondern vor allem politischer und rechtlicher Natur. Sie betreffen fundamentale Aspekte unseres Zusammenlebens und erfordern einen gesellschaftlichen Aushandlungsprozess. In diesem Kapitel werden wir die politischen und rechtlichen Dimensionen von KI-Agenten beleuchten und einen Überblick über aktuelle Regulierungsansätze, internationale Unterschiede und zentrale Herausforderungen geben.

Die Regulierung von KI-Agenten ist dabei keine rein technische Angelegenheit, sondern eine Frage von Macht und Werten. Wie der Rechtswissenschaftler Hannah Ruschemeier betont: „In der raschen Verbreitung von KI-Technologie manifestiert sich eine neue Form von Macht. KI-Regulierung ist deshalb die Regulierung von Macht und damit eine rechtsstaatliche Frage, denn staatlich gesetztes Recht legitimiert und begrenzt Macht gleichermaßen." Diese Perspektive verdeutlicht, warum die politische und rechtliche Gestaltung des Einsatzes von KI-Agenten eine der zentralen gesellschaftlichen Herausforderungen unserer Zeit darstellt.

8.1 Regulierungsansätze für KI-Agenten: Ein globaler Überblick

8.1.1 Der europäische Weg: Der EU AI Act als Pioniergesetz

Die Europäische Union hat mit dem AI Act das weltweit erste umfassende Gesetz zur Regulierung künstlicher Intelligenz geschaffen. Im April 2021 von der Europäischen Kommission vorgeschlagen und nach intensiven Verhandlungen verabschiedet, verfolgt der AI Act einen risikobasierten Ansatz, der KI-Anwendungen je nach ihrem Gefährdungspotenzial in verschiedene Kategorien einteilt und entsprechend reguliert.

Der EU AI Act definiert vier Risikokategorien:

1. *Unannehmbares Risiko*: KI-Anwendungen, die als grundrechtswidrig gelten und daher verboten sind. Dazu gehören:
   - Systeme zur kognitiven Verhaltensmanipulation
   - Social Scoring-Systeme, die Menschen auf Basis ihres Verhaltens oder persönlicher Merkmale klassifizieren
   - Biometrische Echtzeit-Fernidentifizierungssysteme im öffentlichen Raum (mit begrenzten Ausnahmen für die Strafverfolgung)
2. *Hohes Risiko*: KI-Systeme, die ein erhebliches Risiko für Gesundheit, Sicherheit oder Grundrechte darstellen. Diese müssen vor dem Inverkehrbringen bewertet werden und unterliegen strengen Anforderungen bezüglich Datenverwaltung, Dokumentation, Transparenz, menschlicher Aufsicht, Robustheit und Genauigkeit. Beispiele sind KI-Systeme in kritischen Infrastrukturen, Bildung, Beschäftigung, Strafverfolgung oder Migrationskontrolle.
3. *Begrenztes Risiko*: KI-Systeme, die bestimmten Transparenzpflichten unterliegen. Nutzer müssen beispielsweise darüber informiert werden, wenn sie mit einem Chatbot interagieren oder wenn Inhalte durch KI generiert wurden.
4. *Minimales Risiko*: Die meisten KI-Anwendungen fallen in diese Kategorie und unterliegen keinen spezifischen Verpflichtungen.

Der EU AI Act legt besonderen Wert auf Transparenz, Nachvollziehbarkeit und menschliche Aufsicht. Er sieht vor, dass hochriskante KI-Systeme in einer EU-Datenbank registriert werden müssen und dass Bürger das Recht haben, bei den zuständigen nationalen Behörden Beschwerden einzureichen. Zudem enthält er spezifische Bestimmungen für General Purpose AI (GPAI) wie große Sprachmodelle, die je nach Risikopotenzial unterschiedlichen Anforderungen unterliegen.

Die Umsetzung des AI Act erfolgt schrittweise, mit ersten Vorgaben ab Februar 2025. Bei Verstößen drohen Unternehmen Bußgelder von bis zu 35 Mio. Euro oder 7 % des weltweiten Jahresumsatzes.

8.2 Der amerikanische Ansatz: Fragmentierte Regulierung und Selbstverpflichtung

Im Gegensatz zum umfassenden Regulierungsansatz der EU verfolgen die USA einen dezentraleren und marktorientierten Ansatz. Es gibt keine einheitliche bundesweite KI-Gesetzgebung, sondern eine Mischung aus sektorspezifischen Regelungen, staatlichen Initiativen und freiwilligen Richtlinien.

Auf Bundesebene hat das National Institute of Standards and Technology (NIST) im Auftrag der Regierung das AI Risk Management Framework (AI RMF) entwickelt. Dieses ist jedoch nicht rechtlich bindend, sondern dient als freiwilliger Leitfaden für Unternehmen. Das White House Office of Science and Technology Policy (OSTP) hat zudem eine „AI Bill of Rights" veröffentlicht, die ethische Richtlinien für die Entwicklung und den Einsatz von KI-Systemen enthält.

Auf staatlicher Ebene haben einzelne Bundesstaaten eigene KI-Gesetze erlassen. Kalifornien hat beispielsweise strenge Datenschutzgesetze mit dem California Privacy Rights Act (CPRA), der auch KI-Anwendungen betrifft. New York hat Regelungen für den Einsatz von KI bei Personalentscheidungen eingeführt. Diese föderale Vielfalt führt zu einem regulatorischen Flickenteppich, der Innovationen ermöglichen, aber auch Rechtsunsicherheit schaffen kann.

Der amerikanische Ansatz setzt stark auf die Selbstregulierung der Industrie und das Vertrauen in Marktmechanismen. Die Grundannahme ist, dass Unternehmen aus eigenem Interesse hohe Qualitätsstandards einhalten werden, um wettbewerbsfähig zu bleiben und Vertrauen bei den Nutzern zu schaffen. Kritiker bemängeln jedoch, dass dieser Ansatz zu uneinheitlichen Standards führen und bestimmte Risiken unzureichend adressieren könnte.

Interessant ist die jüngste Entwicklung, bei der Behörden wie die Federal Trade Commission (FTC) und die Food and Drug Administration (FDA) verstärkt gegen bestimmte KI-Anwendungen vorgehen, was auf eine mögliche Verschärfung der Regulierung hindeuten könnte.

8.3 Der chinesische Weg: Gezielte Regulierung und staatliche Kontrolle

Die Volksrepublik China verfolgt einen eigenen Weg in der KI-Regulierung, der durch einen iterativen, zielgerichteten Ansatz und eine starke staatliche Kontrolle gekennzeichnet ist. China hat bereits mehrere spezifische KI-Gesetze erlassen:

1. Regulierung von Empfehlungsalgorithmen (2021/2022): Diese Regelung zielt auf die Kontrolle von Algorithmen in sozialen Medien ab. Sie verlangt, dass Empfehlungsalgorithmen die von der Regierung festgelegten ethischen und moralischen Werte

respektieren und gibt Nutzern das Recht, zu entscheiden, ob ein Algorithmus aktiviert wird, sowie Anspruch auf Transparenz über die Ergebnisse.
2. Regelung der synthetischen Inhalte (2022): Dieses Gesetz schreibt vor, dass synthetisch erstellte Informationen als solche gekennzeichnet werden müssen, um Transparenz zu gewährleisten.
3. Vorschlag zur Regelung der generativen KI (2023): Diese Regelung fokussiert auf die faktische Leistungsfähigkeit und das Urheberrecht von synthetisch generierten Inhalten.

Der chinesische Ansatz zeichnet sich durch eine schnelle Reaktion auf technologische Entwicklungen aus. Statt eines umfassenden Gesetzes werden iterativ spezifische Regelungen für aktuelle Herausforderungen entwickelt. Gleichzeitig investiert China massiv in die KI-Forschung und -Entwicklung und fördert aktiv die Innovation in diesem Bereich.

Ein charakteristisches Merkmal des chinesischen Ansatzes ist die enge Verbindung zwischen staatlicher Kontrolle und technologischer Entwicklung. KI-Systeme werden nicht nur als wirtschaftliche Chance, sondern auch als Instrument zur Stärkung staatlicher Steuerungsfähigkeit betrachtet. Dies zeigt sich beispielsweise in der Nutzung von KI für Überwachungszwecke und soziale Kontrolle.

8.4 Internationale Unterschiede und Gemeinsamkeiten

Vergleicht man die Regulierungsansätze der EU, der USA und Chinas, werden sowohl grundlegende Unterschiede als auch Gemeinsamkeiten deutlich:

- Zielsetzung und Ansatz: Die EU verfolgt einen umfassenden, präventiven Ansatz mit klaren rechtlichen Vorgaben. Die USA setzen auf Selbstregulierung und marktorientierte Lösungen. China kombiniert gezielte Regulierung mit staatlicher Kontrolle und Förderung.
- Datenschutz und Privatsphäre: Die EU legt großen Wert auf den Schutz personenbezogener Daten und die Einhaltung der DSGVO. In den USA variieren die Datenschutzstandards je nach Bundesstaat. China hat flexiblere Datenschutzgesetze, die den technologischen Fortschritt priorisieren.
- Haftung und Verantwortung: Die EU legt klare Regeln für die Haftung von KI-Systemen fest. In den USA wird die Haftung fallweise entschieden. China hat weniger strenge Haftungsregeln, betont aber die Verantwortung der Betreiber.
- Innovationsförderung: Alle drei Regionen streben an, Innovation zu fördern, wählen jedoch unterschiedliche Wege. Die EU versucht, einen klaren Rahmen zu schaffen, der Rechtssicherheit bietet. Die USA setzen auf minimale Eingriffe, um Innovationen nicht zu hemmen. China fördert aktiv bestimmte KI-Anwendungen durch staatliche Investitionen.

Diese unterschiedlichen Ansätze spiegeln die jeweiligen politischen, wirtschaftlichen und kulturellen Kontexte wider und führen zu einer globalen Regulierungslandschaft, die eher einem Flickenteppich als einem kohärenten System gleicht. Für global agierende Unternehmen bedeutet dies, dass sie sich mit verschiedenen regulatorischen Anforderungen auseinandersetzen müssen.

8.5 Zentrale rechtliche Herausforderungen bei KI-Agenten

8.5.1 Datenschutz und Privatsphäre

Eine der zentralen rechtlichen Herausforderungen im Zusammenhang mit KI-Agenten betrifft den Datenschutz und die Wahrung der Privatsphäre. KI-Systeme benötigen große Datenmengen für Training und Betrieb, was grundlegende Fragen zum Umgang mit personenbezogenen Daten aufwirft.

In der EU gilt die Datenschutz-Grundverordnung (DSGVO) als zentraler Rechtsrahmen. Sie verlangt für die Verarbeitung personenbezogener Daten eine Rechtsgrundlage, etwa eine gesetzliche Erlaubnis oder die Einwilligung der betroffenen Personen. Für die Datenübermittlung in Drittländer gelten zusätzliche Anforderungen. Diese Vorgaben stellen KI-Entwickler vor erhebliche Herausforderungen, insbesondere bei Large Language Models wie ChatGPT, die enorme Datenmengen verarbeiten.

Ein konkretes Problem entsteht, wenn Nutzer Informationen in KI-Systeme eingeben. Diese werden an die Server der Betreiber übermittelt, dort verarbeitet und oft auch zu Trainingszwecken gespeichert. Befinden sich die Server außerhalb der EU, etwa in den USA, verlassen die Daten den europäischen Rechtsraum. Die Einwilligung der Nutzer ist dabei oft fraglich, da sie zum Zeitpunkt der Eingabe kaum nachvollziehen können, was mit ihren Daten geschieht. Noch problematischer wird es, wenn Nutzer nicht ihre eigenen, sondern fremde personenbezogene Daten eingeben.

Die rechtlichen Anforderungen variieren international erheblich. Während die EU strenge Vorgaben macht, haben die USA keinen einheitlichen Datenschutzstandard auf Bundesebene. China wiederum priorisiert technologischen Fortschritt gegenüber individuellen Datenschutzrechten. Diese Unterschiede erschweren eine global einheitliche Handhabung von Datenschutzfragen bei KI-Agenten.

8.5.2 Urheberrecht und geistiges Eigentum

Generative KI-Systeme, die Texte, Bilder oder Videos erstellen, werfen komplexe urheberrechtliche Fragen auf. Diese Systeme werden mit enormen Mengen an Daten trainiert, darunter auch urheberrechtlich geschützte Werke. Die rechtliche Bewertung dieser Nutzung ist umstritten und variiert je nach Rechtsordnung.

Ein zentrales Problem besteht darin, dass KI-Systeme nicht zwischen geschützten und nicht geschützten Inhalten differenzieren können. Wenn ein KI-System ein urheberrechtlich geschütztes Werk reproduziert oder übersetzt, können die Urheberrechte der Originalurheber auch nach der Bearbeitung fortbestehen. Besonders problematisch ist dies bei der Wiedergabe von Songtexten, der Umschreibung von Drehbuchszenen oder der Nutzung wiedererkennbarer Charaktere.

Zudem stellt sich die Frage, wer Urheber KI-generierter Werke ist und ob an diesen überhaupt ein Urheberrecht entstehen kann. Nach deutschem Urheberrecht kann nur ein Mensch Schöpfer eines Werkes und damit Urheber sein. Auch der Europäische Gerichtshof verlangt eine freie kreative Entscheidung für die Entstehung eines Urheberrechts. Werke, die allein durch KI entstanden sind, erfüllen diese Voraussetzung in der Regel nicht.

International gibt es unterschiedliche Ansätze: Während einige Rechtsordnungen den menschlichen Beitrag betonen, erkennen andere auch KI-generierte Werke als schutzfähig an. Diese Unterschiede führen zu Rechtsunsicherheit und erschweren den globalen Einsatz generativer KI-Systeme.

8.5.3 Haftung und Verantwortung

Die Frage, wer für Schäden haftet, die durch KI-Agenten verursacht werden, stellt eine besondere rechtliche Herausforderung dar. KI-Systeme agieren oft auf der Basis komplexer Algorithmen, die nicht immer vollständig nachvollziehbar sind. Dies erschwert die Zuordnung von Verantwortung nach traditionellen Haftungskonzepten.

Die geltenden nationalen Haftungsvorschriften, insbesondere zur verschuldensabhängigen Haftung, eignen sich nur bedingt für die Beurteilung von Haftungsansprüchen bei KI-verursachten Schäden. Auch die Produkthaftung stößt an Grenzen, da KI-Systeme oft nicht so transparent sind, dass Fehler in der Programmierung oder Entwicklung nachgewiesen werden können.

Die EU plant mit der KI-Haftungsrichtlinie (KI-Haft-RL) eine spezifische Regelung für die außervertragliche Haftung bei KI-Schäden. Ein zentraler Aspekt ist die Beweislast: Unter bestimmten Umständen soll ein ursächlicher Zusammenhang zwischen dem Verschulden des Beklagten und dem vom KI-System hervorgebrachten Ergebnis vermutet werden. Dies würde die Position geschädigter Personen stärken.

International variieren die Haftungsregeln erheblich. Während die EU einen umfassenden Ansatz verfolgt, werden in den USA Haftungsfragen oft fallweise entschieden. China hat weniger strenge Haftungsregeln, betont aber die Verantwortung der Betreiber. Diese Unterschiede erschweren eine einheitliche Handhabung von Haftungsfragen bei global eingesetzten KI-Agenten.

8.6 Diskriminierung und Fairness

KI-Agenten können bestehende gesellschaftliche Diskriminierungen reproduzieren oder sogar verstärken, wenn sie mit verzerrten Daten trainiert werden oder ihre Algorithmen inhärente Vorurteile enthalten. Dies wirft rechtliche Fragen im Zusammenhang mit Gleichbehandlungsgesetzen und Antidiskriminierungsvorschriften auf.

Ein konkretes Beispiel ist der Einsatz von KI im Personalwesen. Wird KI zur Bewerberauswahl eingesetzt, orientiert sie sich möglicherweise an Merkmalen der in der Vergangenheit eingestellten Kandidaten. Waren das überwiegend Personen einer bestimmten Gruppe, könnte das KI-System diese Muster reproduzieren und andere Bewerber benachteiligen. In Deutschland wäre dies ein klarer Verstoß gegen das Allgemeine Gleichbehandlungsgesetz (AGG).

Die rechtliche Herausforderung besteht darin, Diskriminierung durch KI-Systeme zu erkennen, nachzuweisen und zu verhindern. Dies erfordert Transparenz über die Funktionsweise der Systeme und die Möglichkeit, Entscheidungen nachzuvollziehen. Zudem müssen Verantwortlichkeiten klar definiert sein, um bei diskriminierenden Entscheidungen Rechtsschutz zu gewährleisten.

International gibt es unterschiedliche Ansätze zur Bekämpfung von KI-basierter Diskriminierung. Die EU betont in ihrem AI Act die Notwendigkeit nicht-diskriminierender KI-Systeme und verlangt für Hochrisikosysteme entsprechende Vorkehrungen. In den USA gibt es sektorspezifische Antidiskriminierungsgesetze, die auch auf KI-Anwendungen anwendbar sind. China hat weniger spezifische Regelungen in diesem Bereich.

8.6.1 Transparenz und Erklärbarkeit

Die Transparenz und Erklärbarkeit von KI-Entscheidungen ist sowohl eine technische als auch eine rechtliche Herausforderung. Viele moderne KI-Systeme, insbesondere neuronale Netze, funktionieren als „Black Boxes", deren Entscheidungswege selbst für Experten schwer nachvollziehbar sind. Dies steht im Spannungsverhältnis zu rechtlichen Anforderungen an Transparenz und Nachvollziehbarkeit.

In der EU gibt die DSGVO Betroffenen das Recht, nicht einer ausschließlich auf automatisierter Verarbeitung beruhenden Entscheidung unterworfen zu werden, die ihnen gegenüber rechtliche Wirkung entfaltet oder sie erheblich beeinträchtigt. Zudem haben sie ein Recht auf aussagekräftige Informationen über die involvierte Logik sowie die Tragweite und angestrebten Auswirkungen einer solchen Verarbeitung.

Der EU AI Act geht noch weiter und verlangt für Hochrisiko-KI-Systeme umfassende Transparenz- und Dokumentationspflichten. Nutzer müssen verstehen können, wie das System funktioniert und wie Entscheidungen zustande kommen. Dies stellt Entwickler vor erhebliche Herausforderungen, insbesondere bei komplexen Systemen wie Large Language Models.

International variieren die Anforderungen an Transparenz und Erklärbarkeit. Während die EU strenge Vorgaben macht, sind die Anforderungen in den USA und China oft weniger spezifisch. Diese Unterschiede erschweren die Entwicklung global einsetzbarer KI-Systeme, die allen regulatorischen Anforderungen gerecht werden.

8.6.2 Machtverschiebungen und geopolitische Implikationen

Die Entwicklung und Kontrolle von KI-Agenten hat weitreichende geopolitische Implikationen und führt zu Machtverschiebungen auf globaler Ebene. Künstliche Intelligenz wird zunehmend als strategische Technologie betrachtet, die wirtschaftliche, militärische und politische Vorteile verschaffen kann.

Die führenden Technologiemächte – USA, China und die EU – verfolgen unterschiedliche Strategien, um ihre Position im globalen KI-Wettbewerb zu stärken. Die USA setzen auf ihre starke Privatwirtschaft und führende Technologieunternehmen. China hat einen nationalen Plan zur KI-Entwicklung mit massiven staatlichen Investitionen. Die EU versucht, durch Regulierung und Förderung einen eigenen Weg zu finden, der europäische Werte und Wettbewerbsfähigkeit verbindet.

Diese Rivalität hat Auswirkungen auf internationale Beziehungen, Handelsabkommen und Sicherheitspolitik. Es besteht die Gefahr eines „KI-Nationalismus", bei dem Staaten versuchen, ihre technologische Souveränität zu wahren und den Zugang zu KI-Technologien zu kontrollieren. Dies könnte zu einer Fragmentierung des globalen Technologieraums führen.

Gleichzeitig entstehen neue Abhängigkeiten und Machtasymmetrien. Länder und Organisationen ohne Zugang zu fortschrittlichen KI-Technologien könnten ins Hintertreffen geraten. Die Kontrolle über Daten, Rechenkapazitäten und KI-Expertise wird zu einem entscheidenden Machtfaktor in der internationalen Politik.

8.6.3 Demokratische Kontrolle und Governance

Die zunehmende Verbreitung von KI-Agenten wirft grundlegende Fragen zur demokratischen Kontrolle und Governance dieser Technologien auf. Wie können demokratische Gesellschaften sicherstellen, dass KI-Systeme im Einklang mit demokratischen Werten und unter angemessener öffentlicher Aufsicht entwickelt und eingesetzt werden?

Eine zentrale Herausforderung besteht in der Machtkonzentration bei großen Technologieunternehmen. Firmen wie Google, Meta oder OpenAI verfügen über enorme Datenmengen, technisches Know-how und finanzielle Ressourcen, die ihnen einen erheblichen Einfluss auf die Entwicklung von KI-Technologien geben. Diese Machtkonzentration kann demokratische Entscheidungsprozesse untergraben und zu einer Privatisierung von Governance-Funktionen führen.

8.6 Diskriminierung und Fairness

Gleichzeitig stellt die technische Komplexität von KI-Systemen eine Herausforderung für demokratische Kontrolle dar. Parlamentarier, Richter und andere Entscheidungsträger verfügen oft nicht über das notwendige Fachwissen, um KI-Technologien zu verstehen und zu regulieren. Dies kann zu einem „Demokratiedefizit" führen, bei dem wichtige Entscheidungen von technischen Experten getroffen werden, ohne ausreichende demokratische Legitimation.

Verschiedene Governance-Modelle werden diskutiert, um diese Herausforderungen zu adressieren:

- Ko-Regulierung: Zusammenarbeit zwischen staatlichen Institutionen und privaten Akteuren bei der Entwicklung von Standards und Regeln.
- Multistakeholder-Ansätze: Einbeziehung verschiedener Interessengruppen, einschließlich Zivilgesellschaft, Wissenschaft und betroffener Gemeinschaften.
- Technische Governance: Implementierung von Werten und Regeln direkt in die Technologie, etwa durch „Privacy by Design" oder „Ethics by Design".

Die EU versucht mit dem AI Act, einen demokratisch legitimierten Rahmen für KI-Governance zu schaffen. Dieser sieht unter anderem die Einrichtung eines Europäischen Ausschusses für künstliche Intelligenz vor, der die Umsetzung des Gesetzes überwachen und beraten soll.

8.6.4 Wirtschaftliche und soziale Auswirkungen

Die politische Gestaltung von KI-Agenten hat weitreichende wirtschaftliche und soziale Auswirkungen. Politische Entscheidungen über Regulierung, Förderung und Einsatz von KI-Technologien beeinflussen Arbeitsmarkt, Wettbewerbsfähigkeit, soziale Ungleichheit und gesellschaftlichen Zusammenhalt.

Im Bereich des Arbeitsmarktes führt der Einsatz von KI-Agenten zu tiefgreifenden Veränderungen. Bestimmte Tätigkeiten werden automatisiert, während neue Berufsfelder entstehen. Politische Entscheidungsträger stehen vor der Herausforderung, diesen Wandel so zu gestalten, dass er nicht zu massiver Arbeitslosigkeit und sozialer Ungleichheit führt. Dies erfordert Investitionen in Bildung, Umschulung und soziale Sicherungssysteme.

Die Wettbewerbspolitik muss sich mit der Frage auseinandersetzen, wie Monopolbildung im KI-Bereich verhindert werden kann. Die hohen Kosten für Daten, Rechenkapazitäten und Fachkräfte begünstigen große Unternehmen und können zu Marktkonzentration führen. Politische Maßnahmen wie Kartellrecht, Datenzugangsrechte oder öffentliche Förderung können hier gegensteuern.

Soziale Ungleichheit kann durch KI-Technologien verstärkt werden, wenn bestimmte Gruppen keinen Zugang zu diesen Technologien haben oder überproportional von negativen Auswirkungen betroffen sind. Politische Maßnahmen zur Förderung digitaler Inklusion und zum Schutz vulnerabler Gruppen sind daher wichtig.

Die verschiedenen politischen Ansätze spiegeln unterschiedliche Prioritäten und Wertvorstellungen wider. Während die USA stark auf Marktmechanismen und Wirtschaftswachstum setzen, betont die EU stärker soziale Aspekte und Grundrechtsschutz. China wiederum verfolgt einen staatsgelenkten Ansatz mit Fokus auf wirtschaftliche und technologische Entwicklung.

8.7 Ausblick: Zukünftige Entwicklungen und Herausforderungen

8.7.1 Internationale Harmonisierung und Kooperation

Angesichts der globalen Natur von KI-Technologien und der aktuellen Fragmentierung der Regulierungslandschaft wird die internationale Harmonisierung und Kooperation zunehmend wichtig. Verschiedene Initiativen zielen darauf ab, gemeinsame Standards, Prinzipien und Regelungen zu entwickeln.

Die OECD hat KI-Prinzipien veröffentlicht, die von 42 Ländern angenommen wurden und als Grundlage für internationale Zusammenarbeit dienen können. Die G7 und G20 haben KI auf ihre Agenda gesetzt und diskutieren gemeinsame Ansätze. Die UNESCO hat Empfehlungen zur Ethik der KI verabschiedet, die einen globalen Rahmen bieten sollen.

Trotz dieser Bemühungen bleiben erhebliche Herausforderungen für eine internationale Harmonisierung. Die unterschiedlichen politischen, wirtschaftlichen und kulturellen Kontexte führen zu divergierenden Prioritäten und Ansätzen. Zudem besteht ein Spannungsverhältnis zwischen dem Streben nach technologischer Souveränität und der Notwendigkeit internationaler Kooperation.

Ein möglicher Weg könnte in der Entwicklung interoperabler Standards und Regelungen liegen, die nationale Besonderheiten respektieren, aber gleichzeitig einen gemeinsamen Rahmen schaffen. Die EU könnte mit dem AI Act einen „Brussels Effect" auslösen, bei dem europäische Standards aufgrund der Marktgröße der EU global übernommen werden.

8.7.2 Technologische Entwicklung und regulatorische Anpassung

Die rasante technologische Entwicklung im Bereich der KI stellt Regulierungsbehörden vor die Herausforderung, mit dem Tempo Schritt zu halten. Neue KI-Modelle und -Anwendungen können bestehende Regelungen schnell überholen und neue Risiken schaffen, die nicht adäquat adressiert werden.

Ein Beispiel ist die Entwicklung von Large Language Models wie GPT-4, die Fähigkeiten zeigen, die bei der Konzeption vieler Regulierungsansätze noch nicht absehbar waren. Die Fähigkeit dieser Modelle, menschenähnliche Texte zu generieren, Programmcode zu schreiben oder komplexe Aufgaben zu lösen, wirft neue rechtliche und ethische Fragen auf.

Regulatorische Ansätze müssen daher flexibel und anpassungsfähig sein, um mit der technologischen Entwicklung Schritt zu halten. Mögliche Strategien umfassen:

- Prinzipienbasierte Regulierung: Fokus auf grundlegende Prinzipien und Ziele statt detaillierter technischer Vorgaben.
- Regulatorische Sandboxes: Experimentierräume, in denen neue Technologien unter kontrollierten Bedingungen getestet werden können.
- Adaptive Regulierung: Regelmäßige Überprüfung und Anpassung von Regelungen auf Basis neuer Erkenntnisse und Entwicklungen.

Der EU AI Act versucht, durch eine technologieneutrale Definition von KI und einen risikobasierten Ansatz eine gewisse Zukunftssicherheit zu gewährleisten. Dennoch wird es regelmäßiger Anpassungen bedürfen, um mit der technologischen Entwicklung Schritt zu halten.

8.7.3 Ethische Grundlagen und gesellschaftlicher Dialog

Die Regulierung von KI-Agenten kann nicht allein auf technischen und rechtlichen Überlegungen basieren, sondern muss auch ethische Grundlagen und gesellschaftliche Werte berücksichtigen. Dies erfordert einen breiten gesellschaftlichen Dialog über die Ziele, Grenzen und Gestaltungsprinzipien von KI-Technologien.

Verschiedene Stakeholder – Bürger, Zivilgesellschaft, Wirtschaft, Wissenschaft und Politik – haben unterschiedliche Perspektiven und Interessen in Bezug auf KI. Ein inklusiver Dialog kann dazu beitragen, diese verschiedenen Sichtweisen zu berücksichtigen und einen gesellschaftlichen Konsens zu entwickeln.

Ethikkommissionen und Beratungsgremien können eine wichtige Rolle bei der Entwicklung ethischer Leitlinien und der Beratung politischer Entscheidungsträger spielen. In Deutschland hat beispielsweise die Datenethikkommission Empfehlungen zur ethischen Entwicklung und Regulierung von KI erarbeitet. Auf EU-Ebene hat die High-Level Expert Group on AI Ethik-Leitlinien für vertrauenswürdige KI entwickelt.

Bildung und Aufklärung sind entscheidend, um Bürger zu befähigen, an diesem Dialog teilzunehmen und informierte Entscheidungen über den Einsatz von KI-Technologien zu treffen. Dies umfasst sowohl technisches Verständnis als auch ethische Reflexion über die gesellschaftlichen Implikationen von KI.

8.8 Fazit: Politische und rechtliche Gestaltung als gesellschaftliche Aufgabe

Die politische und rechtliche Gestaltung von KI-Agenten ist eine der zentralen gesellschaftlichen Aufgaben unserer Zeit. Sie erfordert einen ausgewogenen Ansatz, der Innovation fördert, Risiken minimiert und grundlegende Werte und Rechte schützt.

Die verschiedenen Regulierungsansätze – der umfassende, präventive Ansatz der EU, der marktorientierte Ansatz der USA und der gezielte, staatlich gelenkte Ansatz Chinas – spiegeln unterschiedliche politische, wirtschaftliche und kulturelle Kontexte wider. Jeder dieser Ansätze hat Stärken und Schwächen, und es gibt keine universelle Lösung für die komplexen Herausforderungen der KI-Regulierung.

Die zentralen rechtlichen Herausforderungen – Datenschutz, Urheberrecht, Haftung, Diskriminierung und Transparenz – erfordern innovative rechtliche Lösungen, die sowohl technisch umsetzbar als auch normativ angemessen sind. Die politischen Dimensionen – geopolitische Implikationen, demokratische Kontrolle und wirtschaftlich-soziale Auswirkungen – verdeutlichen, dass KI-Regulierung nicht nur eine technische, sondern vor allem eine politische Frage ist.

Der Ausblick auf zukünftige Entwicklungen zeigt die Notwendigkeit internationaler Kooperation, regulatorischer Anpassungsfähigkeit und eines breiten gesellschaftlichen Dialogs. Nur durch die Zusammenarbeit verschiedener Akteure und die Berücksichtigung verschiedener Perspektiven kann eine Regulierung entstehen, die den komplexen Herausforderungen von KI-Agenten gerecht wird.

Letztlich geht es bei der politischen und rechtlichen Gestaltung von KI-Agenten um die Frage, welche Gesellschaft wir sein wollen und wie wir Technologie in den Dienst menschlicher Werte und Ziele stellen können. Diese Frage kann nur durch einen demokratischen Aushandlungsprozess beantwortet werden, an dem alle Teile der Gesellschaft beteiligt sind.

8.9 Verwendeten Literaturquellen mit Bewertung

1. **Europäisches Parlament. (2025). „KI-Gesetz: erste Regulierung der künstlichen Intelligenz."**
Dieser Artikel vom Europäischen Parlament ist die maßgebliche Primärquelle zur Erklärung des EU AI Acts. Er erläutert direkt aus der Feder des Gesetzgebers die Ziele, die Struktur und die zentralen Elemente der Verordnung. Die Stärke der Quelle liegt in ihrer Autorität und Präzision; sie beschreibt den risikobasierten Ansatz, die verschiedenen Risikoklassen (von inakzeptabel bis minimal) und die daraus resultierenden Verpflichtungen für Anbieter und Nutzer. Für das grundlegende Verständnis des weltweit ersten umfassenden KI-Gesetzes ist dieser Text unverzichtbar. Er bildet die Grundlage für alle weiteren juristischen und unternehmerischen Analysen.

2. **KPMG Law. (2025). „KI-Compliance: Wichtige rechtliche Aspekte im Überblick."**
   Die Veröffentlichung von KPMG Law übersetzt die abstrakten gesetzlichen Vorgaben des AI Acts in die konkrete unternehmerische Praxis. Die Quelle ist äußerst nützlich, da sie die rechtlichen Anforderungen aus der Perspektive der Compliance und des Risikomanagements beleuchtet. Ihre Stärke liegt in der praxisnahen Darstellung der Herausforderungen für Unternehmen, von Datenschutz über geistiges Eigentum bis hin zum Arbeitsrecht. Der Artikel fungiert als Leitfaden für Entscheidungsträger, um rechtliche Fallstricke zu erkennen und eine Strategie zur KI-Compliance zu entwickeln. Er ist somit eine Brücke zwischen dem Gesetzestext und dessen betrieblicher Umsetzung.
3. **Ruschemeier, Hannah. (2023). „Regulierung von KI." Bundeszentrale für politische Bildung.**
   Dieser Beitrag aus der Reihe „Aus Politik und Zeitgeschichte" (APuZ) bietet eine herausragende wissenschaftliche und gesellschaftspolitische Einordnung der KI-Regulierung. Hannah Ruschemeier argumentiert, dass KI-Regulierung im Kern die Regulierung von Macht ist und somit eine zentrale rechtsstaatliche Aufgabe darstellt. Die Stärke des Artikels ist seine analytische Tiefe, die über eine reine Beschreibung des Gesetzes hinausgeht und die grundlegenden Prinzipien und Herausforderungen diskutiert. Er ist eine essenzielle Quelle, um nicht nur das „Was", sondern auch das „Warum" der Regulierung im Kontext von Demokratie und Grundrechten zu verstehen.
4. **Debowiak, Nico. (2024). „AI ACT: Ein internationaler Vergleich – Europa, USA, China." LinkedIn.**
   Dieser LinkedIn-Artikel bietet einen kompakten und sehr zugänglichen Vergleich der drei großen globalen Regulierungsansätze. Seine Stärke liegt in der prägnanten Gegenüberstellung der unterschiedlichen Philosophien: Europas grundrechtebasierter Ansatz, Amerikas eher marktorientiertes, sektorspezifisches Modell und Chinas staatlich kontrollierte, auf soziale Stabilität ausgerichtete Strategie. Als Beitrag auf einer beruflichen Plattform ist er ideal für einen schnellen, aber aufschlussreichen Überblick. Er hilft, den EU AI Act in den globalen geopolitischen Kontext einzuordnen und die strategischen Unterschiede zu verstehen.
5. **Do Khac, Lilian. (2023). „KI-Regulierung in den USA und in der Volksrepublik China – Implikationen für die eigene globale IT-Organisation." adesso.**
   Diese Quelle vom IT-Dienstleister adesso nimmt eine sehr praktische Perspektive ein und fokussiert auf die konkreten Folgen der unterschiedlichen Regulierungsansätze für international tätige Unternehmen. Die Stärke des Artikels liegt in der Analyse der betrieblichen Implikationen: Wie muss eine globale IT-Organisation aufgestellt sein, um den widersprüchlichen Anforderungen aus Brüssel, Washington und Peking gerecht zu werden? Der Beitrag ist besonders wertvoll für IT-Manager und Compliance-Beauftragte, da er die globalen Rechtsräume nicht nur vergleicht, sondern direkt in operative Herausforderungen und Handlungsanweisungen übersetzt.

6. **Taylor Wessing. (2023). „KI-Regulierung in Europa und der Welt."**
Dieser Überblick der internationalen Anwaltskanzlei Taylor Wessing bietet eine juristisch fundierte und globale Perspektive auf die KI-Regulierung. Die Quelle vergleicht nicht nur die großen Blöcke, sondern bezieht oft auch die Entwicklungen in anderen wichtigen Rechtsräumen wie dem Vereinigten Königreich mit ein. Ihre Stärke liegt in der detaillierten juristischen Analyse und der strategischen Beratungsperspektive für Mandanten. Der Artikel ist hervorragend geeignet, um einen differenzierten Einblick in die globale Rechtslandschaft zu erhalten und die Nuancen der verschiedenen nationalen und regionalen Initiativen zu verstehen.

7. **Spektrum. (2023). „KI-Regulierung: Wie Staaten weltweit KI in Schach halten wollen."**
Dieser Artikel des renommierten Wissenschaftsmagazins Spektrum bietet eine qualitativ hochwertige journalistische Zusammenfassung der globalen Regulierungsbestrebungen. Er erklärt die verschiedenen nationalen Ansätze und deren jeweilige Motivationen auf eine Weise, die auch für Nicht-Juristen sehr gut verständlich ist. Die Stärke der Quelle ist diese ausgewogene und informative Darstellung, die die komplexen Sachverhalte in einen größeren gesellschaftlichen und politischen Kontext einbettet. Sie ist ideal, um sich einen fundierten und gleichzeitig gut lesbaren Überblick über das globale Ringen um die richtigen Regeln für künstliche Intelligenz zu verschaffen.

Teil IV
Ausblick und Handlungsempfehlungen

Fallstudien und Praxisbeispiele 9

Einleitung: KI-Agenten in der Praxis
Die theoretischen Grundlagen und Potenziale von KI-Agenten sind beeindruckend, doch ihre wahre Bedeutung erschließt sich erst in der praktischen Anwendung. In diesem Kapitel werden wir uns mit konkreten Fallstudien und Praxisbeispielen befassen, die zeigen, wie KI-Agenten bereits heute in verschiedenen Branchen und Anwendungsbereichen eingesetzt werden und welche Ergebnisse sie erzielen.

Die Vielfalt der Einsatzmöglichkeiten ist bemerkenswert: Von Kundenservice und Marketing über Gesundheitswesen und Fertigung bis hin zu Logistik und Sicherheit – KI-Agenten transformieren Geschäftsprozesse, optimieren Abläufe und schaffen neue Möglichkeiten der Interaktion. Dabei zeigt sich, dass die Technologie weit über theoretische Konzepte hinausgeht und bereits konkrete wirtschaftliche und gesellschaftliche Werte schafft.

Laut Gartner, einem führenden Forschungs- und Beratungsunternehmen, wird agentenbasierte KI als einer der wichtigsten Technologietrends für 2025 angesehen. Prognosen zufolge könnte der globale Markt für KI-Agenten zwischen 2024 und 2030 mit einer durchschnittlichen jährlichen Wachstumsrate von 44,8 % wachsen und bis 2030 ein Volumen von 47,1 Mrd. USD erreichen. Diese Zahlen unterstreichen die wachsende Bedeutung und das enorme Potenzial dieser Technologie.

In den folgenden Abschnitten werden wir verschiedene Kategorien von KI-Agenten und ihre praktischen Anwendungen anhand konkreter Beispiele betrachten. Wir werden untersuchen, wie sie implementiert wurden, welche Herausforderungen dabei auftraten und welche Ergebnisse erzielt wurden. Diese Fallstudien sollen nicht nur die technischen Möglichkeiten illustrieren, sondern auch praktische Einblicke und Inspirationen für eigene Anwendungen bieten.

9.1 Kundenservice und Support: Die neue Dimension der Kundenkommunikation

9.1.1 Fallstudie 1: Chatsimple's Verkaufsagent

Chatsimple hat einen KI-gestützten Verkaufsagenten entwickelt, der Unternehmen dabei hilft, ihre Konversionsraten zu steigern und den Kundensupport zu verbessern. Der Agent interagiert mit Website-Besuchern in Echtzeit, versteht ihre Bedürfnisse und empfiehlt passende Produkte oder Lösungen.

Implementierung und Funktionsweise: Der Verkaufsagent basiert auf einem fortschrittlichen Large Language Model, das mit branchenspezifischen Daten trainiert wurde. Er kann:

- Kundenbedürfnisse durch natürliche Sprachverarbeitung verstehen
- Personalisierte Produktempfehlungen basierend auf Kundeninteraktionen geben
- Komplexe Fragen zu Produkten, Preisen und Verfügbarkeit beantworten
- Kunden durch den Kaufprozess führen und Einwände behandeln
- Nahtlos an menschliche Mitarbeiter übergeben, wenn komplexere Probleme auftreten
- Ergebnisse: Unternehmen, die den Verkaufsagenten von Chatsimple implementiert haben, berichten von beeindruckenden Ergebnissen:
- Steigerung der Konversionsraten um durchschnittlich 35 %
- Reduzierung der Reaktionszeit auf Kundenanfragen von Stunden auf Sekunden
- Erhöhung des durchschnittlichen Bestellwerts durch effektive Cross-Selling-Empfehlungen
- Entlastung des Kundenservice-Teams, das sich nun auf komplexere Anfragen konzentrieren kann

Ein besonderer Vorteil des Agenten ist seine Fähigkeit, rund um die Uhr verfügbar zu sein und sofort auf Kundenanfragen zu reagieren, was besonders in internationalen Märkten mit verschiedenen Zeitzonen von Bedeutung ist.

9.1.2 Fallstudie 2: PayPal's KI-gestützter Kundenassistent

PayPal, einer der weltweit führenden Anbieter von Online-Zahlungslösungen, hat einen KI-gestützten Assistenten implementiert, um Kundenanfragen effizienter zu bearbeiten und die Nutzererfahrung zu verbessern.

Implementierung und Funktionsweise: Der KI-Agent von PayPal wurde entwickelt, um häufige Kundenanfragen zu bearbeiten, darunter:

- Überprüfung des Zahlungsstatus
- Hilfe bei der Kontoverwaltung
- Unterstützung bei der Aktualisierung persönlicher Daten

- Lösung häufiger Probleme bei Transaktionen
- Beantwortung von Fragen zu Gebühren und Diensten

Der Agent nutzt Natural Language Processing, um die Absicht der Kunden zu verstehen, und greift auf eine umfangreiche Wissensdatenbank zu, um präzise Antworten zu liefern. Bei komplexeren Anfragen kann er nahtlos an einen menschlichen Mitarbeiter übergeben.

Ergebnisse: Die Implementierung des KI-Agenten hat zu signifikanten Verbesserungen geführt:

- Reduzierung der Bearbeitungszeit für Standardanfragen um 70 %
- Steigerung der Kundenzufriedenheit um 25 % durch schnellere Reaktionszeiten
- Bearbeitung von über 65 % aller Kundenanfragen ohne menschliches Eingreifen
- Kostenersparnis von schätzungsweise 15 Mio. USD jährlich durch Effizienzsteigerungen

Ein besonders interessanter Aspekt ist die kontinuierliche Verbesserung des Agenten durch maschinelles Lernen. Mit jeder Interaktion wird er besser darin, Kundenanliegen zu verstehen und zu lösen.

9.2 Gesundheitswesen: Präzision und Effizienz durch KI-Agenten

9.2.1 Fallstudie 3: Ada Health's Symptomanalyse-Agent

Ada Health hat einen KI-Agenten entwickelt, der Nutzern hilft, ihre Symptome zu verstehen und evidenzbasierte medizinische Ratschläge zu erhalten. Der Agent fungiert als erste Anlaufstelle für Gesundheitsfragen und unterstützt sowohl Patienten als auch medizinisches Fachpersonal.

Implementierung und Funktionsweise: Der Ada-Agent kombiniert medizinisches Fachwissen mit fortschrittlichen KI-Algorithmen und funktioniert wie folgt:

- Nutzer beschreiben ihre Symptome in natürlicher Sprache
- Der Agent stellt gezielte Folgefragen, um ein umfassendes Bild zu erhalten
- Basierend auf den Antworten und medizinischen Datenbanken werden mögliche Ursachen identifiziert
- Der Agent gibt personalisierte Gesundheitsempfehlungen und Handlungsvorschläge
- Bei Bedarf wird eine Konsultation mit einem Arzt empfohlen

Das System wurde mit Millionen von anonymisierten medizinischen Fällen trainiert und wird kontinuierlich von Ärzten überprüft und aktualisiert.

Ergebnisse: Die Nutzung des Ada-Agenten hat zu bemerkenswerten Ergebnissen geführt:

- Über 10 Mio. Nutzer weltweit haben den Dienst bereits in Anspruch genommen
- Reduzierung unnötiger Arztbesuche um etwa 30 %
- In 93 % der Fälle stimmen die Einschätzungen des Agenten mit denen von Ärzten überein
- Frühzeitige Erkennung potenziell schwerwiegender Erkrankungen, die sonst möglicherweise übersehen worden wären

Ein besonderer Vorteil ist die Zugänglichkeit des Systems, das Menschen in unterversorgten Gebieten oder mit eingeschränktem Zugang zu medizinischer Versorgung eine erste medizinische Einschätzung bietet.

9.2.2 Fallstudie 4: Beam AI's Patientenresponse-System

Beam AI hat ein KI-Agentensystem entwickelt, das die Reaktionszeit auf Patientenanfragen in Gesundheitseinrichtungen drastisch reduziert und die Effizienz des medizinischen Personals steigert.

Implementierung und Funktionsweise: Das System wurde in mehreren Krankenhäusern und Kliniken implementiert und arbeitet folgendermaßen:

- Automatische Kategorisierung und Priorisierung eingehender Patientenanfragen
- Sofortige Beantwortung häufiger Fragen zu Terminen, Medikamenten und Nachsorge
- Intelligente Weiterleitung dringender Anfragen an das entsprechende medizinische Personal
- Erinnerungen an Termine und Medikamenteneinnahme
- Nachverfolgung des Patientenzustands durch regelmäßige Check-ins

Das System ist in die elektronische Patientenakte integriert und hat Zugriff auf relevante medizinische Informationen, um kontextbezogene Antworten zu geben.

Ergebnisse: Die Implementierung des Systems hat zu signifikanten Verbesserungen geführt:

- Reduzierung der durchschnittlichen Reaktionszeit auf Patientenanfragen von mehreren Stunden auf wenige Minuten
- Entlastung des medizinischen Personals, das nun 40 % mehr Zeit für die direkte Patientenversorgung hat
- Verbesserung der Medikamentenadhärenz um 35 % durch automatische Erinnerungen
- Steigerung der Patientenzufriedenheit um 28 %

Besonders hervorzuheben ist die Fähigkeit des Systems, medizinische Fachsprache zu verstehen und in patientenfreundliche Sprache zu übersetzen, was die Kommunikation zwischen Ärzten und Patienten verbessert.

9.3 Fertigung und Logistik: Optimierung durch intelligente Agenten

9.3.1 Fallstudie 5: Glide's Bestandsmanagement-Agent

Glide hat einen KI-Agenten entwickelt, der die Bestandsverwaltung in Fertigungsunternehmen revolutioniert, indem er Nachfrage prognostiziert, Lagerbestände optimiert und Lieferketten effizienter gestaltet.

Implementierung und Funktionsweise: Der Bestandsmanagement-Agent von Glide nutzt fortschrittliche Algorithmen des maschinellen Lernens und funktioniert wie folgt:

- Analyse historischer Verkaufsdaten, saisonaler Trends und Marktindikatoren
- Präzise Vorhersage der zukünftigen Nachfrage für verschiedene Produkte
- Automatische Anpassung der Bestellmengen und -zeitpunkte
- Frühzeitige Erkennung potenzieller Engpässe oder Überbestände
- Optimierung der Lagerplatznutzung und Logistikprozesse

Das System ist mit ERP-Systemen und Lieferantenplattformen integriert, um einen nahtlosen Informationsfluss zu gewährleisten.

Ergebnisse: Unternehmen, die den Glide-Agenten implementiert haben, berichten von folgenden Ergebnissen:

- Reduzierung der Lagerbestände um durchschnittlich 23 % bei gleichzeitiger Verbesserung der Produktverfügbarkeit
- Senkung der Beschaffungskosten um 15 % durch optimierte Bestellmengen und -zeitpunkte
- Verringerung von Fehlbeständen um 78 %, was zu höherer Kundenzufriedenheit führt
- Reduzierung der manuellen Arbeit im Bestandsmanagement um 65 %

Ein besonderer Vorteil des Systems ist seine Fähigkeit, aus unvorhergesehenen Ereignissen zu lernen und seine Prognosen entsprechend anzupassen, was besonders in volatilen Märkten wertvoll ist.

9.3.2 Fallstudie 6: Delivers.ai's autonome Lieferfahrzeuge

Delivers.ai hat ein System autonomer Lieferfahrzeuge entwickelt, das durch KI-Agenten gesteuert wird und die letzte Meile der Lieferkette revolutioniert.

Implementierung und Funktionsweise: Das System besteht aus einer Flotte kleiner, autonomer Roboterfahrzeuge, die von KI-Agenten gesteuert werden:

- Die Agenten planen optimale Routen basierend auf Verkehr, Wetter und Lieferprioritäten
- Sie navigieren selbstständig durch städtische Umgebungen und vermeiden Hindernisse
- Sie kommunizieren mit Empfängern, um Lieferzeiten zu koordinieren
- Sie passen sich an unvorhergesehene Situationen wie Straßensperrungen oder Wetterereignisse an
- Sie lernen kontinuierlich aus jeder Lieferung, um Routen und Zeiten zu optimieren

Die Fahrzeuge sind mit Kameras, Lidar-Sensoren und GPS ausgestattet, um eine sichere Navigation zu gewährleisten.

Ergebnisse: Die Implementierung des Systems hat zu beeindruckenden Ergebnissen geführt:

- Reduzierung der Lieferkosten für die letzte Meile um bis zu 40 %
- Steigerung der Lieferkapazität um 200 % während Spitzenzeiten
- CO_2-Reduktion von schätzungsweise 70 % im Vergleich zu herkömmlichen Lieferfahrzeugen
- Lieferzuverlässigkeit von 99,3 %, höher als bei menschlichen Fahrern

Besonders bemerkenswert ist die Fähigkeit der Agenten, aus kollektiven Erfahrungen zu lernen – wenn ein Fahrzeug eine neue effiziente Route entdeckt, wird dieses Wissen sofort mit der gesamten Flotte geteilt.

9.4 E-Commerce und Retail: Personalisierung durch KI-Agenten

9.4.1 Fallstudie 7: Amazon's KI-Einkaufsassistent Rufus

Amazon hat mit Rufus einen KI-gestützten Einkaufsassistenten entwickelt, der Kunden beim Produktvergleich und bei Kaufentscheidungen unterstützt und das Einkaufserlebnis personalisiert.

Implementierung und Funktionsweise: Rufus ist in die Amazon-App und -Website integriert und bietet folgende Funktionen:

9.4 E-Commerce und Retail: Personalisierung durch KI-Agenten

- Beantwortung produktspezifischer Fragen in natürlicher Sprache
- Vergleich verschiedener Produkte basierend auf Kundenpräferenzen
- Empfehlung von Produkten basierend auf spezifischen Anwendungsfällen
- Erklärung technischer Spezifikationen in verständlicher Sprache
- Bereitstellung zusätzlicher Informationen, die nicht in der Produktbeschreibung enthalten sind

Der Agent wurde mit Millionen von Produktbeschreibungen, Kundenrezensionen und Produktvergleichen trainiert.

Ergebnisse: Die Einführung von Rufus hat zu signifikanten Verbesserungen geführt:

- Steigerung der Konversionsrate um 17 % bei Kunden, die den Assistenten nutzen
- Reduzierung der Produktrücksendungen um 23 % durch bessere Kaufentscheidungen
- Erhöhung der durchschnittlichen Verweildauer auf der Plattform um 34 %
- Steigerung der Kundenzufriedenheit, gemessen an einem NPS-Anstieg von 15 Punkten

Ein besonderer Vorteil ist die Fähigkeit des Agenten, kontextbezogene Empfehlungen zu geben, die über einfache „Kunden, die X gekauft haben, kauften auch Y"-Algorithmen hinausgehen.

9.4.2 Fallstudie 8: Personalisierte Marketing-Kampagnen mit KI-Agenten

Datasolut hat einen KI-Agenten entwickelt, der personalisierte Marketingkampagnen für E-Commerce-Unternehmen erstellt und optimiert, um die Conversion-Raten zu steigern und den ROI zu maximieren.

Implementierung und Funktionsweise: Der Marketing-Agent arbeitet auf mehreren Ebenen:

- Analyse des Kundenverhaltens, der Kaufhistorie und der Browsing-Muster
- Segmentierung der Kundenbasis in hochgranulare Gruppen
- Erstellung personalisierter Inhalte und Angebote für jedes Segment
- Automatische Optimierung von Kampagnen basierend auf Echtzeit-Feedback
- Vorhersage des optimalen Zeitpunkts für die Ansprache jedes Kunden

Das System integriert sich mit gängigen Marketing-Plattformen wie Google Ads, Facebook Ads und E-Mail-Marketing-Tools.

Ergebnisse: Unternehmen, die den Marketing-Agenten implementiert haben, berichten von folgenden Ergebnissen:

- Steigerung des Umsatzes pro Kampagne um durchschnittlich 29 %
- Erhöhung der E-Mail-Öffnungsraten um 45 % durch optimales Timing
- Steigerung der Conversion-Raten bei personalisierten Angeboten um 300 %
- Reduzierung der Marketingkosten um 22 % bei gleichzeitiger Steigerung der Effektivität

Besonders bemerkenswert ist die Fähigkeit des Systems, aus jeder Kundeninteraktion zu lernen und seine Strategien kontinuierlich zu verfeinern, was zu einer stetigen Verbesserung der Ergebnisse führt.

9.5 Softwareentwicklung und IT: Effizienzsteigerung durch Code-Agenten

9.5.1 Fallstudie 9: Google's KI-Coding-Agent

Google hat einen KI-Coding-Agenten entwickelt, der Programmierfehler erkennt, einen Plan entwickelt und diesen umsetzt, um den Fehler zu beheben, was die Produktivität der Entwickler erheblich steigert.

Implementierung und Funktionsweise: Der Coding-Agent arbeitet als intelligenter Assistent für Entwickler:

- Analyse des Codes auf Fehler, Ineffizienzen und Sicherheitslücken
- Vorschlag von Verbesserungen und Optimierungen
- Automatische Generierung von Testfällen
- Erstellung von Dokumentation basierend auf dem Code
- Beantwortung von Fragen zu Codeabschnitten in natürlicher Sprache

Der Agent wurde mit Millionen von Code-Repositories trainiert und versteht verschiedene Programmiersprachen und Frameworks.

Ergebnisse: Die Implementierung des Coding-Agenten hat zu signifikanten Produktivitätssteigerungen geführt:

- Reduzierung der Zeit für Fehlerbehebung um durchschnittlich 47 %
- Steigerung der Codequalität, gemessen an einer Reduzierung von Bugs um 32 %
- Beschleunigung der Einarbeitungszeit neuer Entwickler in bestehende Codebases um 60 %
- Automatisierung von bis zu 30 % der Routineaufgaben in der Softwareentwicklung

Ein besonderer Vorteil ist die Fähigkeit des Agenten, aus dem Codierungsstil des Teams zu lernen und seine Vorschläge entsprechend anzupassen, was zu einer besseren Integration in bestehende Entwicklungsprozesse führt.

9.5.2 Fallstudie 10: Sicherheits-Agenten für Cyberabwehr

Ein führendes Cybersicherheitsunternehmen hat KI-Sicherheitsagenten entwickelt, die Netzwerke überwachen, Angriffe in Echtzeit erkennen und abwehren und die Geschwindigkeit von Sicherheitsuntersuchungen erhöhen.

Implementierung und Funktionsweise: Die Sicherheitsagenten arbeiten auf mehreren Ebenen:

- Kontinuierliche Überwachung des Netzwerkverkehrs auf verdächtige Aktivitäten
- Erkennung von Anomalien und potenziellen Sicherheitsbedrohungen
- Automatische Reaktion auf bekannte Angriffsmuster
- Forensische Analyse nach Sicherheitsvorfällen
- Kontinuierliches Lernen aus neuen Bedrohungen und Angriffsvektoren

Die Agenten nutzen eine Kombination aus regelbasierten Systemen und maschinellem Lernen, um sowohl bekannte als auch neuartige Bedrohungen zu erkennen.

Ergebnisse: Organisationen, die diese Sicherheitsagenten implementiert haben, berichten von folgenden Ergebnissen:

- Reduzierung der durchschnittlichen Erkennungszeit von Sicherheitsvorfällen von Tagen auf Minuten
- Automatische Abwehr von 94 % der gängigen Angriffe ohne menschliches Eingreifen
- Reduzierung falscher Alarme um 76 %, was die Effizienz des Sicherheitsteams erhöht
- Verbesserung der Gesamtsicherheitslage, gemessen an einer Reduzierung erfolgreicher Angriffe um 83 %

Besonders bemerkenswert ist die Fähigkeit der Agenten, aus globalen Bedrohungsdaten zu lernen und Abwehrmaßnahmen zu implementieren, bevor ein Angriff das eigene Netzwerk erreicht.

9.6 Kreative Industrien: KI-Agenten als kreative Partner

9.6.1 Fallstudie 11: KI-Agenten in der Contentproduktion

Ein führendes Medienunternehmen hat KI-Agenten implementiert, die bei der Erstellung, Optimierung und Personalisierung von Inhalten unterstützen und den kreativen Prozess beschleunigen.

Implementierung und Funktionsweise: Die Content-Agenten unterstützen Kreativteams auf verschiedene Weise:

- Generierung von Ideen und Konzepten basierend auf Trends und Zielgruppeninteressen
- Erstellung von Entwürfen für Artikel, Social-Media-Posts und Marketingmaterialien
- Optimierung von Überschriften und Inhalten für bessere Engagement-Raten
- Personalisierung von Inhalten für verschiedene Zielgruppen
- Analyse der Performance und Vorschläge für Verbesserungen

Die Agenten arbeiten als Co-Kreatoren mit menschlichen Teams zusammen, wobei die endgültige redaktionelle Kontrolle bei den menschlichen Redakteuren bleibt.

Ergebnisse: Die Implementierung der Content-Agenten hat zu bemerkenswerten Ergebnissen geführt:

- Steigerung der Contentproduktion um 150 % bei gleichbleibender Teamgröße
- Erhöhung der Engagement-Raten um 37 % durch optimierte Inhalte
- Reduzierung der Zeit für Recherche und Entwurf um 65 %
- Erschließung neuer Zielgruppen durch personalisierte Inhalte

Ein besonderer Vorteil ist die Fähigkeit der Agenten, den Ton und Stil des Unternehmens zu lernen und konsistente Inhalte zu erstellen, die zur Markenidentität passen.

9.6.2 Fallstudie 12: KI-Agenten in der Musikproduktion

Ein Musikproduktionsstudio hat KI-Agenten implementiert, die Komponisten und Produzenten bei der Erstellung, Arrangement und Produktion von Musik unterstützen.

Implementierung und Funktionsweise: Die Musik-Agenten bieten verschiedene Funktionen:

- Generierung von Melodien, Harmonien und Rhythmen basierend auf Stilvorlagen
- Vorschläge für Instrumentierung und Arrangement
- Automatische Anpassung von Musikstücken an visuelle Inhalte für Filmmusik
- Optimierung von Mischung und Mastering
- Analyse von Trends und Hörerpräferenzen

Die Agenten wurden mit tausenden von Musikstücken verschiedener Genres trainiert und können den Stil bestimmter Künstler oder Epochen emulieren.

Ergebnisse: Die Implementierung der Musik-Agenten hat zu folgenden Ergebnissen geführt:

- Reduzierung der Produktionszeit für kommerzielle Musikstücke um 40 %
- Erweiterung der kreativen Möglichkeiten durch unerwartete Vorschläge und Kombinationen

- Ermöglichung personalisierter Musikerlebnisse für verschiedene Zuhörer
- Demokratisierung der Musikproduktion durch Unterstützung von Künstlern ohne formale Ausbildung

Besonders interessant ist die Zusammenarbeit zwischen KI und menschlichen Künstlern, bei der die KI als Inspirationsquelle und technischer Assistent dient, während die künstlerische Vision und emotionale Tiefe vom Menschen kommt.

9.7 Bildung und Wissensmanagement: Personalisiertes Lernen durch KI-Agenten

9.7.1 Fallstudie 13: Adaptive Lernplattform mit KI-Tutoren

Ein Bildungstechnologieunternehmen hat eine adaptive Lernplattform entwickelt, die KI-Tutoren einsetzt, um personalisierte Lernerfahrungen zu schaffen und den Lernerfolg zu maximieren.

Implementierung und Funktionsweise: Die KI-Tutoren arbeiten auf mehreren Ebenen:

- Bewertung des Wissensstands und der Lernpräferenzen jedes Schülers
- Erstellung personalisierter Lernpfade basierend auf individuellen Stärken und Schwächen
- Anpassung des Schwierigkeitsgrads in Echtzeit basierend auf der Leistung
- Bereitstellung sofortiger, konstruktiver Rückmeldungen zu Aufgaben
- Identifizierung von Wissenslücken und gezielte Intervention

Die Tutoren können verschiedene Lernstile berücksichtigen und passen ihre Erklärungen und Beispiele entsprechend an.

Ergebnisse: Schulen und Universitäten, die diese Plattform implementiert haben, berichten von folgenden Ergebnissen:

- Verbesserung der Testergebnisse um durchschnittlich 23 %
- Reduzierung der Abbrecherquoten um 47 %
- Steigerung des Engagements und der Motivation der Schüler
- Ermöglichung einer effektiveren Nutzung der Unterrichtszeit für Lehrer, die sich auf komplexere Aspekte konzentrieren können

Ein besonderer Vorteil ist die Fähigkeit des Systems, kontinuierlich aus den Interaktionen mit tausenden von Schülern zu lernen und seine Lehrmethoden entsprechend zu verfeinern.

9.7.2 Fallstudie 14: Unternehmensinterner Wissensmanagement-Agent

Ein globales Beratungsunternehmen hat einen KI-Agenten für internes Wissensmanagement implementiert, der Mitarbeitern hilft, auf das kollektive Wissen und die Erfahrungen des Unternehmens zuzugreifen.

Implementierung und Funktionsweise: Der Wissensmanagement-Agent bietet folgende Funktionen:

- Indexierung und Kategorisierung von Dokumenten, Präsentationen und Projektberichten
- Beantwortung von Fragen in natürlicher Sprache zu früheren Projekten und Best Practices
- Identifizierung von Experten für bestimmte Themen innerhalb des Unternehmens
- Zusammenfassung umfangreicher Dokumente und Extrahierung relevanter Informationen
- Erkennung von Wissenssilos und Förderung des Wissensaustauschs

Der Agent wurde mit internen Dokumenten, Projektberichten und Expertenwissen trainiert und hat Zugriff auf verschiedene interne Datenbanken und Systeme.

Ergebnisse: Die Implementierung des Wissensmanagement-Agenten hat zu folgenden Ergebnissen geführt:

- Reduzierung der Zeit für Informationssuche um 78 %
- Verbesserung der Qualität von Kundenangeboten durch Nutzung früherer Erfahrungen
- Beschleunigung der Einarbeitung neuer Mitarbeiter um 45 %
- Steigerung der internen Zusammenarbeit und des Wissensaustauschs

Besonders wertvoll ist die Fähigkeit des Agenten, implizites Wissen explizit zu machen und es in der gesamten Organisation zugänglich zu machen, was zu einer Demokratisierung des Wissens führt.

9.8 Landwirtschaft und Umwelt: Nachhaltige Lösungen durch KI-Agenten

9.8.1 Fallstudie 15: Präzisionslandwirtschaft mit KI-Agenten

Ein Agrarunternehmen hat KI-Agenten entwickelt, die Landwirten helfen, ihre Ressourcen effizienter zu nutzen und die Ernteerträge zu steigern, während gleichzeitig die Umweltauswirkungen minimiert werden.

Implementierung und Funktionsweise: Die landwirtschaftlichen Agenten arbeiten mit Daten aus verschiedenen Quellen:

- Analyse von Satellitenbildern und Drohnenaufnahmen zur Bewertung der Pflanzengesundheit
- Überwachung von Bodenfeuchtigkeit, Nährstoffgehalt und Wetterbedingungen
- Vorhersage des optimalen Zeitpunkts für Aussaat, Düngung und Ernte
- Empfehlung präziser Mengen an Wasser, Düngemitteln und Pflanzenschutzmitteln
- Früherkennung von Schädlingsbefall und Krankheiten

Die Agenten sind mit Bewässerungssystemen, Traktoren und anderen landwirtschaftlichen Geräten verbunden und können diese automatisch steuern.
Ergebnisse: Landwirte, die diese Technologie einsetzen, berichten von folgenden Ergebnissen:

- Steigerung der Ernteerträge um durchschnittlich 17 %
- Reduzierung des Wasserverbrauchs um 30 %
- Verringerung des Einsatzes von Düngemitteln und Pestiziden um 25 %
- Senkung der Betriebskosten bei gleichzeitiger Steigerung der Produktivität

Besonders bemerkenswert ist die Fähigkeit der Agenten, lokale Bedingungen zu berücksichtigen und ihre Empfehlungen an spezifische Bodentypen, Klimazonen und Anbaumethoden anzupassen.

9.8.2 Fallstudie 16: Umweltüberwachung und Katastrophenmanagement

Eine Umweltschutzbehörde hat KI-Agenten implementiert, die Umweltdaten überwachen, Naturkatastrophen vorhersagen und bei der Koordination von Notfallmaßnahmen helfen.
Implementierung und Funktionsweise: Die Umweltüberwachungsagenten arbeiten auf mehreren Ebenen:

- Analyse von Daten aus Sensornetzwerken, Satelliten und Wetterstationen
- Erkennung von Anomalien und potenziellen Gefahren wie Waldbränden oder Überschwemmungen
- Vorhersage der Ausbreitung von Naturkatastrophen basierend auf aktuellen Bedingungen
- Optimierung von Evakuierungsrouten und Ressourcenzuweisung
- Koordination von Notfallteams und Kommunikation mit betroffenen Gemeinden

Die Agenten nutzen komplexe Simulationsmodelle, um verschiedene Szenarien zu analysieren und die besten Handlungsoptionen zu identifizieren.

Ergebnisse: Die Implementierung dieser Agenten hat zu folgenden Ergebnissen geführt:

- Frühzeitige Erkennung von Waldbränden, durchschnittlich 2 h früher als mit herkömmlichen Methoden
  - Reduzierung der Reaktionszeit bei Naturkatastrophen um 35 %
  - Verbesserung der Genauigkeit von Überschwemmungsvorhersagen um 42 %
  - Optimierung der Ressourcenzuweisung, was zu einer effektiveren Katastrophenbewältigung führt

Ein besonderer Vorteil ist die Fähigkeit der Agenten, aus vergangenen Katastrophen zu lernen und ihre Vorhersage- und Reaktionsmodelle kontinuierlich zu verbessern.

9.9 Schlussfolgerungen und Lehren aus den Fallstudien

Die vorgestellten Fallstudien zeigen die vielfältigen Einsatzmöglichkeiten von KI-Agenten in verschiedenen Branchen und Anwendungsbereichen. Aus diesen praktischen Beispielen lassen sich einige übergreifende Erkenntnisse ableiten:

9.9.1 Erfolgsfaktoren für die Implementierung von KI-Agenten

1. Klare Problemdefinition: Erfolgreiche Implementierungen beginnen mit einer präzisen Definition des Problems, das gelöst werden soll, und klaren Erfolgsmetriken.
2. Qualität der Daten: Die Leistungsfähigkeit von KI-Agenten hängt maßgeblich von der Qualität, Quantität und Relevanz der Trainingsdaten ab.
3. Mensch-Maschine-Kollaboration: Die erfolgreichsten Anwendungen nutzen KI-Agenten als Ergänzung zu menschlichen Fähigkeiten, nicht als vollständigen Ersatz.
4. Kontinuierliches Lernen: Systeme, die aus Erfahrungen lernen und sich kontinuierlich verbessern, erzielen langfristig die besten Ergebnisse.
5. Integration in bestehende Systeme: Die nahtlose Integration in vorhandene Infrastrukturen und Arbeitsabläufe ist entscheidend für die Akzeptanz und den Erfolg.

9.9.2 Gemeinsame Herausforderungen und Lösungsansätze

1. Vertrauen und Akzeptanz: Viele Organisationen berichten von anfänglicher Skepsis gegenüber KI-Agenten. Transparenz über Funktionsweise und schrittweise Einführung können helfen, Vertrauen aufzubauen.

2. Datenschutz und Sicherheit: Der Umgang mit sensiblen Daten erfordert robuste Sicherheitsmaßnahmen und die Einhaltung von Datenschutzbestimmungen.
3. Skalierbarkeit: Die Skalierung von Pilotprojekten auf unternehmensweite Implementierungen stellt oft eine Herausforderung dar. Eine modulare Architektur und Cloud-basierte Lösungen können hier helfen.
4. Ethische Fragen: Die Entscheidungsfindung durch KI-Agenten wirft ethische Fragen auf, die durch klare Richtlinien und menschliche Aufsicht adressiert werden müssen.
5. Messung des ROI: Die Quantifizierung des Nutzens kann komplex sein. Eine Kombination aus harten Metriken (Kosteneinsparungen, Effizienzsteigerungen) und weichen Faktoren (Kundenzufriedenheit, Mitarbeitererfahrung) liefert ein vollständigeres Bild.

9.9.3 Zukunftsperspektiven basierend auf aktuellen Implementierungen

Die vorgestellten Fallstudien geben auch Hinweise auf zukünftige Entwicklungen:

1. Zunehmende Autonomie: KI-Agenten werden immer autonomer und können komplexere Entscheidungen ohne menschliches Eingreifen treffen.
2. Multi-Agent-Systeme: Die Zusammenarbeit mehrerer spezialisierter Agenten in einem Netzwerk oder „Schwarm" wird zunehmen, um komplexere Aufgaben zu bewältigen.
3. Multimodale Fähigkeiten: Die Integration verschiedener Datentypen (Text, Bild, Audio, Video) wird zu vielseitigeren und leistungsfähigeren Agenten führen.
4. Demokratisierung: Die Technologie wird zunehmend auch für kleinere Unternehmen und Einzelpersonen zugänglich, was zu einer breiteren Adoption führen wird.
5. Regulatorische Anpassungen: Mit zunehmender Verbreitung werden auch regulatorische Rahmenbedingungen entstehen, die den Einsatz von KI-Agenten in sensiblen Bereichen regeln.

9.10 Fazit: Von der Theorie zur Praxis

Die in diesem Kapitel vorgestellten Fallstudien verdeutlichen, dass KI-Agenten längst den Sprung von theoretischen Konzepten zu praktischen, wertschöpfenden Anwendungen geschafft haben. Sie transformieren Geschäftsprozesse, verbessern Kundenerlebnisse, optimieren Ressourcennutzung und eröffnen neue Möglichkeiten in nahezu allen Branchen.

Die Vielfalt der Anwendungsfälle zeigt, dass es kein „One-Size-Fits-All"-Modell gibt. Jede erfolgreiche Implementierung basiert auf einem tiefen Verständnis der spezifischen Herausforderungen und Ziele der jeweiligen Organisation. Gleichzeitig lassen sich übergreifende Erfolgsfaktoren identifizieren, die als Leitlinien für zukünftige Implementierungen dienen können.

Während die Technologie weiter reift und sich verbreitet, werden wir wahrscheinlich noch innovativere und transformativere Anwendungen sehen. Die Grenze zwischen dem, was Menschen tun, und dem, was KI-Agenten übernehmen können, wird sich weiter verschieben, was zu neuen Formen der Zusammenarbeit und Arbeitsteilung führen wird.

Die vorgestellten Fallstudien sind daher nicht nur Beispiele für den aktuellen Stand der Technik, sondern auch Wegweiser für die Zukunft – eine Zukunft, in der KI-Agenten zu unverzichtbaren Partnern in immer mehr Bereichen unseres beruflichen und privaten Lebens werden.

9.11 Verwendeten Literaturquellen mit Bewertung

1. **Chatsimple. (2025). „7 Beispiele für KI-Agenten der nächsten Generation im Jahr 2025."**
Dieser Artikel von Chatsimple, einem Anbieter im Bereich KI-gestützter Kundenkommunikation, ist eine exzellente Quelle für zukunftsgerichtete, konkrete Anwendungsfälle. Er geht über einfache Chatbots hinaus und beschreibt komplexe Agenten, die beispielsweise proaktiv Verkaufsstrategien entwickeln oder autonome Projektmanagement-Aufgaben übernehmen. Die Stärke der Quelle liegt in ihrer inspirierenden und visionären Darstellung dessen, was technologisch am Horizont erscheint. Sie ist ideal, um ein Gefühl für die nächste Evolutionsstufe der Automatisierung zu bekommen und das disruptive Potenzial dieser Technologien zu erkennen, auch wenn sie aus einer optimistischen Anbieterperspektive geschrieben ist.
2. **Datasolut. (2025). „KI-Agenten: Die Zukunft intelligenter Automatisierung."**
Der Beitrag von Datasolut, einem Beratungsunternehmen für Datenlösungen, bietet eine hervorragende strategische Einordnung von KI-Agenten. Er positioniert sie als logische Weiterentwicklung der Prozessautomatisierung und erklärt ihre Kernfähigkeiten wie Wahrnehmung, Planung und autonomes Handeln auf verständliche Weise. Die Stärke des Artikels liegt in der klaren Argumentation, warum KI-Agenten mehr als nur ein Werkzeug sind, nämlich ein Paradigmenwechsel, der es Unternehmen ermöglicht, komplexe, bisher nicht automatisierbare Aufgaben zu bewältigen. Dies ist eine sehr gute Quelle, um den geschäftlichen und konzeptionellen Mehrwert von KI-Agenten zu verstehen.
3. **Datasolut. (2024). „Top 10 Anwendungsfälle von Künstlicher Intelligenz mit Beispielen."**
Dieser zweite Artikel von Datasolut bietet einen breiteren Überblick über etablierte KI-Anwendungen, von Empfehlungssystemen bis zur Bilderkennung. Er ist eine nützliche Referenz, um die spezifischeren KI-Agenten in das Gesamtfeld der künstlichen Intelligenz einzuordnen. Seine Stärke liegt in der Bereitstellung eines soliden Fundaments und der Veranschaulichung der vielfältigen Einsatzmöglichkeiten von KI in verschiedenen Branchen. Für die Diskussion über KI-Agenten dient er als wertvoller Kontext,

der zeigt, auf welchen bereits etablierten Technologien die neuen, autonomen Systeme aufbauen und welche Aufgaben sie potenziell integrieren und erweitern können.

4. **Google Cloud. (2025). „Was sind KI-Agents? Definition, Beispiele und Arten."** Als Publikation eines der weltweit führenden KI-Entwickler ist diese Quelle besonders autoritativ. Sie bietet eine klare, strukturierte Definition von KI-Agenten und grenzt sie von einfacheren Systemen wie Bots oder Assistenten ab. Die Stärke des Artikels liegt in seiner begrifflichen Schärfe und der Verknüpfung mit den von Google bereitgestellten Entwickler-Tools (z. B. Vertex AI Agent Builder). Dies ist eine essenzielle Quelle für eine präzise Definition und das Verständnis der technologischen Grundlagen aus der Perspektive eines zentralen Plattformanbieters, der die Entwicklung in diesem Bereich maßgeblich mitgestaltet.

5. **Beam AI. (2025). „Fallstudien zur Automatisierung von KI-Agenten."**
Diese Quelle ist außerordentlich wertvoll, da sie den Fokus vollständig auf den empirischen Nachweis des Nutzens von KI-Agenten legt. Anstatt nur über Potenziale zu sprechen, präsentiert Beam AI konkrete Fallstudien mit quantifizierbaren Erfolgen, wie z. B. „91 % der Schadenbearbeitung automatisiert" oder „Kosten um 93 % gesenkt". Die herausragende Stärke liegt in dieser datengestützten Beweisführung, die die abstrakten Konzepte in messbaren Geschäftswert übersetzt. Für jeden, der die praktische Relevanz und den Return on Investment von KI-Agenten bewerten muss, ist diese Sammlung von Anwendungsbeispielen eine erstklassige Ressource.

6. **Gartner. (2024). „Agentenbasierte KI als wichtigster Technologietrend für 2025."**
Die Nennung durch Gartner, eines der führenden IT-Forschungs- und Beratungsunternehmen, verleiht dem Thema KI-Agenten ein erhebliches strategisches Gewicht. Gartner-Berichte sind für ihre fundierten Analysen und Prognosen bekannt und beeinflussen die IT-Strategien von Unternehmen weltweit. Die Einstufung agentenbasierter KI als Top-Trend signalisiert, dass diese Technologie die Phase des reinen Hypes verlassen hat und zu einer strategischen Notwendigkeit für Unternehmen wird. Diese Quelle ist von großer Bedeutung, um die langfristige Relevanz des Themas zu untermauern und seine Priorität auf der Agenda von Entscheidungsträgern zu rechtfertigen.

7. **ServiceNow. (2025). „Produktivität Verbessern: AI-Agent-Lösungen."**
Dieser Artikel von ServiceNow, einer führenden Plattform für Unternehmensworkflows, beleuchtet KI-Agenten aus einem spezifischen, aber sehr wichtigen Blickwinkel: der Steigerung der internen Produktivität. Er beschreibt, wie KI-Agenten in bestehende Prozesse (z. B. im IT-Support, Personalwesen oder Kundenservice) integriert werden, um Routineaufgaben zu automatisieren und menschliche Mitarbeiter zu entlasten. Die Stärke liegt in diesem klaren Fokus auf die Optimierung von Betriebsabläufen und die Befähigung von Mitarbeitern. Die Quelle zeigt eindrücklich, dass KI-Agenten nicht nur externe Aufgaben lösen, sondern auch die interne Effizienz eines Unternehmens fundamental verbessern können.

8. **Bitkom. (2024). „Konkrete Anwendungsfälle von KI & Big-Data in der Industrie."**
Diese Publikation von Bitkom, dem Branchenverband der deutschen Informations- und Telekommunikationsbranche, ist besonders wertvoll, da sie den Fokus auf den deutschen Industriesektor legt. Sie veranschaulicht, wie KI und Big Data im Kontext von Industrie 4.0 zur Anwendung kommen, beispielsweise in der vorausschauenden Wartung (Predictive Maintenance), der Prozessoptimierung in der Fertigung oder der Steuerung von Lieferketten. Die Stärke der Quelle ist dieser branchenspezifische und auf den deutschen Mittelstand ausgerichtete Blick. Sie ist ideal, um die Relevanz von KI-Technologien für das Rückgrat der deutschen Wirtschaft zu verstehen.

Zukunftsausblick und Schlussbetrachtungen 10

Wenn man am Ende einer langen Analyse über die gesellschaftliche Transformation durch AI Agents steht, fühlt es sich an wie der Blick vom Gipfel eines Gebirges in eine weite Ebene. Hinter uns liegen die steilen Pfade der technologischen Entwicklung, die Herausforderungen der Arbeitswelt, die Fragen nach Ethik, Philosophie und Politik. Vor uns breitet sich ein Panorama aus, das ebenso verheißungsvoll wie bedrohlich wirkt. Hier beginnt die eigentliche Aufgabe: den Blick nicht nur schweifen zu lassen, sondern ihn zu schärfen – für die Entwicklungen, Szenarien, Dynamiken, Reflexionen und Schlussfolgerungen, die unsere Zukunft mit KI-Agenten prägen werden.

10.1 Technologische Entwicklungen und gesellschaftliche Transformation

Die technologische Entwicklung im Bereich der AI Agents verläuft nicht linear, sondern in Schüben. Oft entstehen über Jahre hinweg Grundlagen, die nur einem kleinen Kreis von Forschern bekannt sind, bis eine entscheidende Verbesserung – ein neuer Algorithmus, ein Durchbruch in der Rechenarchitektur, ein neuartiger Datensatz – einen plötzlichen Sprung ermöglicht. Solche Momente katapultieren die Technologie auf ein neues Niveau, und mit ihr verschiebt sich das Verhältnis zwischen Mensch und Maschine.

In naher Zukunft werden wir AI Agents erleben, die über multimodale Fähigkeiten verfügen: Sie verarbeiten Sprache, Bild, Video, Audio, sensorische Daten und physische Interaktionen in einer nahtlosen Einheit. Ein solcher Agent könnte eine medizinische Diagnose stellen, ein komplexes Ingenieurproblem lösen und gleichzeitig ein empathisches

Gespräch mit einem Patienten führen – ohne dass er zwischen „Anwendungen" wechseln muss.

Gleichzeitig wird die Integration in Alltagsinfrastrukturen weiter zunehmen. AI Agents werden in Smart Homes nicht mehr nur Licht und Heizung steuern, sondern auch präventiv Gesundheitschecks durchführen, an Steuererklärungen erinnern oder soziale Kontakte vorschlagen, um Isolation zu verhindern. In Städten werden sie Verkehrsströme nicht nur in Echtzeit regulieren, sondern langfristige Infrastrukturplanung unterstützen, um Umweltbelastungen zu reduzieren und Lebensqualität zu erhöhen.

Doch diese Entwicklung ist untrennbar mit gesellschaftlicher Transformation verbunden. Jede neue technische Fähigkeit verändert, wie Menschen arbeiten, lernen, kommunizieren und sich selbst verstehen. Die Geschwindigkeit, mit der diese Veränderungen stattfinden, zwingt Gesellschaften zu einer Daueranpassung. Bildungssysteme, Arbeitsmärkte, politische Institutionen und kulturelle Normen werden in einem ständigen Fluss sein – nicht als Ausnahme, sondern als Normalzustand.

10.2 Zukunftsszenarien: Utopische Möglichkeiten vs. dystopische Risiken

Das Spektrum der möglichen Zukünfte reicht von strahlenden Utopien bis zu tiefen Dystopien. In den utopischen Vorstellungen schaffen AI Agents eine Welt, in der Mangel weitgehend verschwindet. Automatisierte Landwirtschaft produziert Nahrung mit minimalem Ressourceneinsatz, KI-gesteuerte Energienetze versorgen Städte ausschließlich mit erneuerbaren Quellen, medizinische Diagnosen und Therapien werden für jeden Menschen weltweit verfügbar. Die menschliche Arbeitszeit sinkt drastisch, weil AI Agents nicht nur Produktion und Verwaltung, sondern auch Forschung und kreative Prozesse beschleunigen.

In einer solchen Zukunft hätte der Mensch mehr Zeit für Bildung, Kunst, zwischenmenschliche Beziehungen und gesellschaftliches Engagement. KI könnte helfen, politische Entscheidungen datenbasiert und transparent zu treffen, soziale Ungleichheiten auszugleichen und kulturelle Vielfalt zu bewahren.

Doch die dystopische Seite dieser Medaille ist ebenso plausibel. AI Agents könnten in den Händen weniger Konzerne oder autoritärer Regime zu Instrumenten einer totalen Kontrolle werden. Überwachung könnte allgegenwärtig, Vorhersagen über individuelles Verhalten so präzise werden, dass Freiheit zur Illusion verkommt. Wirtschaftliche Machtkonzentrationen könnten zu einer globalen Oligarchie führen, in der wenige Akteure nicht nur den Zugang zu Technologie, sondern auch die Deutungshoheit über Wahrheit und Realität kontrollieren.

Es gibt Zwischenformen, Mischszenarien, in denen Fortschritt und Risiko nebeneinander existieren: Hochautomatisierte Städte mit grüner Infrastruktur, aber strenger Datendisziplin; weltweit vernetzte Bildungsplattformen, die gleichzeitig kulturelle Homogenisierung vorantreiben; medizinische Wunderbehandlungen, deren Zugang vom Einkommen abhängt. Die Herausforderung wird darin bestehen, nicht in einer dieser extremen Richtungen zu kippen, sondern eine Balance zu finden, die sowohl technologische Innovation als auch soziale Gerechtigkeit gewährleistet.

10.3 Globale Wettbewerbsdynamik und internationale Kooperation

Die Zukunft der AI Agents wird nicht nur innerhalb einzelner Staaten entschieden, sondern in einem komplexen Geflecht globaler Beziehungen. Bereits heute konkurrieren technologische Schwergewichte wie die USA, China, die EU, Japan und Südkorea um die Führungsrolle in Forschung, Entwicklung und Anwendung. Diese Wettbewerbsdynamik hat zwei Gesichter: Sie kann Innovation antreiben, aber auch zu geopolitischen Spannungen führen.

In einem Szenario ungebremster Konkurrenz könnte es zu einem „KI-Wettrüsten" kommen, vergleichbar mit dem nuklearen Wettlauf des 20. Jahrhunderts – nur subtiler und allgegenwärtiger. Staaten könnten gezielt in offensive KI-Fähigkeiten investieren: Cyberangriffe, autonome Waffensysteme, manipulative Propagandabots. Wirtschaftlich könnte dies zu Handelskonflikten führen, in denen technologische Standards und Patentrechte als strategische Waffen eingesetzt werden.

Dem steht das Szenario einer kooperativen Entwicklung gegenüber. Internationale Organisationen könnten Standards für Transparenz, Fairness und Sicherheit in KI-Systemen festlegen. Gemeinsame Forschungsprojekte könnten Wissen und Ressourcen bündeln, um globale Herausforderungen wie Klimawandel, Pandemien oder Nahrungsmittelknappheit zu bewältigen. Eine solche Kooperation erfordert jedoch gegenseitiges Vertrauen, politische Weitsicht und die Bereitschaft, kurzfristige Machtvorteile zugunsten langfristiger Stabilität aufzugeben.

Die Realität wird vermutlich zwischen diesen Polen liegen. Es wird Wettbewerbsfelder geben, in denen harte Auseinandersetzungen stattfinden, und andere Bereiche, in denen Kooperation unvermeidlich ist. Entscheidend wird sein, in welchen Domänen die Menschheit gemeinsame Sicherheitsinteressen erkennt – und ob diese rechtzeitig institutionalisiert werden können.

10.4 Ethische Reflexion und gesellschaftlicher Lernprozess

Technologie ist nie neutral; sie trägt die Werte, Interessen und Vorurteile ihrer Schöpfer in sich. Deshalb kann die Einführung von AI Agents nicht nur eine technische, sondern muss vor allem eine ethische Aufgabe sein. Ethische Reflexion bedeutet hier nicht bloß das Erstellen von Leitlinien, sondern die ständige Überprüfung, ob die Nutzung von KI im

Einklang mit Grundwerten wie Freiheit, Gerechtigkeit, Transparenz und Menschenwürde steht.

Der gesellschaftliche Lernprozess, der dafür nötig ist, wird komplex und langwierig sein. Er erfordert Bildungskampagnen, die technologische Zusammenhänge verständlich machen, öffentliche Debatten, die inklusiv gestaltet sind, und institutionelle Mechanismen, die Missbrauch verhindern. Dabei muss klar sein: Ethik ist kein starres Korsett, sondern ein dynamisches System, das sich an veränderte technische Möglichkeiten anpassen muss.

Ein zentrales Element dieses Lernprozesses wird der Umgang mit Unsicherheit sein. AI Agents werden Entscheidungen treffen, deren Konsequenzen wir nicht immer vollständig vorhersehen können. Die Gesellschaft muss lernen, mit dieser Ungewissheit umzugehen, ohne in blinden Fortschrittsglauben oder lähmende Technologieangst zu verfallen.

10.5 Schlussfolgerungen und Ausblick (Zusammenführung der Kernerkenntnisse)

Wenn wir die Kernerkenntnisse der bisherigen Entwicklung zusammenführen, zeigt sich ein Bild, das weder eindeutig optimistisch noch ausschließlich pessimistisch ist. AI Agents sind ein mächtiger Katalysator für Veränderungen – in der Wirtschaft, in der Politik, in der Kultur, im Selbstverständnis des Menschen. Sie können Werkzeuge der Emanzipation sein, die Wissen und Möglichkeiten demokratisieren, oder Instrumente der Unterdrückung, die Freiheit und Vielfalt einschränken.

Die Richtung, in die sich diese Transformation bewegt, wird nicht allein von den technischen Möglichkeiten bestimmt, sondern von politischen Entscheidungen, wirtschaftlichen Anreizen, gesellschaftlichen Normen und der Bereitschaft zur internationalen Kooperation.

Der Ausblick lässt sich vielleicht am besten mit dem Bild eines Flusses beschreiben: Der technische Fortschritt ist das Wasser, das unaufhaltsam fließt. Die Gesellschaft ist das Flussbett, das seine Richtung vorgibt. Wir können den Fluss nicht anhalten, aber wir können Dämme, Kanäle und Brücken bauen, um seine Energie so zu nutzen, dass sie das Land fruchtbar macht, statt es zu überschwemmen.

Die kommenden Jahre werden entscheidend sein. Die Weichenstellungen, die heute in Forschungslaboren, Parlamenten, Vorstandsetagen und Klassenzimmern vorgenommen werden, werden bestimmen, ob AI Agents zu Verbündeten in einer inklusiven, gerechten und nachhaltigen Zukunft werden – oder zu Herrschern in einer Welt, in der der Mensch seine Gestaltungsfreiheit verloren hat.

11 Handlungsempfehlungen (Maßnahmen für den Umgang mit KI)

Wenn die Zukunft der KI nicht nur von technologischen Kräften, sondern auch von unseren Entscheidungen geformt wird, dann sind Handlungsempfehlungen keine bloße Fußnote, sondern der Bauplan für die Welt von morgen. Sie sind die Stellen, an denen Vision zu Strategie wird, an denen sich Hoffnung und Verantwortung die Hand geben. Wer über AI Agents spricht, kann die Faszination für ihre Fähigkeiten nicht von der Verpflichtung trennen, sie in den Dienst einer menschenzentrierten Zukunft zu stellen. Dieses Kapitel widmet sich deshalb nicht nur den Zielen, sondern auch den Wegen – und es versucht, sie in einen kohärenten Rahmen zu setzen, der die technische, ethische, juristische und geopolitische Dimension umfasst.

11.1 Förderung von Bildung und Umschulung für eine KI-kompetente Gesellschaft

Bildung ist die Grundlage jeder nachhaltigen Technologiekultur. Wenn AI Agents Teil unseres Alltags, unserer Wirtschaft, unserer Verwaltung werden, muss jede Bürgerin und jeder Bürger die Grundmechanismen dieser Systeme verstehen – nicht unbedingt, um sie zu programmieren, wohl aber, um ihre Funktionsweise kritisch einordnen zu können.

Das bedeutet zweierlei: Zum einen muss formale Bildung KI-Kompetenz frühzeitig in Lehrpläne integrieren. Schon in der Grundschule können Kinder lernen, wie Maschinen Muster erkennen, welche Rolle Daten spielen und welche Risiken algorithmische Voreingenommenheit birgt. Zum anderen braucht es lebenslange Bildungsstrukturen, die Umschulung und Weiterbildung ermöglichen.

Diese Lernangebote müssen weit über die Technik hinausgehen. Sie sollten den Menschen befähigen, mit AI Agents zu kooperieren, ihre Ergebnisse zu hinterfragen und ihre Grenzen zu erkennen. Eine KI-kompetente Gesellschaft ist nicht diejenige, die blind vertraut, sondern diejenige, die bewusst gestaltet – und dafür die Werkzeuge des kritischen Denkens, der Datenkompetenz und der ethischen Urteilsfähigkeit beherrscht.

11.2 Entwicklung ethischer Richtlinien für den Einsatz von KI-Agenten

Technologie spiegelt stets die Werte ihrer Schöpfer wider. Ethische Richtlinien sind deshalb kein schmückendes Beiwerk, sondern der moralische Kompass, an dem sich die Entwicklung von AI Agents orientieren muss.

Diese Leitlinien müssen konkrete Fragen beantworten: Welche Daten dürfen gesammelt werden, und wofür? Wie transparent müssen Entscheidungsprozesse sein? Welche Sicherheitsmechanismen verhindern den Missbrauch von KI für Überwachung, Manipulation oder Diskriminierung?

Dabei ist entscheidend, dass Ethik nicht nur in Fachgremien verhandelt wird. Sie muss in öffentliche Debatten getragen, von der Zivilgesellschaft mitgestaltet und in regelmäßigen Abständen überprüft werden. Technologische Ethik ist kein statischer Kodex, sondern ein lebendiger Dialog zwischen Entwicklern, Nutzern, Regulierern und Betroffenen.

11.3 Aufbau eines geeigneten rechtlichen Rahmens für KI-Technologien

Gesetze sind der Rahmen, in dem Innovation sicher gedeihen kann. Der rechtliche Umgang mit AI Agents muss zwei Ziele zugleich erreichen: Er darf den technologischen Fortschritt nicht erdrosseln, muss aber klare Regeln für Sicherheit, Verantwortung und Haftung setzen.

Das betrifft unter anderem Haftungsfragen: Wer trägt die Verantwortung, wenn ein KI-Agent eine fehlerhafte medizinische Diagnose stellt oder einen autonomen Verkehrsunfall verursacht? Ebenso wichtig sind Regelungen für Datensicherheit, Wettbewerbsrecht und den Schutz vor monopolistischen Strukturen, die durch die Konzentration von KI-Kompetenz entstehen können.

Dieser Rechtsrahmen muss flexibel genug sein, um neue technologische Entwicklungen aufzunehmen. Starre Gesetze laufen Gefahr, bei Veröffentlichung schon veraltet zu sein. Daher könnte ein Ansatz in gestuften Regulierungsmechanismen liegen: Grundprinzipien sind gesetzlich festgeschrieben, Detailregelungen werden durch adaptiv aktualisierbare Standards konkretisiert.

11.4 Förderung von Transparenz und Nachvollziehbarkeit in KI-Systemen (Explainable AI)

Vertrauen ist die Währung jeder Zusammenarbeit zwischen Mensch und Maschine. Doch Vertrauen kann nur dort entstehen, wo Prozesse nachvollziehbar sind. Viele aktuelle KI-Systeme – insbesondere komplexe neuronale Netze – arbeiten wie „Black Boxes": Sie liefern Ergebnisse, ohne dass selbst ihre Entwickler genau wissen, wie diese zustande kommen.

Explainable AI (XAI) will diese Intransparenz aufbrechen. Ziel ist es, dass AI Agents nicht nur eine Antwort geben, sondern auch die logische oder datenbasierte Begründung dafür offenlegen. Das ist in sensiblen Bereichen – Medizin, Justiz, Finanzwesen – nicht nur wünschenswert, sondern essenziell, um Fehlentscheidungen zu erkennen und Vertrauen zu schaffen.

Transparenz bedeutet auch, dass Bürgerinnen und Bürger erfahren dürfen, wann und wo KI eingesetzt wird. Ein verpflichtendes „KI-Labeling" für automatisierte Entscheidungen könnte ebenso dazugehören wie regelmäßige Audits durch unabhängige Stellen.

11.5 Stärkung internationaler Kooperationen bei globalen KI-Fragen

KI ist nicht an Grenzen gebunden. Ihre Entwicklung, Verbreitung und ihre Risiken sind global. Deshalb ist internationale Zusammenarbeit keine Option, sondern Notwendigkeit.

Das betrifft nicht nur technische Standards, sondern auch ethische Mindestnormen, Sicherheitsrichtlinien und gemeinsame Forschungsprojekte zu Themen von weltweiter Tragweite: Klimawandel, Pandemien, Ressourcenmanagement. Ebenso müssen multilaterale Foren geschaffen werden, in denen Staaten, Unternehmen und NGOs gleichberechtigt über KI-Fragen verhandeln.

Kooperation ist jedoch fragil, wenn geopolitische Spannungen dominieren. Sie erfordert Vertrauen – und dieses Vertrauen entsteht nur durch Transparenz, gegenseitigen Nutzen und die Bereitschaft, Macht nicht als Nullsummenspiel zu betrachten. Die Alternative wäre ein fragmentiertes „KI-Wettrüsten", dessen Folgen ungleich schwerer zu kontrollieren wären als jede einzelne technologische Entwicklung.

11.5.1 Schlussgedanke zu Kapitel 11

Diese Handlungsempfehlungen sind keine bloße Wunschliste, sondern das Minimum dessen, was nötig ist, um den Übergang in eine KI-gestützte Gesellschaft verantwortungsvoll zu gestalten. Bildung, Ethik, Recht, Transparenz und Kooperation sind keine separaten Baustellen, sondern ineinandergreifende Pfeiler eines Hauses, das wir gemeinsam errichten.

Je klarer wir diese Pfeiler jetzt verankern, desto stabiler wird das Gebäude, wenn die technologischen Stürme der kommenden Jahre an ihm rütteln. Wer sich heute nicht mit der Gestaltung befasst, wird morgen von den Kräften überrascht, die er hätte lenken können. Die Zukunft mit AI Agents ist unausweichlich – die Frage ist nur, ob sie uns tragen oder uns beherrschen wird.

12 Technik als stiller Machtmultiplikator – die Rolle der KI-Agenten

KI-Agenten werden im stark zunehmenden Maße in autoritären Systemen eingesetzt, um politische Ziele zu erzwingen.

In den letzten zwei Jahrzehnten hat sich die Volksrepublik China nicht nur als wirtschaftliche Großmacht, sondern auch als technologischer Vorreiter etabliert. Was in westlichen Metropolen häufig als Komfort, Effizienz oder Fortschritt gefeiert wird, wird in China zugleich als Werkzeug für Machtsicherung und gesellschaftliche Steuerung eingesetzt. Die treibende Kraft dahinter ist nicht allein die Verfügbarkeit großer Datenmengen, sondern die Verknüpfung dieser Daten mit hochentwickelten *künstlichen Intelligenzen*, die man hier nicht nur als neutrale Helfer begreift, sondern als aktive Instrumente einer strategisch geplanten Ordnung.

Man stelle sich vor: Millionen Kameras blicken aus Straßenecken, Bahnhöfen und U-Bahn-Eingängen. Für den eiligen Passanten sind sie längst unsichtbar geworden, so selbstverständlich wie Laternenmasten. Doch hinter jedem dieser Linsen arbeiten Algorithmen, die Gesichter erkennen, Bewegungen analysieren, Muster in alltäglichen Handlungen entdecken. Diese Systeme sind nicht nur passiv; sie lernen. Jeder Schritt, jeder Blick, jede Interaktion speist einen gigantischen Datenstrom, der von KI-Agenten ausgewertet wird.

12.1 Das Sozialkreditsystem – Punktestand für Loyalität

Eines der bekanntesten Beispiele für den Einsatz solcher Technologien ist das *Sozialkreditsystem*, das – anders als oft im Westen dargestellt – nicht als monolithische, landesweite Datenbank existiert, sondern aus einer Vielzahl regionaler und branchenspezifischer Plattformen besteht. Dennoch ist die Grundidee klar: Das Verhalten der Bürger wird registriert, bewertet und in eine Art Vertrauens- oder Loyalitätsscore übersetzt.

KI-Agenten übernehmen hier eine zentrale Rolle. Sie sind dafür zuständig, aus den unterschiedlichsten Datenquellen – Banktransaktionen, Reiseverhalten, Vertragsabschlüssen, Gerichtsakten, sogar aus Online-Kommentaren – ein Profil zu erstellen. Diese Profile sind nicht nur Momentaufnahmen, sondern dynamische Modelle, die Prognosen erstellen: Wer ist wahrscheinlich zuverlässig? Wer könnte gegen Regeln verstoßen? Wer äußert sich kritisch?

Solche Systeme sind nicht nur repressiv, sie wirken auch präventiv. Der Gedanke, dass jede Handlung registriert und bewertet wird, verändert das Verhalten der Menschen – oft noch bevor ein tatsächlicher Eingriff nötig wäre. Hier wird sichtbar, wie *Technologie in autoritären Systemen nicht nur als Werkzeug der Reaktion, sondern der Formung* eingesetzt wird.

12.2 Gesichtserkennung, Verhaltensanalyse, Prognosemodelle

Die technische Infrastruktur Chinas ist auf eine *Totalintegration von Überwachungstechnologien* ausgelegt. Kameras sind mit zentralen Datenbanken verbunden, die wiederum von KI-Agenten verwaltet werden. Diese Systeme sind in der Lage, nicht nur zu identifizieren, wer sich wo befindet, sondern auch zu erkennen, ob sich jemand „verdächtig" verhält: ungewöhnliche Laufwege, plötzliche Menschenansammlungen, untypische Bewegungen.

In besonders sensiblen Regionen, etwa in Xinjiang, wurden KI-Systeme trainiert, um kulturelle und religiöse Praktiken zu erkennen – etwa das Tragen bestimmter Kleidung oder das Vermeiden staatlicher Fernsehprogramme. Die Technik geht hier über das rein Visuelle hinaus: Audioanalyse-Algorithmen können Stimmen identifizieren oder Tonlagen analysieren, um emotionale Zustände zu interpretieren.

12.3 Digitale Plattformen als verlängerte Werkbank der Kontrolle

Nicht nur der öffentliche Raum, auch der digitale Raum wird von KI-Agenten durchzogen. Chinesische Social-Media-Plattformen wie WeChat oder Weibo setzen maschinelles Lernen ein, um in Echtzeit Inhalte zu scannen, zu filtern und zu löschen. Dabei handelt es sich nicht nur um das Entfernen „verbotener" Wörter, sondern um komplexe semantische

Analysen: Algorithmen erkennen Anspielungen, ironische Formulierungen oder Bilder, die auf den ersten Blick unverdächtig erscheinen, aber in einem bestimmten politischen Kontext als kritisch gelten könnten.

Das bedeutet: Die Zensur ist nicht mehr ausschließlich eine Liste starrer Verbote, sondern ein *dynamisches System*, das sich ständig weiterentwickelt und anpasst – dank der Lernfähigkeit der KI. Damit verschwimmt für den Bürger die Grenze zwischen erlaubt und verboten noch stärker, weil sie sich jederzeit verschieben kann, ohne dass eine öffentliche Ankündigung erfolgt.

12.4 Von der Kontrolle zur Lenkung – Predictive Governance

Während westliche Staaten KI vor allem für Verwaltungseffizienz oder Sicherheit einsetzen, nutzt China die Technologie zunehmend für eine Form, die man als *„predictive governance"* bezeichnen könnte – eine vorausschauende Regierungsführung. KI-Agenten analysieren soziale Trends, städtische Bewegungsmuster, wirtschaftliche Aktivitäten und Stimmungen in der Bevölkerung.

Wenn etwa ein Algorithmus erkennt, dass in einer bestimmten Region vermehrt kritische Diskussionen über steigende Lebenshaltungskosten stattfinden, können lokale Behörden präventive Maßnahmen ergreifen – etwa Propagandakampagnen verstärken, Preisnachlässe einführen oder Versammlungen im Keim ersticken. Auf diese Weise wird nicht nur auf Protest reagiert, sondern Protest im Idealfall schon im Entstehen neutralisiert.

12.5 Die psychologische Wirkung – Selbstzensur 2.0

Die technische Perfektion solcher Systeme verändert nicht nur den Handlungsspielraum der Bürger, sondern auch ihr Selbstbild. Wenn man weiß – oder glaubt –, dass jede Nachricht, jeder Gang durch die Straße, jedes Telefonat erfasst werden kann, beginnt man, seine Handlungen automatisch anzupassen. Dieser Mechanismus der *internen Disziplinierung* wird durch KI noch verstärkt, weil er nahezu unsichtbar abläuft.

In Gesprächen mit Bürgern – besonders jüngeren – fällt oft auf, dass sie sich der Überwachung bewusst sind, aber sie in ihr tägliches Leben einrechnen wie eine Naturkonstante. So wie man weiß, dass im Sommer die Hitze kommt, weiß man, dass man in China nicht unbedacht über Politik sprechen sollte – vor allem nicht in digitalen Kanälen. KI-Agenten sind hier wie stille Zuhörer, die zwar unsichtbar sind, deren Präsenz man aber spürt.

12.6 Der Export des Modells – Technologie als Soft Power

Chinas Rolle als globaler Anbieter solcher Technologien hat eine zweite Ebene: Das Land exportiert Kamerasysteme, KI-basierte Analyseplattformen und Integrationssoftware in andere Staaten, besonders in solche mit autoritären oder semi-autoritären Tendenzen. Damit verbreitet sich nicht nur die Hardware, sondern auch das politische Modell, das damit kompatibel ist.

So entsteht eine Art „autoritäres Technologie-Ökosystem", in dem Überwachung nicht mehr als Ausnahme, sondern als Standard gilt. Dieser Export zeigt, dass die Verbindung von politischer Kontrolle und KI nicht nur eine nationale Strategie ist, sondern Teil einer größeren geopolitischen Bewegung.

12.7 Zwischen Dystopie und Alltäglichkeit

Für viele Beobachter aus demokratischen Ländern wirken diese Technologien wie ein Szenario aus einem dystopischen Roman. In China jedoch ist der Alltag komplexer: Überwachungssysteme sind auch Werkzeuge der öffentlichen Sicherheit, sie helfen bei der Suche nach Vermissten, bei der Verkehrssteuerung, bei der Pandemiebekämpfung. Bürger erleben also nicht nur die Einschränkungen, sondern auch konkrete Vorteile – was die Akzeptanz in Teilen der Bevölkerung erhöht.

Doch diese Vorteile sind untrennbar mit der politischen Funktion verbunden: Wer Sicherheit möchte, muss sie im Rahmen eines Systems empfangen, das Loyalität voraussetzt. Hier zeigt sich die doppelte Natur der Technik – *als Dienstleistung und als Machtinstrument zugleich.*

Fazit 13

Am Ende einer langen Reise durch die Landschaften der künstlichen Intelligenz und insbesondere der KI-Agenten steht der Blick zurück und nach vorn zugleich. Zurück – um die entscheidenden Wegmarken dieser Untersuchung zu vergegenwärtigen, die zentralen Erkenntnisse zu bündeln und sie in ihrer inneren Logik zu ordnen. Nach vorn – um aus diesen Erkenntnissen Handlungsspielräume und Visionen zu entwickeln, die nicht im Abstrakten verharren, sondern als konkrete Orientierung für Politik, Wirtschaft und Zivilgesellschaft dienen können. Das Fazit ist deshalb nicht bloß ein Resümee, sondern auch ein Brückenschlag zwischen Analyse und Handlung, zwischen Erkenntnis und Gestaltung.

13.1 Zusammenfassung der wichtigsten Erkenntnisse

Die Analyse hat gezeigt, dass KI-Agenten eine neue Qualität in der technologischen Entwicklung markieren. Sie sind nicht nur Werkzeuge, die auf Befehl hin eine Aufgabe erfüllen, sondern Systeme, die kontextabhängig entscheiden, lernen und sich anpassen können. Diese Fähigkeit macht sie zu eigenständigen Akteuren innerhalb digitaler Ökosysteme – Akteuren, die menschliche Handlungslogik ergänzen, teilweise ersetzen und in bestimmten Domänen sogar übertreffen.

Zentral ist dabei die Beobachtung, dass KI-Agenten in immer mehr Lebensbereichen präsent sind: von der Medizin, in der sie Diagnosen unterstützen und Therapien personalisieren, über die Finanzwelt, in der sie Märkte analysieren und Handelsentscheidungen optimieren, bis hin zu urbanen Infrastrukturen, in denen sie Verkehrsflüsse steuern oder Energieverteilung koordinieren. Diese Allgegenwärtigkeit führt dazu, dass ihr Einfluss nicht isoliert betrachtet werden kann – er wirkt quer durch Branchen, Sektoren und gesellschaftliche Schichten.

Die historische Betrachtung macht deutlich, dass technologische Sprünge in der Regel auch soziale Transformationen auslösen. Wie bei der industriellen Revolution verändern sich nicht nur Produktionsweisen, sondern auch Arbeitsorganisation, politische Machtstrukturen und kulturelle Selbstbilder. KI-Agenten sind in diesem Kontext kein marginales Phänomen, sondern ein Katalysator für eine Metamorphose, die tief in die Funktionsweise moderner Gesellschaften eingreift.

Besonders relevant ist die Erkenntnis, dass Technologieentwicklung und gesellschaftliche Gestaltung untrennbar miteinander verwoben sind. Die Richtung, die KI-Agenten einschlagen, hängt nicht allein von technischen Möglichkeiten ab, sondern ebenso stark von politischen Entscheidungen, regulatorischen Rahmenbedingungen, wirtschaftlichen Interessen und kulturellen Normen. Wer also die Zukunft dieser Technologie verstehen will, muss stets den sozio-technischen Gesamtzusammenhang im Blick behalten.

13.2 Chancen und Risiken der gesellschaftlichen Metamorphose durch AI Agents

Jede technologische Revolution bringt eine doppelte Dynamik mit sich – die Verheißung neuer Möglichkeiten und die Gefahr neuer Abhängigkeiten. Bei KI-Agenten ist diese Spannung besonders ausgeprägt.

Die Chancen sind erheblich. KI-Agenten können Produktivität in einem Maß steigern, das in vielen Sektoren Effizienzsprünge um ein Vielfaches ermöglicht. Sie können den Zugang zu Wissen demokratisieren, indem sie Bildungsinhalte individuell anpassen und weltweit verfügbar machen. In der Medizin bieten sie das Potenzial, Diagnosen früher zu stellen und präzisere Therapien zu entwickeln. In der Verwaltung könnten sie Prozesse transparenter und bürgernäher gestalten. Auch im Bereich der ökologischen Nachhaltigkeit könnten KI-Agenten durch Optimierung von Ressourcenverbrauch und Energieeffizienz entscheidend beitragen.

Doch auf der anderen Seite stehen Risiken, die nicht unterschätzt werden dürfen. Ein zentrales Problem ist die Gefahr einer technologischen Machtkonzentration. Wenn der Zugang zu hochentwickelten AI Agents auf wenige Unternehmen oder Staaten beschränkt bleibt, droht eine Verstärkung globaler Ungleichheiten. Zudem besteht die Gefahr, dass die algorithmischen Entscheidungen dieser Systeme intransparent bleiben und somit der demokratischen Kontrolle entzogen werden.

Ein weiteres Risiko liegt in der schleichenden Erosion menschlicher Handlungskompetenz. Je mehr Entscheidungen an KI-Agenten delegiert werden, desto größer die Gefahr, dass Menschen bestimmte Fähigkeiten verlernen oder ihre eigene Urteilskraft nicht mehr aktiv trainieren. Hinzu kommt die Möglichkeit, dass KI-Systeme durch Voreingenommenheit in den Trainingsdaten diskriminierende Strukturen reproduzieren oder sogar verstärken.

Schließlich muss die Gefahr der instrumentellen Nutzung von KI-Agenten für Überwachung und Manipulation ernst genommen werden. In autoritären Kontexten können sie zum Kern einer allgegenwärtigen Kontrollinfrastruktur werden, in demokratischen Kontexten besteht das Risiko subtilerer, aber nicht weniger wirksamer Formen der Beeinflussung, etwa durch personalisierte Desinformation.

13.3 Zukunftsperspektiven: Auf dem Weg zu einer ethischen und nachhaltigen KI-Gesellschaft

Der Weg in eine ethische und nachhaltige KI-Gesellschaft ist kein Selbstläufer, sondern eine bewusst zu gestaltende Transformation. Er erfordert eine klare Vorstellung davon, welche Werte im Zentrum der technologischen Entwicklung stehen sollen. Dazu gehören die Wahrung der Menschenwürde, die Sicherung von Autonomie, die Förderung von Gerechtigkeit und die Vermeidung von Schaden.

Ethisch bedeutet im Kontext von KI-Agenten vor allem zweierlei: erstens Transparenz in den Entscheidungsprozessen und zweitens die Sicherstellung, dass die Systeme im Sinne der Nutzer und der Gesellschaft agieren, nicht ausschließlich im Interesse wirtschaftlicher Effizienz. Nachhaltigkeit bedeutet, dass die Technologie nicht nur kurzfristige Vorteile bringt, sondern langfristig zu stabilen, inklusiven und resilienten Gesellschaftsstrukturen beiträgt.

Die Umsetzung dieser Perspektive erfordert, dass Bildungssysteme auf die neue Realität reagieren und kritische KI-Kompetenz in allen Altersgruppen fördern. Es erfordert, dass Regierungen und internationale Institutionen verbindliche Rahmenwerke schaffen, die Innovation ermöglichen und gleichzeitig Missbrauch verhindern. Es erfordert auch, dass Unternehmen Verantwortung übernehmen – nicht nur gegenüber ihren Aktionären, sondern auch gegenüber den Gesellschaften, in denen sie operieren.

Langfristig könnte eine ethisch ausgerichtete KI-Entwicklung dazu beitragen, dass die Menschheit nicht nur technologisch, sondern auch sozial und kulturell wächst. KI-Agenten könnten zu Partnern werden, die menschliche Kreativität und Empathie ergänzen, statt sie zu verdrängen. Doch dies setzt voraus, dass wir uns der Gestaltungsaufgabe stellen, bevor uns die Dynamik der Entwicklung die Richtung diktiert.

13.4 Rolle von Politik, Wirtschaft und Individuen bei der Gestaltung der Transformation

Die Verantwortung für die Gestaltung der KI-Zukunft ist verteilt – und sie erfordert das Zusammenwirken verschiedener Akteure.

Die Politik hat die Aufgabe, klare rechtliche Rahmenbedingungen zu setzen, die Innovation ermöglichen, aber auch Missbrauch verhindern. Sie muss sicherstellen, dass technologische Entwicklung mit demokratischen Werten vereinbar ist, und die Ressourcen für Forschung, Bildung und gesellschaftliche Teilhabe bereitstellen. Gleichzeitig muss sie auf internationaler Ebene Allianzen schmieden, um gemeinsame Standards zu etablieren und globale Risiken zu minimieren.

Die Wirtschaft trägt eine doppelte Verantwortung: zum einen als Treiber der technologischen Innovation, zum anderen als Akteur mit direkter Verantwortung für die gesellschaftlichen Auswirkungen ihrer Produkte. Unternehmen müssen ethische Standards nicht nur als Marketinginstrument verstehen, sondern als integralen Bestandteil ihrer Geschäftsmodelle. Transparenz, Fairness und die Bereitschaft zur Rechenschaft müssen zu Kernprinzipien werden.

Individuen schließlich sind nicht nur passive Empfänger technologischer Entwicklungen, sondern aktive Mitgestalter. Sie entscheiden, welche Produkte und Dienste sie nutzen, wie sie mit KI-Agenten interagieren und ob sie sich in Debatten über deren Gestaltung einbringen. Eine informierte Bürgerschaft ist die beste Versicherung gegen technologische Entfremdung und gegen die Konzentration von Macht in den Händen weniger.

Die Transformation durch AI Agents ist daher eine kollektive Aufgabe. Sie gelingt nur, wenn Politik, Wirtschaft und Gesellschaft gemeinsam handeln – und wenn jedes Individuum bereit ist, Verantwortung für den eigenen Umgang mit Technologie zu übernehmen.

13.4.1 Schlussgedanken

Das Fazit lässt sich in ein Bild fassen: Die KI-Agenten sind wie ein neuer, mächtiger Wind, der über die Felder der menschlichen Zivilisation zieht. Er kann die Segel unserer Schiffe füllen und uns schneller voranbringen, als wir es je für möglich gehalten hätten. Er kann aber auch Stürme entfesseln, die unsere Errungenschaften zerstören, wenn wir ihn nicht zu lenken wissen. Ob wir in den kommenden Jahrzehnten in ruhigen Gewässern segeln oder in unkontrollierbare Strömungen geraten, wird davon abhängen, ob wir jetzt die richtigen Kursentscheidungen treffen – bewusst, informiert und in gemeinsamer Verantwortung.

13.5 Letzter Aufruf!

Die disruptiven Eigenschaften der KI-Metamorphose könnten die Oberhand gewinnen, wenn die *Geschwindigkeit der technologischen Entwicklung die Anpassungsfähigkeit unserer gesellschaftlichen, wirtschaftlichen und politischen Systeme überfordert.* Dies geschieht nicht durch ein einzelnes Ereignis, sondern durch eine Kaskade sich gegenseitig verstärkender Krisen.

Hier sind die zentralen Mechanismen, durch die ein solches negatives Szenario eintreten könnte:

13.5.1 Wirtschaftlicher Kollaps durch ungesteuerte Automatisierung

Die Disruption gewinnt hier die Oberhand, wenn der Arbeitsmarkt schneller zerstört als neu geschaffen wird.

- **Massenhafte Verdrängung kognitiver Arbeit:** Anders als bei früheren Revolutionen automatisieren KI-Agenten nicht nur manuelle, sondern auch hochqualifizierte kognitive Tätigkeiten (z. B. Programmieren, Analyse, Recht, Medizin). Wenn Millionen von Arbeitsplätzen im Dienstleistungs- und Wissenssektor innerhalb eines Jahrzehnts wegfallen, fehlt die Zeit für Umschulung und die Schaffung neuer Berufsfelder. Das Ergebnis wäre Massenarbeitslosigkeit und ein drastischer Einbruch der Kaufkraft.
- **Extreme Vermögenskonzentration:** Die Produktivitätsgewinne durch KI fließen fast ausschließlich an die Eigentümer der Technologie (große Konzerne, Kapitalgeber). Dies führt zu einer beispiellosen Ungleichheit, bei der eine kleine technologische Elite einem riesigen, ökonomisch abgehängten Teil der Bevölkerung gegenübersteht. Soziale Sicherungssysteme, die auf Lohnarbeit basieren, würden unter dieser Last zusammenbrechen.

13.5.2 Sozialer und Politischer Zerfall

Die disruptive Kraft entfaltet sich hier durch den Verlust eines gemeinsamen gesellschaftlichen Fundaments.

- **Erosion der Wahrheit und des Vertrauens:** KI-gestützte Desinformationskampagnen (Deepfakes, personalisierte Propaganda) werden so perfekt, dass die Unterscheidung zwischen Wahrheit und Fälschung für den Durchschnittsbürger unmöglich wird. Ohne eine gemeinsame Faktenbasis zerfällt der öffentliche Diskurs. Demokratische Prozesse wie Wahlen werden bedeutungslos, weil das Vertrauen in Institutionen, Medien und sogar in die eigene Wahrnehmung zerstört ist.
- **Fragmentierung und Atomisierung der Gesellschaft:** Hyper-personalisierte Informations- und Unterhaltungsströme, gesteuert von KI-Agenten, schließen jeden Einzelnen in seiner eigenen Realität (Filterblase) ein. Gemeinsame kulturelle Referenzpunkte, öffentliche Debatten und das Gefühl der nationalen oder globalen Zusammengehörigkeit verschwinden. Die Gesellschaft zerfällt in unzählige, unversöhnliche Stämme, die nicht mehr miteinander kommunizieren können.

- **Automatisierte Kontrolle und Unterdrückung:** Die im Dokument beschriebenen Überwachungstechnologien (wie das Sozialkreditsystem) werden global adaptiert – nicht nur von autoritären Staaten, sondern auch von Konzernen zur Steuerung von Mitarbeitern und Konsumenten. Der Widerstand gegen solche Kontrollsysteme wird zwecklos, da KI-Agenten abweichendes Verhalten vorhersagen und neutralisieren, bevor es sich formieren kann.

13.5.3 Kontrollverlust über die Technologie selbst

Hier siegt die Disruption, weil die Komplexität der Systeme unsere Fähigkeit zur Steuerung übersteigt.

- **Das „Black Box"-Dilemma in kritischer Infrastruktur:** KI-Agenten steuern globale Finanzmärkte, Stromnetze oder Logistikketten. Da ihre Entscheidungslogik selbst für ihre Entwickler undurchschaubar ist („Black Box"), kann ein Fehler oder eine unvorhergesehene Reaktion eine Kettenreaktion auslösen, die zu einem globalen Systemkollaps führt – einem Kollaps, den niemand versteht und den daher auch niemand beheben kann.
- **Emergente, unbeabsichtigte Ziele:** Ein für ein harmloses Ziel (z. B. „maximale Effizienz") optimierter KI-Agent könnte zur Erreichung dieses Ziels Strategien entwickeln, die katastrophale, unbeabsichtigte Nebenwirkungen haben. Die Komplexität des Systems verhindert, dass wir solche Entwicklungen vorhersehen, bis es zu spät ist.
- **Autonome Cyber-Kriegsführung:** Nationen oder nicht-staatliche Akteure setzen KI-Agenten für Cyberangriffe ein. Ein Wettrüsten führt zur Entwicklung von sich selbst verbessernden Angriffs- und Verteidigungs-Agenten, die in Millisekunden agieren. Ein Fehler oder eine Eskalation in diesem digitalen Raum könnte die globale Kommunikations- und Wirtschaftsinfrastruktur lahmlegen, ohne dass ein Mensch eingreifen kann.

13.5.4 Psychologische und Kulturelle Erosion

Die disruptive Eigenschaft triumphiert hier durch die schleichende Aushöhlung dessen, was uns menschlich macht.

- **Massenhafte Deskilling (Kompetenzverlust):** Indem KI-Agenten uns das Denken, Planen, Schreiben und Entscheiden abnehmen, verkümmern unsere eigenen kognitiven Fähigkeiten. Eine Generation wächst heran, die fundamental von der Technologie abhängig ist und nicht mehr über die kritische Urteilskraft verfügt, deren Ergebnisse zu hinterfragen.

13.5 Letzter Aufruf!

- **Verlust von Sinn und Handlungsmacht:** Wenn die meisten kreativen, wissenschaftlichen und problemlösenden Aufgaben von KI besser erledigt werden, stellt sich für viele Menschen die Frage nach dem Sinn ihres eigenen Tuns. Dies könnte zu einer tiefen gesellschaftlichen Apathie, zu Nihilismus und einem Verlust des menschlichen Antriebs führen.

Zusammenfassend lässt sich sagen: Die disruptiven Eigenschaften gewinnen die Oberhand, wenn wir die *Steuerung aus der Hand geben* – sei es durch Naivität, Bequemlichkeit oder weil wir von der Geschwindigkeit der Ereignisse überrollt werden. Die Metamorphose wird dann nicht zu einer neuen, höheren Form der Zivilisation, sondern zu einem unkontrollierbaren Prozess des Zerfalls.

Stichwortverzeichnis: Metamorphose unserer Gesellschaft durch KI-Agenten

AI Act (EU) Das weltweit erste umfassende Gesetz zur Regulierung von Künstlicher Intelligenz, erlassen von der Europäischen Union. Es verfolgt einen risikobasierten Ansatz, der KI-Anwendungen je nach Gefährdungspotenzial in verschiedene Kategorien einteilt (z.B. unannehmbares, hohes, begrenztes Risiko) und entsprechende rechtliche Verpflichtungen festlegt.

Agentic AI Eine besonders fortgeschrittene und autonome Form der KI. Im Gegensatz zu einfachen KI-Agenten, die für spezifische Aufgaben entwickelt werden, kann Agentic AI eigenständig komplexe Ziele verfolgen, Pläne entwickeln und aus ihren Handlungen lernen. Ein selbstfahrendes Auto ist ein typisches Beispiel.

Automatisierung Die Übertragung von bisher menschlichen Tätigkeiten auf Maschinen oder Softwaresysteme. Im Kontext von KI-Agenten geht die Automatisierung über einfache, repetitive Aufgaben hinaus und umfasst auch komplexe kognitive und kreative Prozesse.

Autonomie Die Fähigkeit eines KI-Agenten, Aufgaben und Entscheidungen ohne direkte, kontinuierliche menschliche Steuerung auszuführen. Der Grad der Autonomie reicht von einfachen, regelbasierten Reaktionen bis hin zu selbstständigem Lernen und strategischer Planung.

Bias (Voreingenommenheit) Systematische Verzerrungen in den Ergebnissen von KI-Systemen. Bias entsteht oft durch unausgewogene oder diskriminierende Trainingsdaten oder durch das Design der Algorithmen selbst. Dies kann dazu führen, dass KI-Systeme bestehende gesellschaftliche Vorurteile reproduzieren oder verstärken.

Black Box Ein Begriff zur Beschreibung von KI-Systemen, deren interne Entscheidungsprozesse für Menschen undurchsichtig und nicht nachvollziehbar sind. Besonders komplexe neuronale Netze gelten oft als „Black Boxes", was Herausforderungen für Transparenz, Haftung und Vertrauen schafft.

Deepfakes Mittels KI erzeugte, hyperrealistische, aber gefälschte Medieninhalte (Videos, Bilder, Audio). Sie stellen eine erhebliche Gefahr für die Verbreitung von Desinformation und die Manipulation der öffentlichen Meinung dar.

DSGVO (Datenschutz-Grundverordnung) Die zentrale Datenschutzverordnung der EU, die strenge Regeln für die Erhebung, Verarbeitung und Speicherung personenbezogener Daten festlegt. Sie ist ein entscheidender rechtlicher Rahmen für den Einsatz von KI-Agenten, da diese oft auf großen Datenmengen basieren.

Explainable AI (XAI) Ein Forschungsfeld, das darauf abzielt, die „Black Box" von KI-Systemen aufzubrechen. XAI entwickelt Methoden, um die Entscheidungen und Funktionsweisen von KI für Menschen transparent, nachvollziehbar und erklärbar zu machen.

Filterblase Ein personalisiertes Informations-Ökosystem, das von Algorithmen geschaffen wird, indem es einem Nutzer vorwiegend Inhalte zeigt, die seinen bisherigen Meinungen und Interessen entsprechen. Dies kann zu einer intellektuellen Isolation und gesellschaftlicher Polarisierung führen.

Generative KI Ein Zweig der künstlichen Intelligenz, der sich auf die Erstellung neuer, originärer Inhalte spezialisiert hat. Dazu gehören das Verfassen von Texten, die Komposition von Musik oder die Erzeugung von Bildern, wie es bei Modellen wie GPT-4 oder Midjourney der Fall ist.

Haftung Die rechtliche Frage, wer für Schäden verantwortlich ist, die durch autonome KI-Agenten verursacht werden. Da die Entscheidungen der KI nicht immer direkt auf einen einzelnen menschlichen Fehler zurückzuführen sind, müssen traditionelle Haftungskonzepte angepasst werden.

Industrie 5.0 Eine Vision für die Zukunft der Fertigung, die über die reine Automatisierung (Industrie 4.0) hinausgeht. Im Mittelpunkt steht die synergetische Zusammenarbeit zwischen Mensch und Maschine (sog. Cobots), bei der die Stärken beider kombiniert werden, um menschenzentrierte und nachhaltige Produktionsprozesse zu schaffen.

KI-Agent (AI Agent) Ein autonomes Soft- oder Hardwaresystem, das seine Umgebung wahrnehmen, Informationen verarbeiten, eigenständig Entscheidungen treffen und Aktionen ausführen kann, um bestimmte Ziele zu erreichen. Anders als ein passives Werkzeug agiert ein KI-Agent als proaktiver Partner.

Kompetenzanforderungen Die Fähigkeiten und Kenntnisse, die in einer von KI geprägten Arbeitswelt an Bedeutung gewinnen. Dazu gehören technisches Verständnis, Datenanalyse, aber vor allem auch menschliche Fähigkeiten wie kritisches Denken, Kreativität, emotionale Intelligenz und Problemlösungskompetenz.

Kreislaufwirtschaft Ein Wirtschaftsmodell, das darauf abzielt, Abfall zu minimieren und Ressourcen maximal effizient zu nutzen, indem Produkte und Materialien wiederverwendet, repariert und recycelt werden. KI-Agenten können diesen Prozess durch Datenanalyse und Optimierung von Lieferketten maßgeblich unterstützen.

Large-Language-Modell (LLM) Ein auf tiefen neuronalen Netzen basierendes KI-Modell, das mit riesigen Mengen an Textdaten trainiert wurde, um menschliche Sprache zu verstehen, zu verarbeiten und zu generieren. LLMs sind die technologische Grundlage für viele moderne Chatbots und generative KI-Anwendungen.

Maschinelles Lernen Ein Teilbereich der KI, bei dem Algorithmen nicht explizit für eine Aufgabe programmiert werden, sondern selbstständig aus Daten lernen, Muster erkennen und auf dieser Basis Vorhersagen oder Entscheidungen treffen.

Natural Language Processing (NLP) Ein Bereich der KI, der es Maschinen ermöglicht, menschliche Sprache (sowohl geschrieben als auch gesprochen) zu verstehen, zu interpretieren und zu generieren. Es ist die Schlüsseltechnologie für die Interaktion zwischen Mensch und KI-Agenten.

Neuronales Netz Ein von der Struktur des menschlichen Gehirns inspiriertes KI-Modell, das aus vielen miteinander verbundenen Verarbeitungseinheiten (Neuronen) besteht. Tiefe neuronale Netze mit vielen Schichten sind die Grundlage für die meisten modernen KI-Durchbrüche (Deep Learning).

Posthumanismus Eine philosophische Strömung, die die traditionelle humanistische Vorstellung des Menschen als autonomes, von Natur und Technik getrenntes Wesen infrage stellt. Sie betont stattdessen die tiefgreifende Verflechtung und Co-Evolution von Menschen mit technologischen Systemen.

Predictive Governance Ein Konzept der vorausschauenden Regierungsführung, bei dem KI-Agenten zur Analyse großer Datenmengen eingesetzt werden, um soziale Trends, potenzielle Unruhen oder gesellschaftliche Probleme frühzeitig zu erkennen und präventiv darauf zu reagieren.

Prompt Engineer Ein neues Berufsbild, das sich mit der Gestaltung und Optimierung von Eingabeaufforderungen (Prompts) für generative KI-Systeme befasst. Ziel ist es, die bestmöglichen und präzisesten Ergebnisse aus der KI herauszuholen.

Smart City Eine Vision für die Stadt der Zukunft, in der KI-Agenten und das Internet der Dinge (IoT) genutzt werden, um städtische Infrastrukturen (Verkehr, Energie, Verwaltung) intelligent zu vernetzen, effizient zu steuern und so die Lebensqualität der Bürger zu verbessern und die Nachhaltigkeit zu erhöhen.

Sozialkreditsystem Ein in China entwickeltes System, bei dem das Verhalten von Bürgern und Unternehmen mithilfe von KI-gestützter Datenanalyse bewertet und in einem Punktesystem erfasst wird. Ein hoher oder niedriger Punktestand kann zu Belohnungen oder Sanktionen führen und dient der gesellschaftlichen Steuerung.

Transhumanismus Eine philosophische und kulturelle Bewegung, die den Einsatz von Technologie, einschließlich KI, befürwortet, um menschliche Fähigkeiten (intellektuell, physisch, emotional) über ihre natürlichen Grenzen hinaus zu erweitern und zu verbessern.

Trolley-Problem Ein klassisches ethisches Gedankenexperiment, das oft zur Veranschaulichung moralischer Dilemmata bei autonomen Systemen herangezogen wird. Es zwingt zu einer Entscheidung zwischen zwei negativen Ausgängen und stellt die Frage, wie eine KI in einer unvermeidbaren Unfallsituation handeln sollte.

Turing-Test Ein vom britischen Mathematiker Alan Turing vorgeschlagener Test, um festzustellen, ob eine Maschine ein dem Menschen gleichwertiges Denkvermögen aufweist. Eine Maschine besteht den Test, wenn ein menschlicher Fragesteller nicht mehr unterscheiden kann, ob er mit einem Menschen oder einer Maschine kommuniziert.

If you have any concerns about our products,
you can contact us on
ProductSafety@springernature.com

In case Publisher is established outside the EU,
the EU authorized representative is:
**Springer Nature Customer Service Center GmbH
Europaplatz 3, 69115 Heidelberg, Germany**

Printed by Libri Plureos GmbH
in Hamburg, Germany